LE RAMAYANA

COLLECTION DES ÉPOPÉES NATIONALES

VOLUMES IN-16 ELZEVIR
SUR PAPIER VERGÉ AVEC CARTONNAGE ANTIQUE
Prix de chaque volume 2 fr. 50

LE
ROMAN DU RENARD
Mis en vers d'après les textes originaux.
INTRODUCTION AVEC BIBLIOGRAPHIE
Par CH. POTVIN
1 volume.

LE
PARADIS DE MAHOMET
D'après le Coran et le Prophète,
SUIVI DE L'ENFER
Traduction de l'Arabe par A. ALRIC
1 volume.

LA PUCELLE, de JEAN CHAPELAIN
Annotée par E. DE MOLÈNES
2 volumes.

COLLECTION DES ÉPOPÉES NATIONALES

LE
RAMAYANA

POÈME SANSCRIT DE VALMIKY

TRADUIT EN FRANÇAIS

PAR

HIPPOLYTE FAUCHE

PRÉFACE DE CH. MARCILLY

PARIS
LIBRAIRIE MARPON & FLAMMARION
E. FLAMMARION, Successeur
26, RUE RACINE, 26

PRÉFACE

Les dieux sont en péril par le fait des Rakshasas, race de démons terribles, à la force immense, gouvernés par le roi Ravana aux dix têtes, qui réside à Lanka (Ceylan). Ces êtres voués au mal, envahissant peu à peu l'univers et menaçant même le ciel et ses divins habitants, le dieu Vichnou se dévoue pour le salut de tous, et s'incarne parmi les hommes. Daçaratha, roi d'Ayaudhyâ, fait boire à ses quatre femmes un breuvage « que les dieux eux-mêmes ont composé »; mais il le leur partage inégalement, en donnant la moitié à Kâauçalya, sa première femme, qui bientôt met au monde Râma. C'est le corps de ce prince qu'anime Vichnou, à l'insu de tous; et Râma lui-même ne connaîtra sa divine essence qu'après l'accomplissement de sa mission, lorsque le dieu Brahma, descendu du ciel, le saluera du titre de « plus grand des plus grands dieux », en lui disant : « Tu es vu au commencement et à la fin des mondes; mais on ne connaît de toi ni le commencement ni la fin. »

Le Ramayana, que les Hindous mettent au nombre de leurs livres saints, raconte les persécutions auxquelles Râma est soumis; l'enlèvement de son épouse Sîta, la belle Védéhaine; ses dangers et ses exploits; enfin son triomphe, lorsque après s'être allié à la nation des Singes « magnanimes », gouvernés par le vaillant roi Bâli, il tue le démon Ravana et s'empare de Lanka.

Les critiques s'accordent généralement à découvrir un fond historique sous ces récits fabuleux. Pour eux c'est une tradition obscurcie de la conquête de l'île de Ceylan (Lanka) par les Hindous du nord. Environ quinze cents ans avant notre ère, le héros Râma, leur chef, les aurait conduits vers le sud de l'Inde, où il se serait allié avec les peuplades encore sauvages (les Singes) habitant cette partie méridionale. Les habitants de Ceylan (les Rakshasas), battus par ces forces réunies, et en grande partie massacrés, finirent par se soumettre à Rama.

Un certain brahmane ou anachorète, du nom de Valmiki, passe pour être l'auteur du Ramayana, cette grande épopée de l'Inde, qui peut supporter le parallèle avec les poèmes d'Homère. D'après les Hindous, Valmiki était contemporain des événements qu'il célèbre dans ses vers. Mais son existence n'est pas historiquement prouvée. Dans l'Inde, au nord et au sud, existent deux versions du poème du Ramayana. Ces versions proviennent-elles de deux auteurs distincts, ou les variantes qu'elles présentent sont-elles dues à des interpolations? C'est ce qu'il est difficile de dire. Mais on a des motifs de croire qu'avant la rédaction définitive du Ramayana, telle que nous la possédons, ce poème existait à l'état de morceaux isolés, d'épisodes séparés, narrations épiques que récitaient les rapsodes dans les fêtes et les cérémonies publiques. A ces fragments primitifs doivent appartenir surtout les légendes mythologiques qui remplissent en grande partie la première moitié du poème, et qui ne se rattachent nullement à l'action. De tous ces morceaux épars, réunis et mis en ordre, Valmiki, si tant est que ce nom se rapporte à un personnage réel, aurait composé le Ramayana, et lui aurait donné sa forme définitive.

Ce grand poème sanscrit se compose de vingt-cinq mille slokas ou distiques, soit cinquante mille vers. Cette prodigieuse étendue du poème est due à de nombreuses répétitions, à des dialogues plusieurs fois reproduits en termes identiques, à de longues descriptions, et à des légendes que rien ne relie au sujet. Nombre de lecteurs qui désireraient s'initier à la littérature hindoue, sont rebutés par ces longueurs parmi lesquelles il est parfois difficile de retrouver la suite du récit. C'est à eux que s'adresse la présente édition. Le poème, soigneusement dégagé de tout ce qui entrave la marche de l'action, et entre autres des légendes religieuses qui n'ont d'intérêt que pour les seuls mythologues, est resté cependant intact, et conserve son caractère et sa saveur particulière. Pour faire comprendre combien ce travail semble particulièrement indiqué dans le Ramayana, il suffira de dire que, non seulement il n'a pas été nécessaire de faire un raccord, mais que pas un mot, pas une lettre n'a été ajouté au texte. Quant à ce texte, c'est celui de l'excellente traduction d'Hippolyte Fauche.

CH. MARCILLY.

RAMAYANA

Il est une vaste contrée, grasse, souriante, abondante en richesses de toute sorte, en grains comme en troupeaux, assise au bord de la Sarayoû et nommée Kauçala. Là, était une ville, célèbre dans tout l'univers et fondée jadis par Manou, le chef du genre humain. Elle avait nom Ayaudhyà.

Heureuse et belle cité, munie de portes à des intervalles bien distribués, elle était percée de grandes rues, largement développées, entre lesquelles brillait aux yeux la rue Royale, où des arrosements d'eau abattaient le vol de la poussière. De nombreux marchands fréquentaient ses bazars, et de nombreux joyaux paraient ses boutiques. Imprenable, de grandes maisons en couvraient le sol, embelli par des bocages et des jardins publics. Des fossés profonds, impossibles à franchir, l'environnaient ; ses arsenaux étaient pleins d'armes variées, et des arcades ornementées couronnaient ses portes, où veillaient continuellement des archers.

Un roi magnanime, appelé Daçaratha, et de qui la victoire ajoutait journellement à l'empire, gouvernait alors cette ville, comme Indra gouverne son Amaravâti, cité des Immortels.

Ce prince magnanime, bien instruit dans la justice et de qui la justice était le but suprême, n'avait pas un fils qui dût continuer sa race, et son cœur était consumé de chagrin. Un jour qu'il pensait à son malheur, cette idée lui vint à l'esprit : « Qui m'empêche de célébrer un açwa-médha pour obtenir un fils ? »

Le monarque vint donc trouver Vaçishtha, il lui rendit l'hommage exigé par la bienséance et lui tint ce langage respectueux : « Il faut promptement célébrer le sacrifice de la manière qu'il est commandé par le Çâstra, et régler tout avec un tel soin qu'un de ces mauvais Génies, destructeurs des cérémonies saintes, n'y puisse jeter aucun empêchement. C'est à toi de prendre sur tes épaules ce fardeau pesant d'un tel sacrifice. »

— « Oui ! répondit au roi le plus vertueux des régénérés. Je ferai assurément tout ce que désire Ta Majesté. »

Ayant fait appeler Soumantra, le ministre : « Invite, lui dit Vaçishtha, invite les rois qui sur la terre sont dévoués à la justice. »

Ensuite, après quelques jours et quelques nuits écoulés, arrivèrent ces rois si nombreux à qui Daçaratha avait envoyé des pierreries en royal cadeau. Alors Vaçishtha, l'âme très satisfaite, tint ce langage au monarque : « Tous les rois sont venus, ô le plus illustre des souverains, comme tu l'avais commandé. Je les ai tous bien traités, et tous honorés dignement. »

Charmé à ces paroles de Vaçishtha, le roi dit : « Que le sacrifice, doué en toutes ses parties de choses offertes à tous les désirs, soit célébré aujourd'hui même. »

Ensuite les prêtres, consommés dans la science de la Sainte Écriture, commencent la première des cérémonies, l'ascension du feu, suivant les rites enseignés par le soûtra du Kalpa. Les règles des expiations furent aussi observées entièrement par eux, et ils firent toutes ces libations que la circonstance demandait.

Alors Kâauçalyâ décrivit un pradakshina[1] autour du cheval consacré, le vénéra avec la piété due, et lui prodigua les ornements, les parfums, les guirlandes de fleurs. Puis, accompagnée de l'adhwaryou, la chaste épouse toucha la victime et passa toute une nuit avec elle pour obtenir ce fils, objet de ses désirs.

Ensuite, le ritouidje, ayant égorgé la victime et tiré la moelle des os, suivant les règles saintes, la répandit sur le feu, invitant chacun des

---

[1] Salutation respectueuse : tourner autour d'une personne, en ayant soin de lui présenter toujours le côté droit.

Immortels au sacrifice avec la formule accoutumée des prières. Alors, engagé par son désir immense d'obtenir une lignée, Daçaratha, uni dans cet acte à sa fidèle épouse, le roi Daçaratha vint avec elle respirer la fumée de cette moelle, que le brasier consumait sur l'autel. Enfin, les sacrificateurs de couper les membres du cheval en morceaux, et d'offrir sur le feu à tous les habitants des cieux la part que le rituel assignait à chacun d'eux.

Voici que tout à coup, sortant du feu sacré, apparut devant les yeux un grand être, d'une splendeur admirable, et tout pareil au brasier allumé. Le teint bruni, une peau noire était son vêtement; sa barbe était verte, et ses cheveux rattachés en djatâ [1]; les angles de ses yeux obliques avaient la rougeur du lotus : on eût dit que sa voix était le son du tambour ou le bruit d'un nuage orageux. Doué de tous les signes heureux, orné de parures célestes, haut comme la cime d'une montagne, il avait les yeux et la poitrine du lion. Il tenait dans ses bras, comme on étreint une épouse chérie, un vase fermé, qui semblait une chose merveilleuse, entièrement d'or, et tout rempli d'une liqueur céleste.

La resplendissante émanation du souverain

---

[1] Cheveux relevés en gerbe et noués sur le sommet de la tête, mode accoutumée des ascètes.

maître des créatures dit au fils d'Ikshwâkou :
« Grand roi, je te donne en ce vase ce bonheur
qui est le cher objet de ton pieux sacrifice.
Prends donc, ô le plus éminent des hommes,
et donne à tes chastes épouses ce breuvage, que
les Dieux eux-mêmes ont composé. Qu'elles
savourent ce nectar, auguste monarque : il fait
naître de la santé, des richesses, des enfants aux
femmes qui boivent sa liqueur efficace. »

Ensuite, quand elle eût donné au monarque
le breuvage incomparable, cette apparition merveilleuse de s'évanouir aussitôt dans les airs, et
Daçaratha entra dans son gynécée, et dit à
Kâauçalyâ : « Reine, savoure cette boisson génératrice, dont l'efficacité doit opérer son bien
en toi-même. »

Ayant ainsi parlé, son époux, qui avait partagé lui-même cette ambroisie en quatre portions égales, en servit deux parts à Kâauçalyâ,
et donna à Kêkéyî une moitié de la moitié restante. Puis, ayant coupé en deux sa quatrième
portion, le monarque en fit boire une moitié à
Soumitrâ ; ensuite il réfléchit, et donna encore
à Soumitrâ ce qui restait du nectar composé par
les Dieux.

Suivant l'ordre où ces femmes avaient bu la
nonpareille ambroisie, donnée par le roi même
au comble de la joie, les princesses conçurent
des fruits beaux et resplendissants à l'égal du
soleil ou du feu sacré.

De ces femmes naquirent quatre fils, d'une beauté céleste et d'une splendeur infinie : Râma, Lakshmana, Çatroughna et Bharata.

Kâauçalyâ mit au monde Râma, l'aîné par sa naissance, le premier par ses vertus, sa beauté, sa force nonpareille et même l'égal de Vishnou par son courage.

De même, Soumitrâ donna le jour à deux fils, Lakshmana et Çatroughna : inébranlables pour le dévouement et grands par la force, ils cédaient néanmoins à Râma pour les qualités. Vishnou avait formé ces jumeaux avec une quatrième portion de lui-même : celui-ci était né d'une moitié, et celui-là d'une autre moitié du quart.

Le fils de Kêkêyî se nommait Bharata : homme juste, magnanime, vanté pour sa vigueur et sa force, il avait l'énergie de la vérité.

Depuis l'enfance, Lakshmana s'était voué d'une ardente amitié à Râma, l'amour des créatures : en retour, ce jeune frère, de qui l'aide servit puissamment à la prospérité de son frère aîné, ce juste, ce fortuné, ce victorieux Lakshmana était plus cher que la vie même à Râma, le destructeur invincible de ses ennemis.

Autant Lakshmana était dévoué à Râma, autant Çatroughna l'était à Bharata ; celui-ci était plus cher à celui-ci et celui-ci à celui-là que le souffle même de la vie.

Joie de son père, attirant les regards au milieu

de ses frères comme un drapeau, Râma était immensément aimé de tous les sujets pour ses qualités naturelles : aussi, comme il savait se concilier par ses vertus l'affection des mortels, lui avait-on donné ce nom de RAMA, *c'est-à-dire l'homme qui plaît*, ou *qui se fait aimer*.

Un grand saint, nommé Viçvâmitra, vint dans la ville d'Ayaudhyâ, conduit par le besoin d'y voir le souverain.

Des rakshasas, enivrés de leur force, de leur courage, de leur science dans la magie, interrompaient sans cesse le sacrifice de cet homme sage et dévoué à l'amour de ses devoirs; aussi l'anachorète, qui ne pouvait sans obstacle mener à fin la cérémonie, désirait-il voir le monarque, afin de lui demander protection contre les perturbateurs de son pieux sacrifice.

« Prince, lui dit-il, si tu veux obtenir de la gloire et soutenir la justice, ou si tu as foi en mes paroles, prouve-le en m'accordant un seul homme, ton Râma. La dixième nuit me verra célébrer ce grand sacrifice, où les rakshasas tomberont, immolés par un exploit merveilleux de ton fils. »

Alors, ayant baisé avec amour son fils sur la tête, Daçaratha le donna au saint ermite avec son fidèle compagnon Lakshmana.

Arrivés à un demi-yaudjana et plus sur la rive méridionale de la Sarayoû : « Râma, dit avec douceur Viçvâmitra, il convient que tu verses maintenant l'eau sur toi, suivant nos rites; je vais t'enseigner les moyens de salut; ne perdons pas le temps.

« Reçois d'abord ces deux sciences merveilleuses, LA PUISSANCE et L'OUTRE-PUISSANCE; par elles, ni la fatigue, ni la vieillesse, ni aucune altération ne pourront jamais envahir tes membres. »

Après ce discours, Viçvâmitra, l'homme riche en mortifications, initia aux deux sciences Râma, purifié dans les eaux du fleuve, debout, la tête inclinée et les mains jointes.

Alors ce guerrier, de qui la force ne trompe jamais, Râma, qui sait le prix du lieu, du temps et des moyens, adresse à Viçvâmitra ce langage opportun : « Saint anachorète, je désire que tu m'apprennes dans quel temps il me faut écarter ces Démons nocturnes qui jettent des obstacles dans ton sacrifice. »

Ravis de joie à ces paroles, aussitôt Viçvâmitra et tous les autres solitaires de louer Râma et de lui dire : « A partir de ce jour, il faut, Râma, que tu gardes pendant six nuits, dévoué entièrement à cette veille continue; car une fois entré dans les cérémonies préliminaires du sacrifice, il est défendu au solitaire de rompre le silence. »

Après qu'il eut écouté ces paroles des monobites à l'âme contemplative, Râma se tint là debout, six nuits, gardant avec Lakshmana le sacrifice de l'anachrorète, l'arc en main, sans dormir et sans faire un mouvement, immobile, comme un tronc d'arbre, impatient de voir la nuée des rakshasas abattre son vol sur l'ermitage.

Ensuite, quand le cours du temps eut amené le sixième jour, ces fidèles observateurs des vœux, les magnanimes anachorètes dressèrent l'autel sur sa base. — Déjà, accompagné des hymnes, arrosé de beurre clarifié, le sacrifice était célébré suivant les rites ; déjà la flamme se développait sur l'autel, où priait le contemplateur d'une âme attentive, quand soudain éclata dans l'air un bruit immense et tel que l'on entend le sombre nuage tonner au sein des cieux dans la saison des pluies. Alors, voici que se précipitent dans l'ermitage, et Mâritcha, et Soubâhou, et les serviteurs de ces deux rakshasas, déployant toute la puissance de leur magie.

Aussitôt que, de ses yeux beaux comme des lotus, Râma les vit accourir, l'habile archer tira de son carquois la flèche nommée le Trait-de-l'homme, et, sans être poussé d'une très vive colère, il décocha le dard en pleine poitrine de Mâritcha.

Emporté jusqu'au front de l'Océan par l'impétuosité de cette flèche, Mâritcha y tomba comme une montagne, les membres agités par le tremblement de l'épouvante.

Ensuite, le rejeton vaillant de Raghou choisit dans son carquois le dard nommé la Flèche-du-feu ; il envoya ce trait céleste dans la poitrine de Souhâhou, et le rakshasa frappé tomba mort sur la terre.

Puis, s'armant avec la Flèche-du-vent et mettant le comble à la joie des solitaires, le descendant illustre de Raghou immola même tous les autres Démons.

Leur mission accomplie, Râma et Lakshmana passèrent encore là cette nuit, honorés des anachorètes et l'âme joyeuse. A l'heure où la nuit s'éclaire aux premières lueurs de l'aube, les deux héros petits-neveux de Raghou allèrent s'incliner devant Viçvâmitra et lui tinrent ce discours : « Ces deux guerriers, qui se tiennent devant toi, ô le plus éminent des anachorètes, sont tes serviteurs ; commande-nous à ton gré : que veux-tu que nous fassions encore ? »

A ce discours, les ermites laissent parler Viçvâmitra : « Djanaka, le roi de Mithila, doit bientôt célébrer un sacrifice très grand et très saint : nous irons certainement. — Toi-même, tu viendras avec nous : tu es digne de voir là cet arc fameux, qui est une grande merveille et la perle des arcs. Jadis, Indra et les Dieux ont donné au roi de Mithila cet arc géant, comme un dépôt, au temps que la guerre fut terminée entre eux et les Démons. Ni les Dieux, ni les Gandharvas,

ni les Yakshas, ni les Nâgas, ni les Rakshasas
ne sont capables de bander cet arc : combien
moins, nous autres hommes, ne le saurions-
nous faire! »

Et sur-le-champ Râma se mit en route avec
ces grands saints, à la tête desquels marchait
Viçvâmitra. Déjà les troupes des anachorètes
s'étaient avancées loin dans cette route, quand,
arrivées au bord de la Çona, vers le temps où
le soleil s'affaisse à l'horizon, elles s'arrêtent
pour camper devant son rivage.

Ces grands saints dormirent le reste de la
nuit au bord de la Çona, et, quand l'aube eut
commencé d'éclairer les ténèbres, Viçvâmitra
adressant la parole au jeune Râma : « Lève-toi,
dit-il, fils de Kâauçalyâ, car la nuit s'est déjà
bien éclaircie. » Après qu'ils eurent longtemps
marché, le jour vint complètement, et la reine
des fleuves, la Gangâ se montra aux yeux des
éminents rishis. A l'aspect de ses limpides eaux,
peuplées de grues et de cygnes, tous les anachorètes et le guerrier issu de Raghou avec eux de
sentir une vive allégresse.

Ensuite, ayant fait camper leurs familles sur
les bords du fleuve, ils se baignent dans ses
ondes, comme il est à propos ; ils rassasient
d'offrandes les Dieux et les mânes des ancêtres,
ils versent dans le feu des libations de beurre
clarifié, ils mangent comme de l'ambroisie ce

qui reste des oblations, et goûtent, d'une âme joyeuse, le plaisir d'habiter la rive pure du fleuve saint.

Sur la nouvelle que le saint ermite Viçvâmitra était arrivé dans son royaume, aussitôt Djanaka saisit les huit parties composantes de l'arghya ; puis, donnant le pas sur lui à Çatânanda, son pourohita sans péché, et s'entourant de tous les autres prêtres attachés au service de son pieux oratoire, il vint en toute hâte saluer Viçvâmitra et lui offrir la corbeille sanctifiée par les prières.

Le roi Djanaka joignit alors ses mains et dit à Viçvâmitra : « C'est pour moi un bonheur, c'est une faveur du ciel, grand anachorète, que tu sois venu, accompagné du noble Kakoutsthide, assister à mon sacrifice. Ta seule vue enfante ici pour moi de bien nombreux mérites. »

Ensuite, quand l'aube eut rallumé sa lumière pure, le monarque vint trouver le magnanime Viçvâmitra et le vaillant fils de Raghou. Puis, le vertueux roi tint ce discours à Viçvâmitra : « Sois le bienvenu ici ! Que faut-il, grand ascète, que je fasse pour toi ? Daigne ta sainteté me donner ses ordres, car je suis ton serviteur. »

A ces mots du magnanime souverain, Viçvâmitra répondit en ces termes : « Ces fils du roi Daçaratha, ces deux guerriers illustres dans le monde ont un grand désir de voir l'arc divin, qui est religieusement gardé chez toi. Montre cette merveille s'il te plaît, à ces jeunes fils de roi ; et quand tu auras satisfait leur envie par la vue de cet arc, ils feront ensuite ce que tu peux souhaiter d'eux. »

A ce discours, le roi Djanaka joignit les mains et fit cette réponse : « Ecoutez d'abord la vérité sur cet arc, et pour quelle raison il fut mis chez moi. — Un prince nommé Dêvarâta fut le sixième dans ma race après Nimi : c'est à ce monarque magnanime que cet arc fut confié en dépôt. Au temps passé, dans le carnage qui baigna de sang le sacrifice du vieux Daksha, ce fut avec cet arc invincible, que Çankara mutila tous les Dieux, en leur jetant ce reproche mérité : Dieux, sachez-le bien, si j'ai fait tomber avec cet arc tous vos membres sur la terre, c'est que vous m'avez refusé dans le sacrifice la part qui m'était due. »

« Tremblants d'épouvante, les Dieux alors de s'incliner avec respect devant l'invincible Roudra, et de s'efforcer à l'envi de reconquérir sa bienveillance. Çiva fut enfin satisfait d'eux ; et souriant il rendit à ces Dieux pleins d'une force immense tous les membres abattus par son arc magnanime.

« C'est là, saint anachorète, cet arc céleste du sublime Dieu des Dieux, conservé maintenant au sein même de notre famille, qui l'environne de ses plus religieux honneurs.

« J'ai une fille belle comme les Déesses et douée de toutes les vertus ; elle n'a point reçu la vie dans les entrailles d'une femme, mais elle est née un jour d'un sillon, que j'ouvris dant la terre : elle est appelée Sitâ, et je la réserve comme une digne récompense à la force. Très souvent des rois sont venus me la demander en mariage, et j'ai répondu à ces princes : « Sa main est destinée en prix à la plus grande vigueur. » — Ensuite, tous ces prétendus couronnés de ma fille, désirant chacun faire une expérience de sa force, se rendaient eux-mêmes dans ma ville ; et là, je montrais cet arc à tous ces rois, ayant comme eux envie d'éprouver quelle était leur mâle vigueur, mais, brahme vénéré, ils ne pouvaient pas même soulever cette arme.

« Maintenant je vais montrer au vaillant Râma et à son frère Lakshmana cet arc céleste dans le nimbe de sa resplendissante lumière ; et, s'il arrive que Râma puisse lever cette arme, je m'engage à lui donner la main de Sitâ, afin que la cour du roi Daçaratha s'embellisse avec une bru qui n'a pas été conçue dans le sein d'une femme. »

Alors ce roi, qui semblait un Dieu, commanda aux ministres en ces termes : « Que l'on apporte ici l'arc divin pour en donner la vue au fils de Kàauçalyà ! » A cet ordre, les conseillers du roi entrent dans la ville et font aussitôt voiturer l'arc géant par des serviteurs actifs. Huit cents hommes d'une stature élevée et d'une grande vigueur traînaient avec effort son étui pesant, qui roulait porté sur huit roues.

Aussitôt Râma s'approcha de l'étui, où cet arc était renfermé, leva cette arme d'une seule main, comme en se jouant, la courba sans beaucoup d'efforts et lui passa la corde en riant, à la vue des assistants, répandus là près de lui et par tous les côtés. Ensuite, quand il eut mis la corde, il banda l'arc d'une main robuste ; mais la force de cette héroïque tension était si grande qu'il se cassa par le milieu ; et l'arme, en se brisant, dispersa un bruit immense, comme d'une montagne qui s'écroule, ou tel qu'un tonnerre lancé par la main d'Indra sur la cime d'un arbre sourcilleux.

A ce fracas assourdissant, tous les hommes tombèrent, frappés de stupeur, excepté Viçvàmitra, le roi de Mithilà et les deux petits-fils de Raghou. — Quand la respiration fut revenue libre à ce peuple terrifié, le monarque saisi d'un indicible étonnement, joignit les mains et tint à Viçvàmitra le discours suivant : « Bienheureux solitaire, déjà et souvent j'avais entendu parler de Râma, le fils du roi Daçaratha ; mais ce qu'il vient de faire ici est plus que prodigieux et n'avait pas encore été vu par moi. Sitâ, ma fille, en donnant sa main à Râma, le Daçarathide, ne peut qu'apporter beaucoup de gloire à la famille des Djanakides ; et moi j'accomplis ma promesse en couronnant par ce mariage une force héroïque. J'unirai donc à Râma cette belle Sîtâ, qui m'est plus chère que la vie même. »

Des courriers sont envoyés au roi d'Ayodhyâ. Ils adressent, porteurs d'agréable nouvelle, ce discours au magnanime Daçaratha : « Puissant monarque, le roi du Vidéha, Djanaka te demande, à toi-même son ami, si la prospérité habite avec toi et si ta santé est parfaite. Ensuite, voici les nouvelles qu'il t'annonce lui-même par notre bouche : — « Tu sais que j'ai une fille et qu'elle fut proclamée comme la récompense d'une force non pareille ; tu sais que déjà sa main fut souvent demandée par des rois, mais aucun ne possédait une force assez grande. Eh bien ! roi puissant, cette noble fille de moi vient d'être conquise par ton fils, que les conseils de Viçvâmitra ont amené dans ma ville.

« En effet, le magnanime Râma a fait courber cet arc fameux de Çiva, et, déployant sa force au milieu d'une grande assemblée, l'a brisé même par la moitié. Il me faut donc maintenant donner à ton fils cette main de Sîtâ, récompense que j'ai promise à la force ; je veux dégager ma parole ; daigne consentir à mon désir. Daigne aussi, auguste et saint roi, venir à Mithilâ, sans retard. »

Après qu'il eut ouï ce discours des messagers, le roi Daçaratha, comblé de joie, tint ce langage à Vaçishtha comme à tous ses prêtres : « Brahme vénéré, si cette alliance avec le roi Djanaka obtient d'abord ton agrément, allons d'ici promptement à Mithilâ. » — « Bien ! répondirent à ces paroles du roi les brahmes et Vaçishtha, leur chef, tous au comble de la joie ; bien ! Daigne la félicité descendre sur toi ! Nous irons à Mithilâ. »

A peine en eut-elle reçu l'ordre, que l'armée aussitôt prit son chemin à la suite du roi, qui précédait ses quatre corps avec les rishis ou les saints. Quatre jours et quatre nuits après il arrivait chez les Vidéhains.

Plein de joie à la nouvelle que cet hôte bien-aimé entrait au pays du Vidéha, le souverain de ces lieux, accompagné de Çatânanda, sortit à sa rencontre et lui tint ce langage : « Sois le bienvenu, grand roi ! Quel bonheur ! te voici arrivé dans mon palais ; mais, quel bonheur aussi pour toi, noble fils de Raghou, tu vas goûter ici le plaisir de voir tes deux enfants ! »

Quand il eut accompli au lever de l'aurore les cérémonies pieuses du matin, Djanaka tint ce discours plein de douceur à Çatânanda, son prêtre domestique : « J'ai un frère puîné, beau, vigoureux, appelé Kouçadhwadja, qui, suivant mes ordres, habite Sânkâçya, ville magnifique, et que la rivière Ikshkouvati abreuve de ses ondes fraîches. Je désire le voir. Que des messagers aillent donc le trouver d'une course rapide et l'amènent chez moi. »

A cet ordre envoyé de son frère, Kouçadhwadja vint ; et, dès qu'il se fut incliné devant Çatânanda, ensuite devant Djananka, il s'assit, avec la permission du prêtre et du monarque, sur un siège très distingué et digne d'un roi. Alors ces deux frères, étant assis là ensemble, appelèrent Soudâmâna, le premier des ministres, et l'envoyèrent avec ces paroles : « Va, ô le plus éminent des ministres ; hâte-toi d'aller vers le roi Daçaratha, et amène-le ici avec son conseil, avec ses fils, avec son prêtre domestique. »

L'envoyé se rendit au palais, et dit : « O roi, souverain d'Ayodhyâ, le monarque Vidéhain de Mithilâ désire te voir au plus tôt avec le prêtre de ta maison, avec ta belle famille. » A peine eut-il entendu ces paroles que le roi Daçaratha, accompagné de sa parenté, se rendit avec la foule de ses rishis au lieu où le roi de Mithilâ attendait son royal hôte.

« Roi puissant, dit celui-ci, je te donne pour brus mes deux filles : Sitâ à Râma, Ourmilâ à Laskhmana. Ma fille Sitâ, noble prix de la force, je la donne comme épouse à Râma : il se l'est héroïquement acquise par sa force et sa vigueur. »

Quand Djanaka eut cessé de parler, le sage Viçvâmitra, ce grand anachorète, lui tint ce

langage, conjointement avec le pieux Vaçishtha :
« Vos familles à tous les deux sont pareilles à la
grande mer : on vante la race d'Ikshwakou ;
on vante au même degré celle de Djanaka. Ton
frère Kouçadhwadja, cet héroïque monarque, est
égal à toi. Nous savons qu'il a deux jeunes filles,
à la beauté desquelles il n'est rien de compa-
rable sur la terre ; nous demandons, ô toi, qui
es la justice en personne, nous demandons leur
main pour deux princes nés de Raghou : le
juste Bharata et le prudent Çatroughna. Unis
donc avec eux ces deux sœurs, si notre demande
ne t'est point désagréable. »

A ces nobles paroles de Viçvâmitra et de
Vaçishtha, le roi Djanaka, joignant ses mains,
répondit en ces termes aux deux éminents solitaires : « Vos révérences nous ont démontré
que les généalogies de nos deux familles sont
égales : qu'il en soit comme vous le désirez !
De ces jeunes vierges, je donne l'une à Bharata,
et l'autre à Çatroughna. »

Dans l'instant propice aux mariages, Daçaratha, entouré de ses quatre fils, déjà tous bénis
avec les prières, qui inaugurent un jour d'hymé-
née, tous ornés de riches parures et costumés
de splendides vêtements, vint trouver, suivant
les règles de la bienséance, le souverain du
Vidéha.

Le roi des Vidéhains dit au vaillant rejeton de
l'antique Raghou, à Râma, de qui les yeux res-

semblaient aux pétales du lotus : « Commence par t'approcher de l'autel. Que cette fille de moi, Sitâ, soit ton épouse légitime! Prends sa main dans ta main, digne rameau du noble Raghou.

« Viens, Lakshmana! approche-toi, mon fils; et, cette main d'Ourmilâ, que je te présente, reçois-la dans ta main, suivant les rites, auguste enfant de Raghou. »

Lui ayant ainsi parlé, Djanaka, la justice en personne, invita le fils de Kêkéyi, Baratha, à prendre la main de Mândavî. Enfin, Djanaka adressa même ces paroles à Çatroughna, qui se tenait près de son père : « A toi maintenant je présente la main de Çroutakirtî ; mets cette main dans la tienne. Vous possédez tous des épouses égales à vous par la naissance, héros, à qui le devoir commande avec empire ; remplissez bien les nobles obligations propres à votre famille, et que la prospérité soit avec vous! »

A ces paroles du roi Djanaka, les quatre jeunes guerriers de prendre la main des quatre jeunes vierges, et Çatânanda lui-même de bénir leur hymen. Ensuite, tous les couples, et l'un après l'autre, d'exécuter un pradakshina autour du feu.

Quand cette nuit fut écoulée, Viçvâmitra, le grand anachorète, prit congé de ces deux puissants monarques et s'en alla vers la haute montagne du nord. Après le départ de Viçvâmitra, le roi Daçaratha fit ses adieux au souverain de Mithilà et reprit aussi le chemin de sa ville.

Or, après un certain laps de temps, le roi Daçaratha fit appeler son fils Bharata, de qui la noble Kêkéyî était mère, il lui dit ces paroles : « Le fils du roi de Kêkaya, qui habite ici depuis quelque temps, ce héros, ton oncle maternel, mon enfant, est venu pour te conduire chez ton aïeul. — Il te faut donc t'en aller avec lui voir ton grand-père : observe à ton aise, mon fils, cette ville de ton aïeul. »

Alors, dès qu'il eut recueilli ces mots du roi Daçaratha, le fils de Kêkéyî se disposa à faire ce voyage, accompagné de Çatroughna. Son père le baisa au front, embrassa même avec étreinte ce jeune guerrier, semblable au lion par sa noble démarche, et d'une voix sanglotante, il dit à Bharata : « Va, mon fils ! » Celui-ci donc salua d'un adieu son père, il salua d'un adieu Râma à la vigueur sans mesure ; et, s'étant d'abord incliné devant les épouses du roi, ses mères, il partit, accompagné de Çatroughna.

Après quelques jours, l'auguste voyageur atteignit la ville et l'agréable palais du roi son grand-père. Près de là, faisant halte, Bharata envoya un messager de confiance dire au monarque, son aïeul : « Je suis arrivé. »

Transporté de joie à ces paroles du messager, le roi fit entrer, comblé des plus grands honneurs, son petit-fils dans les faubourgs de sa ville, pavoisée d'étendards. Ensuite, les habitants reçurent aux portes de la ville Bharata suivi par les troupes des plus belles courtisanes, qui jouaient de la musique ou dansaient devant lui : telle fut son entrée dans la ville. Puis, arrivé dans le palais, tout rempli d'officiers richement costumés, il y fut comblé d'honneurs, traité à la satisfaction de tous ses désirs ; et le fils de Kêkéyî habita cette cour dans un bien-être délicieux, comme le plus heureux mortel des mortels heureux.

Sans désir même que le sceptre vînt dans ses mains suivant l'ordre héréditaire de sa famille, Râma pensait que monter au sommet de la science est préférable à l'honneur même de monter sur un trône.

Le roi Daçaratha se mit à rouler continuellement cette pensée au fond de son âme, venue et déjà fixée même dans ce projet: « Il faut que je sacre mon fils Râma comme associé à ma couronne et prince de la jeunesse. »

Cette idée s'agitait sans cesse dans le cœur du monarque sage : « Quand verrai-je l'onction royale donnée à Râma ! Quand j'aurai vu ce fils, ma gloire, élevé par moi-même sur ce trône, qui gouverne toute l'étendue si vaste de la terre, j'irai doucement au ciel, où me conduit cet âge avancé. »

Dès qu'ils eurent connaissance des sentiments

du monarque, les hommes de bon jugement et qui avaient pénétrer dans le fond des choses, instituteurs spirituels, conseillers d'État, citadins et même villageois se réunirent, tinrent conseil, arrêtèrent une résolution, et tous, de toutes parts, ils dirent au vieux roi Daçaratha : « Auguste monarque, te voilà un vieillard devenu plusieurs fois centenaire : ainsi daigne consacrer ton fils Râma comme héritier de ta couronne. »

A ce discours, tel que son cœur l'avait souhaité, il dissimula son désir et répondit à ces hommes, dont il voulait connaitre mieux toute la pensée : « Pourquoi vos excellences désirent-elles que j'associe mon fils à mon trône dans le temps même où je suffis à gouverner la terre avec justice ? »

Ces habitants de la ville et des campagnes répondirent à ce magnanime : « Nombreuses et distinguées, ô roi, sont les qualités de ton fils. Il est doux, il a des mœurs honnêtes, une âme céleste, une bouche instruite à ne dire que des choses aimables et jamais d'invectives ; il est bienfaisant, il est comme le père et la mère de tes sujets. Daigne maintenant, ô toi, qui es comme un Dieu chez les hommes, associer à ta couronne sur la terre ce fils si digne d'être élu roi, ce Râma, le seigneur du monde, le maitre de son âme et l'amour des hommes, dont il fait les délices par ses vertus ! »

Ensuite, ayant fait appeler Soumantra, le roi Daçaratha lui dit : « Amène promptement ici mon vertueux Râma! » Alors, s'étant assis là, tous les rois de l'occident, du nord, de l'orient et du midi, ceux des Mlétchhas, ceux des Yavanas, ceux même des Çakas, qui habitent les montagnes, bornes du monde, s'échelonnèrent sous leur auguste suzerain Daçaratha, comme les dieux sont rangés sous Indra, le fils de Vasou.

Assis dans son palais au milieu d'eux et tel qu'Indra au milieu des Maroutes, le saint monarque vit s'avancer, monté sur le char et semblable au roi des Gandharvas, ce fils au courage déjà célèbre dans tout l'univers, aux longs bras, à la grande âme, au port majestueux comme la démarche d'un éléphant ivre d'amour.

Aussitôt qu'il eut aidé le jeune rejeton de l'antique Raghou à descendre du char magnifique, Soumantra, les mains jointes, le suivit par derrière, tandis que le vaillant héros s'avançait vers son père. Joignant ses mains, inclinant son corps, il s'approcha du monarque, et, se nommant, il dit : « Je suis Râma. » Puis il toucha du front les pieds de son père. Mais celui-ci, ayant vu son bien-aimé fils prosterné à son côté, les paumes réunies en coupe, saisit les deux mains jointes, les tira doucement à soi et lui donna un baiser. Ensuite, le fortuné monarque offrit du geste à Râma un siège incomparable, éblouissant, le plus digne parmi tous, orné d'or et de pierreries. Ayant adressé la parole à son fils avec un sourire, il lui tint ce langage :

« Râma, tu es mon enfant bien-aimé, le plus éminent par tes vertus et né, fils égal à moi, d'une épouse mon égale et la première de mes épouses. Enchaînés par tes bonnes qualités, ces peuples te sont déjà soumis : reçois donc le sacre, comme associé à ma couronne, en ce temps, où la lune va bientôt faire sa conjonction avec l'astérisme Poushya, constellation propice. »

Quand il se fut incliné devant le roi son père, le Raghouide, éclatant de lumière, monta dans son char ; puis, environné de foules nombreuses, il revint dans son palais.

Après le départ des citadins, le monarque, ayant délibéré une seconde fois avec ses ministres, arrêta une résolution, en homme qui sait prendre une décision : « Demain, l'astérisme Poushya doit se lever sur l'horizon ; que mon fils Râma, à la prunelle dorée comme la fleur des lotus, soit donc sacré demain dans l'hérédité présomptive du royaume ! » Ainsi parla ce puissant monarque.

La rue royale se trouvait alors dans Ayodhyâ tout obstruée par les multitudes entassées des hommes, dont cet événement avait excité la curiosité, et de qui les danses joyeuses dispersaient un bruit semblable à celui de la mer, quand le vent soulève ses humides flots. La noble cité avait arrosé et balayé ses grandes rues, elle avait orné de guirlandes sa rue royale, elle s'était pavoisée de ses vastes étendards.

Râma se purifia d'une âme recueillie ; puis, avec la belle Vidéhaine, son épouse, comme Nârâyana avec Lakshmi, il entra dans le sanctuaire domestique. Alors il mit sur sa tête, suivant la coutume, une patère de beurre clarifié et versa dans le feu allumé cette libation en l'honneur du grand Dieu. Ensuite, quand il eut mangé ce qui restait de l'oblation et demandé aux Immortels ce qui était avantageux pour lui, ce fils du meilleur des rois, voué au silence et méditant sur le dieu Nârâyana, se coucha dans une sainte continence avec la charmante Vidéhaine sur un lit de verveine, jonchée avec soin dans la brillante chapelle consacrée à Vishnou.

Au temps où la nuit fermait sa dernière veille, il sortit du sommeil, puis, quand il entendit les brillantes voix des poètes et des bardes entonner les paroles de bon augure, il adora l'aube naissante, murmurant sa prière d'une âme recueillie, et, revêtu d'un habit de lin sans tache, il donna l'essor à la voix des brahmes. A la nouvelle que le noble enfant de Raghou avait accompli avec son épouse la cérémonie du jeûne, tous les habitants de se livrer à l'effusion de la joie.

Sur les temples des Immortels, dont les faîtes semblent une masse blanche de nuages, dans les carrefours, dans les grandes rues, sur les bananiers sacrés, sur les plates-formes des palais, sur les bazars des trafiquants, où sont amoncelées toutes les sortes infinies des marchandises, sur les splendides hôtels des riches pères de famille, sur toutes les maisons destinées à réunir des assemblées, sur les plus majestueux des arbres, flottent dressés les étendards et les banderolles de couleurs variées. De tous les côtés on entend les troupes des danseurs, des comédiens et des chanteurs, dont les voix se modulent pour le délicieux plaisir de l'âme et des oreilles.

Dans ce temps, une suivante de Kêkéyî, sa parente éloignée, qui l'avait emmenée avec elle dans Ayodhyâ, monta d'elle-même sur la plate-forme du palais ; et là, promenant ses yeux, elle vit la rue du roi brillamment décorée, la ville pavoisée de grands étendards, ses voies remplies d'un peuple nombreux et rassasié.

A cet aspect de la cité riante et pleine de monde en habits de fête, elle s'approcha d'une nourrice placée non loin d'elle, et fit cette demande : « D'où vient aujourd'hui cette joie extrême des habitants ? Dis-le-moi ! Quelle chose aimée des citoyens veut donc faire le puissant monarque ? Pour quelle raison, au comble d'un enchantement suprême, la mère de Râma verse-t-elle aujourd'hui ses trésors comme une pluie de largesses ? »

Interrogée ainsi par cette femme bossue, la nourrice, toute ravie de plaisir, commence à lui raconter ce qui en était du sacre attendu pour l'association à la couronne : « Demain, le roi fait sacrer comme héritier du trône son fils Râma. C'est pour cela que tout ce peuple est en joie dans l'attente du sacre, que les habitants ont décoré la ville et que tu vois la mère de Râma si heureuse. »

A peine eut-elle ouï ce langage désagréable pour elle, soudain, transportée de colère, la femme bossue descendit précipitamment de cette plate-forme du palais. La Manthârâ, qui avait conçu une mauvaise pensée, vint donc, les yeux enflammés de fureur, tenir ce langage à Kêkéyî, qui n'était pas encore levée : « Femme aveugle, sors du lit ! Quoi ! tu dors ! Un affreux danger fond sur toi ! Malheureuse, ne comprends-tu pas que tu es entraînée dans un abîme ! »

Kêkéyî, aux oreilles de qui cette bossue à l'intention méchante avait jeté dans sa fureur ces mots si amers, lui fit à son tour cette demande : « Pourquoi es-tu si en colère, Manthârâ ? Apprends-moi quelle est cette chose que tu ne peux supporter : en effet, je te vois toute pleine de tristesse et le visage bouleversé. »

A ces paroles de Kêkéyî, la Manthârâ, qui

savait ourdir un discours artificieux, lui répondit ainsi, les yeux rouges de colère et d'envie, pour augmenter le trouble de sa maîtresse et la séparer enfin de Râma, dont cette femme à la pensée coupable désirait la perte : « Une chose bien grave te menace, ô ma reine : c'est que le roi Daçaratha se dispose à consacrer son fils Râma comme héritier de sa couronne. L'épouse bien-aimée de ce roi au langage traître et mensonger va mettre son Râma sur le trône, et toi, imprévoyante créature, tu seras immolée avec ton enfant ! »

A ces paroles de la bossue, Kêkéyî, ravie de joie, ôta de sa parure un brillant joyau et l'offrit en cadeau à la Manthârâ. Quand elle eut donné à la perfide suivante ce magnifique bijou, en témoignage du plaisir que lui inspirait sa nouvelle, Kêkéyî enchantée lui répondit alors en ces termes : « Manthârâ, ce que tu viens de raconter m'est agréable; c'est une chose que je désirais : aussi ai-je du plaisir à te donner une seconde fois ce gage de ma vive satisfaction. Il n'y a dans mon cœur aucune différence même entre Bharata et Râma : je verrai donc avec bonheur que le roi donne l'onction royale à celui-ci. »

A ces mots, rejetant le bijou de Kêkéyî, Manthârâ lui répondit en ces termes, accompagnés d'une imprécation : « Pourquoi, femme ignorante, te réjouis-tu, quand le danger plane sur toi ? Ne comprends-tu pas que tu es submergée dans un océan de tristesse ? Je l'estime heureuse, cette Kâaucalyà, qui dans ce jour verra son fils oint et sacré comme l'héritier du trône paternel ! Mais toi, femme ignorante, dépouillée de ta grandeur, tu seras soumise, comme une servante, à Kâaucalyà grandie et parvenue même à la plus haute domination. On verra l'épouse de Râma savourer les jouissances du trône et de la fortune ; mais ta bru à toi sera obscurcie et rabaissée ! »

Kêkéyî, fixant les yeux sur la Manthará, qui parlait ainsi d'un air vivement affligé, se mit joyeusement à vanter elle-même les vertus de Râma.

A ces paroles de sa maîtresse, la Manthará, non moins profondément affligée, répondit à Kêkéyî, après un long et brûlant soupir : « O toi, de qui le regard manque de justesse, femme ignorante, ne t'aperçois-tu pas que tu te plonges toi-même dans un abîme, dans la mort, dans un enfer de peines ? Si Râma devient roi ; si, après lui, son fils monte sur le trône ; puis, le fils de son fils ; ensuite, le rejeton né de son petit-fils, Bharata ne se trouvera-t-il point, Kêkéyî, rejeté hors de la famille du monarque ? Je suis accourue ici, conduite par ton intérêt ; mais tu ne m'as point comprise. Râma, une fois qu'il aura ceint le diadème, Râma, débarrassant le chemin de cette gênante épine, enverra Bharata en exil, ou, ce qui est plus sûr, à la mort. Enivrée de ta beauté, tu as toujours, dans ton orgueil, dédaigné la mère de Râma, épouse comme toi du même époux ; comment ne ferait-elle pas tomber maintenant le poids de sa haine sur toi ! »

A ces mots de la suivante, Kêkéyî poussa un soupir et répondit ces paroles : « Tu me dis la vérité, Manthará ; je connais ton dévouement sans égal pour moi. Mais je ne vois aucun moyen par lequel on puisse faire obtenir de force à mon fils ce trône de son père et de ses aïeux. »

A ces paroles de sa maîtresse, la bossue, poursuivant son dessein criminel, délibéra dans son esprit un instant et lui tint ce langage : « Si tu veux, je t'aurai bientôt mis ce Râma dans un bois, et je ferai même donner l'onction royale à Bharata. »

A ces mots de la Manthará, Kêkéyî, dans la joie de son âme, se leva un peu de sa couche mollement apprêtée et lui répondit ces paroles : « Dis-moi, ô femme d'une intelligence supérieure ; Manthará, dis-moi par quel moyen on pourrait élever Bharata sur le trône et jeter Râma dans une forêt ? »

A peine eut-elle ouï ces mots de la reine, Manthará, bien résolue dans sa pensée coupable, tint ce langage à Kêkéyî pour la ruine de Râma : « Écoute, et réfléchis bien, quand tu m'auras entendue. Jadis, au temps de la guerre entre les Dieux et les Démons, ton invincible époux, sollicité par le roi des Immortels, s'en fut affronter ces combats. — Il descendit, vers la plage méridionale, dans la contrée nommée Dandaka, où le Dieu qui porte à son étendard l'image du poisson Timi possède une ville appelée Vêdjayanta. Là, non vaincu par les armées célestes, un grand Asoura, qui avait nom Çambara, puissant par la magie, livra bataille à Çakra. Dans cette terrible journée, le roi fut blessé d'une flèche; il revint ici victorieux, et ce fut par toi, reine, qu'il fut pansé lui-même. La plaie, grâce à toi, fut cicatrisée, et, ravi de joie, l'auguste malade t'accorda, femme illustre, deux faveurs à ton choix. Mais toi : « Réserve l'effet de ces deux grâces pour le temps où j'en souhaiterai l'accomplissement! » N'est-ce pas ainsi qu'alors tu parlas à ton magnanime époux, qui te répondit : « Oui ? »

« Réclame de ton époux ces deux grâces; demande pour l'une le sacre de Bharata, et pour l'autre l'exil de Râma pendant quatorze années. Montre-toi courroucée, et, vêtue d'habits souillés, couchée sur la terre nue, ne jette pas un regard de tes yeux sur le roi, ne lui adresse pas même une parole, comme une abandonnée qui dort sur la terre. Bientôt, le monarque, plongé dans la tristesse, viendra lui-même tâcher de regagner tes bonnes grâces et te demander ce que tu désires. — Si ton époux t'offrait des perles, de l'or et de toutes sortes de bijoux, ne tourne pas un regard vers ses présents. Mais si, voulant donner à ses deux grâces tout leur effet, ton époux te relevait de ses mains, enchaîne-le d'abord sous la foi du serment ; ensuite, radieuse beauté, demande-lui, comme grâce première, l'exil de Râma durant neuf ans ajoutés à cinq années, et, comme seconde, l'hérédité du royaume conférée à Bharata. »

Excitée par la suivante, sa maîtresse vit sous les couleurs du bien ce qui était mauvais ; et son âme ne sentit pas que l'action était coupable.

Elle prit donc la bossue aux vues criminelles dans ses bras, la serra fortement contre son cœur, et toute à l'excès d'une joie qui troublait sa raison, elle tint résolûment ce langage à Manthara : « Je suis loin de mépriser ta prévoyance exquise, ô toi qui sais trouver les plus sages conseils : il n'existe pas dans ce monde une seconde femme égale à toi pour l'intelligence. »

Ainsi flattée par Kêkéyi, la bossue, pour animer davantage la reine, répondit en ces termes : « Lève-toi donc, illustre dame ! assure ta fortune, et mets le trouble dans le cœur du monarque ! » — « Oui ! » répondit Kêkéyi, approuvant ces paroles, et, suivant les conseils de Manthara, elle s'affermit dans la résolution de faire donner l'onction royale à Bharata.

La noble reine ôta son collier de perles, enrichi de précieux bijoux et de joyaux magnifiques; elle se dépouilla de toutes ses autres parures; et, l'âme remplie de haine par cette Manthará, elle entra dans la chambre de la colère, où elle s'enferma seule avec l'orgueil que lui inspirait la force de sa prospérité.

Or, quand il eut fait connaître le jour et l'instant où l'onction royale serait donnée à Râma, le puissant monarque entra dans son gynœcée pour annoncer cette agréable nouvelle à Kêkéyî. Là, ce maître du monde, apprenant qu'elle était couchée sur la terre, abattue dans une situation indigne de son rang, il en fut comme foudroyé par la douleur. Ce vieillard s'avança tout affligé vers sa jeune femme, plus aimée de lui que sa vie même.

Après que ses mains eurent bien caressé la femme éplorée, le roi tint ce langage à Kêkéyî : « Je ne sais pas ce qui put allumer cette colère en toi. Qui donc osa t'offenser, reine? Pourquoi, femme naguère si heureuse et maintenant si désolée, pourquoi, à ma très vive douleur, es-tu couchée sur la terre nue et dans la poussière, comme une veuve sans appui, en ce jour où mon âme est toute joyeuse? »

Il dit et releva sa femme éplorée. Elle répondit à ces mots : « Je n'ai reçu aucune offense de personne, magnanime roi; mais, quel que soit mon désir, daigne faire en ce jour une chose qui m'est chère. Donne-m'en l'assurance maintenant, si tu veux bien la faire, et quand j'aurai, moi, reçu ta promesse, je t'expliquerai ce qu'est mon désir. »

Le prince, qui voyait toute consumée de sa douleur cette Kêkéyi, épouse bien-aimée :
« Femme charmante, dit-il, tu ne sais donc pas ! Excepté Râma seul, il n'existe pas dans tous les mondes une seconde créature que j'aime plus que toi ! Je m'arracherais ce cœur même pour te le donner : ainsi, ma Kêkéyi, regarde-moi et dis ce que tu désires. » Alors, satisfaite de ce langage, Kêkéyi joyeuse révéla son dessein très odieux et d'une profonde scélératesse.

« Jadis, ô roi, satisfait de mes soins, dans la guerre que les Dieux soutenaient contre les Démons, tu m'as octroyé deux grâces, dont je réclame aujourd'hui l'accomplissement. Que Bharata, mon fils, reçoive l'onction royale, comme héritier du trône, dans la cérémonie même que tes soins préparent ici pour associer Râma à la couronne. En outre, que celui-ci, portant le djatâ, la peau de biche et l'habit d'écorce, s'en aille dans les bois durant neuf et cinq ans : voilà ce que je choisis pour mes deux grâces. »

Ce langage de Kêkéyi blessa au cœur le puissant monarque. S'affaissant aussitôt sous le coup de cette grande douleur, il tomba hors de lui-même sur terre, absorbé dans un profond évanouissement.

Longtemps après, quand il eut repris connaissance, l'âme noyée dans l'affliction, plein de tristesse et d'amertume, il dit avec colère à Kêkéyi : « Scélérate, femme aux voies corrompues, que t'a fait Râma, ou que t'ai-je fait, destructrice de ma famille ? Pourquoi donc es-tu si acharnée à la ruine de Râma ? C'est assez ! renonce à ta résolution : je touche avec mon front tes pieds mêmes ; fais-moi grâce ! »

Il tomba sur la terre, embrassant les pieds de sa femme, dont les mains, pour ainsi dire, serraient son cœur d'une pression douloureuse, et d'une voix sanglotante, il jetait ces mots : « Grâce, ô ma reine ! grâce ! »

Tandis que le grand roi, dans une posture indigne de lui, était gisant à ses pieds mêmes, Kêkéyi jeta encore ces mots durs : « Pourquoi, seigneur, quand tu m'as accordé ces deux grâces, hésites-tu à m'en donner l'accomplissement ? »

Irrité de ces paroles de Kêkéyi, le roi Daçaratha lui répondit alors, plein d'émotion et gémissant : « Femme ignoble, mon ennemie, goûte donc, hélas ! ce bonheur, Kêkéyi, de voir ton époux mort et Râma, ce fier éléphant des hommes, banni dans un bois ! Malheur à moi cruel, nature impuissante, subjuguée par une femme, homme de petite vigueur, incapable même de s'élever jusqu'à la colère, sans énergie et sans âme! »

Le monarque éleva ses deux mains jointes vers Kêkêyî, essaya encore de la fléchir et lui dit ces nouvelles paroles : « O ma bonne, prends sous ta protection un vieillard malheureux, faible d'esprit, esclave de ta volonté et qui cherche en toi son appui; sois-moi propice, ô femme charmante! Si ce n'est là qu'une feinte mise en jeu par l'envie de pénétrer ce que j'ai au fond du cœur : eh bien! sois contente, emme au gracieux sourire, voilà ce qu'est en vérité mon âme : je suis de toute manière ton serviteur. Quelque chose que tu veuilles obtenir, je te le donne, hors l'exil de Râma : oui, tout ce qui est à moi, ou même, si tu la veux, ma vie ! »

Ainsi conjurant et conjurée, elle d'une âme si corrompue et lui d'une âme si pure, cette femme cruelle à son époux n'accorda rien aux prières de ce roi, sur les joues duquel tombaient des larmes. — « Pourquoi donc, si tu es vrai dans tes promesses, m'en refuses-tu l'accomplissement, comme un avare et un homme vil? Envoie Râma, ton fils, habiter les forêts! Si tu ne combles pas maintenant le désir manifesté dans mes paroles, je vais, ô roi, jeter là ma vie sous tes yeux mêmes ! »

Le monarque, enlacé par Kêkêyî comme autrefois Bali par Vishnou, dans les rets de ses artifices, ne put alors en déchirer les mailles.

Quand la nuit commençait à s'éclaircir aux premières lueurs de l'aube matinale, Soumantra vint à la porte, et, s'y tenant les mains jointes, il réveilla son maître : « O roi, voici que ta nuit s'est déjà bien éclairée, disait-il : que sur toi descende la félicité ! Réveille-toi, ô tigre des hommes ! Recueille et le bonheur et les biens ! »

Quand il entendit son écuyer lui chanter ces heureux souhaits, le monarque, consumé par sa douleur immense, lui adressa la parole en ces termes : « Pourquoi viens-tu, conducteur de mon char, pourquoi viens-tu me féliciter, moi, de qui la tristesse n'est pas un thème bien assorti aux félicitations ! Tu ajoutes par ton langage une douleur nouvelle à mes souffrances. »

Sur ces entrefaites, Kêkéyî, obstinée dans sa volonté criminelle, jeta de nouveau ces paroles à son époux, qu'elle voulait stimuler avec l'aiguillon de son langage :

« Pourquoi parles-tu ainsi, en ces termes désolés, comme un être de la plus basse condition ? Mande ici Râma ; envoie-le sans faiblesse habiter les forêts ! Si tu es fidèle en tes promesses, donne-moi l'accomplissement d'une parole qui m'est chère. »

Alors, blessé par l'aiguillon de ces paroles, le roi dit ces mots à Soumantra : « Conducteur de mon char, je suis lié avec la chaîne de la vérité ; mon âme est pleine de trouble. Amène ici Râma sans délai, je désire le voir. » A peine eut-elle entendu ces mots du roi, Kêkéyî sur-le-champ dit aussi d'elle-même à l'écuyer : « Va ! amène Râma ; et fais-le se hâter, de manière qu'il vienne au plus tôt ! »

Dans ce jour même, où la lune était parvenue à sa conjonction avec l'astérisme Poushya, on avait disposé en vue de Râma toutes les choses nécessaires à la cérémonie d'un sacre. On avait préparé un trône d'or, éblouissant, magnifiquement orné, sur lequel s'étalait une peau, riche dépouille du roi des quadrupèdes. On avait également préparé en vue de Râma un sceptre, somptueusement orné de joyaux et d'un éclat aussi pur que les rayons de la lune, un chasse-mouche, un magnifique éventail, décoré avec une radieuse guirlande et tel que le disque en son plein de l'astre des nuits. On avait encore exécuté pour l'assomption de Râma au trône paternel un vaste parasol, emblème de royauté.

Arrivé dans la rue du roi, Soumantra fendit les ondes arrêtées là du peuple et recueillit dans sa route les paroles échangées des conversations, qui toutes se rattachaient aux louanges de Râma.

« Aujourd'hui Râma, disaient-ils, va recevoir l'hérédité du royaume, suivant les ordres mêmes de son père. Oh ! combien les faveurs du ciel pleuvent aujourd'hui sur nous, puisque Râma, qui est l'amour des hommes vertueux, va désormais nous protéger, comme un père défend les fils qui sont nés de sa chair ! »

Telles étaient les paroles que, de tous les côtés, Soumantra entendait sortir de cette foule épaisse, tandis qu'il s'en allait chez Râma, d'une marche pressée, afin de le ramener au palais de son père.

Soumantra, s'étant approché d'un air modeste s'inclina pour saluer Râma, d'une beauté en quelque sorte flamboyante et semblable au soleil qui vient de naître. « Que la reine Kâauçalyà est heureuse de posséder un tel fils ! Le roi, en compagnie de Kêkéyî, désire te voir. Viens donc, Râma, s'il te plaît ! »

A ces mots du cocher, Râma, qui avait reçu, la tête inclinée, cet ordre venu de son père, Râma aux yeux de lotus tint ce langage à Sîtâ : « Sîtâ, le roi et la reine se sont réunis ensemble pour délibérer, sans aucun doute, sur mon sacre comme héritier de la couronne. Assurément, Kêkéyî, ma mère, guidée par le désir même de faire une chose qui m'est agréable, emploie tout son art en ce moment pour mettre de ses mains le diadème sur mon front. Je pars donc sans délai ; j'ai hâte de voir ce maître de la terre, assis dans sa chambre secrète seul avec Kêkéyî et libre de soucis. » A ces paroles de son mari : « Va, mon noble époux, lui dit Sîtâ, voir ton père et même avec lui ta mère. »

Râma vit son père assis dans un siége, en compagnie de Kêkéyî, et montrant la douleur peinte sur tous les traits de sa figure desséchée par le chagrin et l'insomnie. D'abord, s'étant prosterné et joignant les mains, il toucha du front ses pieds; ensuite et sans tarder, il s'inclina de nouveau et rendit le même honneur à ceux de Kêkéyî.

A l'aspect de Râma, qui se tenait en face de lui avec un air modeste, le roi Daçaratha n'eut pas la force d'annoncer l'odieuse nouvelle à ce fils sans reproche et bien-aimé. A peine eût-il articulé ce seul mot : « Râma! » qu'il demeura muet, comme bâillonné par l'impétuosité de ses larmes ; il ne put dire un mot de plus, ni même lever ses regards vers cet enfant chéri.

Quand Râma, assiégé d'inquiétudes, vit cette révolution, qui s'était faite dans l'esprit de son père, si différent de ce qu'il était auparavant, il tomba lui-même dans la crainte, comme s'il eût touché du pied un serpent. Ensuite Râma jeta sur Kêkéyî un regard de son visage consterné et lui tint ce langage : « Reine, n'aurais-je point commis par ignorance je ne sais quelle offense contre le maître de la terre; offense, pour laquelle, triste et le visage sans couleur, il ne daigne plus me parler ? Ne suis-je pas tombé par ignorance dans une faute qui a soulevé contre moi le courroux de mon père ? Dis-le-moi ; obtiens de lui mon pardon ! »

Elle, à qui la bonne foi et la véracité du jeune prince était bien connues, Kêkêyî, cette âme vile, corrompue aux discours de la Manthârâ, lui tint ce langage : « Jadis, noble enfant de Raghou, dans la guerre que les Dieux soutinrent contre les Démons, ton père, satisfait de mes bons services, m'accorda librement deux grâces. Je viens de lui en réclamer ici l'accomplissement : j'ai demandé pour Bharata le sacre, et pour toi un exil de quatorze ans. Si donc tu veux conserver à ton père sa haute renommée de sincérité dans les promesses, ou si tu as résolu de soutenir dans ta parole même toute sa vérité, abandonne ce diadème, quitte ce pays, erre dans les forêts sept et sept années, à compter de ce jour, endossant une peau de bête pour vêtement et roulant tes cheveux comme le djatâ des anachorètes. »

Alors il se réfugia dans la force de son âme pour soutenir le poids de ce langage, qui eût écrasé même un homme ferme ; et, regardant la parole engagée par le père comme un ordre qui enchaînait le fils étroitement, il résolut de s'en aller au milieu des forêts. Ensuite, ayant souri, le bon Râma fit cette réponse au discours qu'avait prononcé Kêkêyî : « Soit ! revêtant un habit d'écorce et les cheveux roulés en gerbe, j'habiterai quatorze ans les bois, pour sauver du mensonge la promesse de mon père ! Je désire seulement savoir une chose : pourquoi n'est-ce pas le roi qui me donne cet ordre lui-même, en toute assurance, à moi, le serviteur obéissant de sa volonté ? »

Kêkêyî répondit à ces mots : « Retenu par un sentiment de pudeur, ce roi n'ose te parler lui-même. Tant que tu n'auras point quitté cette ville pour aller dans les bois, le calme, Râma, ne peut renaître dans l'esprit affligé de ton père. »

Le monarque entendit, les yeux fermés, ces cruelles paroles de Kêkêyî. Il jeta, par l'excès de sa douleur, cette exclamation prolongée : « Ah ! je suis mort ! » et retombant aussitôt dans la torpeur, il se noya dans les pleurs de sa tristesse.

A l'audition amère de ce langage horrible au cœur et d'une excessive cruauté, Râma, que Kêkêyî frappait ainsi avec la verge de ses paroles, comme un coursier plein de feu, bien qu'il se précipitât de lui-même, en toute hâte, vers son exil au sein des bois ; Râma n'en fut pas troublé et lui répondit en ces termes :

« Je ne suis pas un homme qui fasse des richesses le principal objet de ses désirs ; je ne suis pas, reine, ambitieux d'une couronne ; je ne suis pas un menteur ; je suis un homme, de qui la parole est sincère et l'âme candide : pourquoi te défier ainsi de moi ? Aussitôt que j'aurai dit adieu à ma mère et pris congé de mon épouse, je vais au même instant habiter les forêts :

sois contente ! Tu dois veiller à ce que Bharata gouverne bien l'empire et soit docile au roi, son père. C'est là pour toi un devoir imprescriptible et de tous les instants. »

Après que Râma, le corps incliné, eut touché de sa tête les pieds de son père évanoui; après qu'il eut adressé le même salut aux pieds de Kêkêyî ; après que, les mains jointes, il eut décrit un pradakshina autour du roi Daçaratha et de sa vile épouse, il quitta incontinent le palais de son père.

Dans ce même instant, la pieuse reine Kâauçalyâ prosternée adressait aux Dieux son adoration et s'acquittait d'un vœu, dont elle s'était liée vis-à-vis des Immortels. Elle espérait que son fils serait bientôt sacré comme prince de la jeunesse; et, vêtue d'une robe blanche, toute dévouée à sa religieuse cérémonie, elle ne permettait pas à son âme de s'égarer sur des objets étrangers.

Râma, voyant sa mère, la salua avec respect. S'étant abordés, Râma, caressé, embrassé par elle, honora sa mère, comme Maghavat honore la déesse Aditi. Kâauçalyâ répandit sur lui ses bénédictions pour l'accroissement et la prospérité de ce fils bien-aimé : « Que les Dieux, lui dit-elle, ravie de joie, que les Dieux t'accordent, mon fils, les années, la gloire, la justice ! Reçois, donnée par ton père, une puissance immuable, éternelle, et que la vue de ton bonheur fasse la joie de tes ancêtres ! »

A ces paroles de Kàauçalyà, il répondit en ces termes, l'âme quelque peu troublée de cette douleur, où l'avaient noyée les paroles de Kêkèyî : « Mère, tu ne sais donc pas le grand malheur qui est tombé sur moi, pour la douleur amère de toi, de mon épouse et de Lakshmana ? Kêkèyî a demandé au roi son diadème pour Bharata, et mon père, qu'elle avait enlacé d'abord avec un serment, n'a pu lui refuser son royaume. Le puissant monarque donnera l'hérédité de sa couronne à Bharata ; mais, quant à moi, il ordonne que j'aille aujourd'hui même habiter les forêts. J'aurai quatorze années, reine, les bois pour ma seule demeure, et loin des tables exquises, j'y ferai ma nourriture de racines et de fruits sauvages. »

Consumée par sa douleur, à ces mots de Râma, la chaste Kàauçalyà tomba, comme un bananier tranché sur le pied. Quand elle eut un peu recouvré le souffle, Kàauçalyà, délirante de chagrin et jetant les yeux sur Râma, s'écria d'une voix que ses larmes rendaient balbutiante : « Râma, tu ne dois pas obéir à la parole d'un père aveuglé par l'amour. Demeure ici même ! Que peut te faire ce monarque usé par la vieillesse ? Tu ne partiras pas, mon fils, si tu veux que je vive ! »

Le gracieux Laksmana, ayant vu dans un tel

désespoir cette mère trop sensible de Râma, dit alors ces mots : « Il me déplait aussi, noble dame, que ce digne enfant de Raghou, chassé par la voix d'une femme, abandonne ainsi la couronne et s'en aille dans un bois. Tandis que cet évènement n'est parvenu encore à la connaissance d'aucun homme, jette, aidé par moi, ta main sur l'empire, dont tu portes le droit inhérent à toi-même. »

Il dit ; à ce discours du magnanime Lakshmana, Kâauçalyâ, noyée dans sa tristesse amère, dit à Râma : « Tu as entendu, Râma, ces bonnes paroles d'un frère, dont l'amour est comme un culte envers toi. Médite-les, et qu'elles soient exécutées promptement, s'il te plaît. Tu me dois, mon fils, le même respect que tu dois à ton père : tu n'iras donc pas dans les bois au mépris de ma défense ; car il est impossible que je vive, privée de toi. »

A ces mots de l'infortunée Kâauçalyâ, qui gémissait ainsi, Râma répondit en ces termes, que lui inspirait le sentiment de son devoir : « Il ne m'est aucunement permis de transgresser les paroles de mon père. Je te prie, la tête courbée à tes pieds, d'accepter mon excuse ; j'exécuterai la parole de mon père ! Permets que je parte, ô ma royale mère ; je veux accomplir ce commandement, que j'ai reçu de mon père. Que je m'en aille avec ta permission et d'une âme libre de soucis. Accorde-moi ce congé, que j'implore de toi, la tête inclinée. »

Quand elle vit Râma ainsi ferme dans sa résolution de partir, la reine Kâauçalyâ, sa mère, lui tint ce discours, le cœur déchiré :

« C'est à ma voix surtout que tu dois obéir, mon fils, car tu es le fruit obtenu par mes pénibles vœux et mes laborieuses pénitences. Quand tu étais un faible enfant, Râma, c'est moi qui t'ai protégé dans une haute espérance ; maintenant que tu en as la force, c'est donc à toi de me soutenir sous le poids du malheur. Aujourd'hui, arrivée, pour ainsi dire, à la saison des fruits, je ne pourrais vivre ce jour seulement, si j'étais privée de toi, Râma, de toi, mon arbre à l'ombre délicieuse, aux branches pleines de fruits. Tu ne dois pas obéir à la parole de ce monarque, esclave d'une femme, et qui veut sacrer ici Bharata, au mépris de tes droits. »

Alors, déployant tous ses efforts, le vertueux rejeton de l'antique Raghou se mit à persuader sa mère avec un langage doux, modeste et plein de raisons : « Le roi, notre seigneur, l'emporte non seulement sur moi, reine, mais encore sur ta majesté même, et ton autorité ne peut aller jusqu'à m'empêcher de lui obéir. Une fois ma promesse accomplie, grâce à ta permission bienveillante, je reviendrai ici heureux, sain et sauf : ainsi, calme-toi et ne t'afflige pas. Je dois obéir, sans balancer, à l'ordre émané de mon père le magnanime : cette conduite est ce qui sied le mieux à ta vertu et surtout à moi. Veuille bien, mère vénérée, veuille bien m'accorder ta permission, à moi, victime consacrée déjà pour l'habitation des forêts solitaires. »

Ainsi disait le plus vertueux des hommes qui observent le devoir. A ce discours de Râma, Kâauçalyâ dit, les yeux baignés de larmes : « Va, mon fils ! Que le bonheur t'accompagne ! Exécute l'ordre même de ton père. Revenu ici heureux, en bonne santé, mes yeux te reverront un jour. Je saurai me complaire dans l'obéissance à mon époux. Va donc, suivi de la félicité ! »

Ensuite, quand elle vit Râma tout près d'accomplir sa résolution d'habiter les forêts, elle perdit la force de commander à son âme ; et, saisie tout à coup d'une vive douleur, elle sanglota, gémit et se mit à parler d'une voix où l'on sentait des larmes.

Au même instant, la princesse du Vidéha, absorbant toute son âme dans une seule pensée, attendait, pleine d'espérance, la consécration de son époux, comme héritier de la couronne. Elle se tenait au milieu de son appartement, les yeux fixés sur les portes du palais, et pressait vivement de ses désirs l'arrivée de son Râma.

Alors et tout à coup, dans ses chambres pleines de serviteurs dévoués, voici Râma qui entre, sa tête légèrement inclinée de confusion, l'esprit fatigué et laissant percer un peu à travers son visage abattu la tristesse de son âme. Quand il eut passé le seuil, il aperçut, au milieu du palais, sa bien-aimée Sitâ debout, mais s'inclinant à sa vue avec respect. Mais, remarquant son visage triste, où se laissait entrevoir la douleur cachée dans son âme : « Qu'est-ce, Râma, fit-elle anxieuse et tremblante. Pourquoi n'entends-je pas les poètes, les bardes officiels et les panégyristes à la voix éloquente te chanter, à cette heure de ton sacre, comme le roi de la jeunesse ? Pourquoi les brahmes ne versent-ils pas sur ton front du miel et du lait caillé, suivant les rites, pour donner à ce noble front la consécration royale? »

A ces mots, par lesquels Sitâ exprimait l'incertitude inquiète de son esprit, le fils de Kâaucalyâ répondit en ces termes : « Toi, qui es née dans une famille de rois saints ; toi, à qui le devoir est si bien connu ; toi, de qui la parole est celle de la vérité, arme-toi de fermeté, noble Mithilienne. Jadis, le roi Daçaratha sincère dans ses promesses, accorda deux grâces à Kêkéyî, en reconnaissance de quelque service. Sommé tout à coup d'acquitter sa parole aujourd'hui que tout est disposé en vue de mon sacre, comme héritier de la couronne, mon père s'est libéré en homme qui sait le devoir. Il faut que j'habite, ma bien-aimée, quatorze années dans les bois; mais Bharata doit rester dans Ayodhyâ et porter ce même temps la couronne. Près de m'en aller dans les bois déserts, je t'offre mes adieux ; prends ton appui sur ta fermeté et veuille bien me donner congé. Mets-toi jusqu'à mon retour sous la garde de ton beau-père et de ta belle-mère; accomplis envers eux les devoirs de la plus respectueuse obéissance ; et que jamais le ressentiment de mon exil ne te pousse, noble dame, à risquer mon éloge en face de Bharata. Tu dois, chère Sitâ, pour l'amour de moi, obéir d'un cœur sans partage à ma bonne mère, accablée sous le poids de la vieillesse et par la douleur de mon exil. »

Il dit ; à ce langage désagréable à son oreille, Sitâ répondit en ces termes : « Je te suivrai en tous lieux où tu iras. Séparée de toi, je ne voudrais pas habiter dans le ciel même : je te le jure, noble enfant de Raghou, par ton amour et ta vie ! Tu es mon seigneur, mon gourou, ma route, ma divinité même; j'irai donc avec toi : c'est là ma résolution dernière. J'habiterai avec bonheur au milieu des bois, heureuse d'y trouver un asile sous tes pieds, aussi contente d'y couler mes jours, que dans les palais du bienheureux Indra. Là, plusieurs milliers mêmes d'années écoulées près de toi sembleraient à mon âme n'avoir duré qu'un seul jour. Le paradis sans toi me serait un séjour odieux, et l'enfer même avec toi ne peut m'être qu'un ciel préféré. »

A ces mots prononcés d'un accent mélodieux, la belle Mithilienne, au doux parler, éclata en pleurs, arrosant le désespoir avec les gouttes brûlantes de ses larmes. Râma arrêta ses yeux un instant sur l'amante éplorée, releva doucement cette femme chérie de ses pieds, où elle était renversée, et lui dit ces paroles affectueuses pour la consoler :

« Le ciel même sans toi n'aurait aucun charme pour moi, femme aux traits suaves ! Puisque, dans ton amour dévoué pour moi, tu ne tiens pas compte des périls que la nature a semés au milieu des bois, il m'est aussi impossible de t'abandonner qu'au sage de répudier sa gloire. Viens donc, suis-moi, comme il te plaît, ma chérie ! Je veux faire toujours ce qui est agréable à ton cœur, ô femme digne de tous les respects ! »

Après que Râma, assisté par son illustre Vidéhaine, eût donné aux brahmes ses richesses, il prit ses armes et les instruments, c'est-à-dire la bêche et le panier ; puis, sortant de son palais avec Lakshmana, il s'en alla voir son auguste père. Il était accompagné de son épouse et de son frère.

Aussitôt, pour jouir de leur vue, les femmes, les villageois et les habitants de la cité montent de tous les côtés sur le faîte des maisons et sur les plates-formes des Palais. Dans la rue royale, toute couverte de campagnards, on n'eût pas trouvé un seul espace vide, tant était grand alors cet amour du peuple, accourant saluer à son départ ce Râma d'une splendeur infinie.

Mais avant que Râma fût arrivé, accompagné de son épouse et de Lakshmana, le puissant monarque, plein de trouble et dans une extrême douleur, employait ses moments à gémir.

Alors Soumantra se présenta devant le maître de la terre, et, joignant ses mains, lui dit ces mots, le cœur vivement affligé : « Râma, qui a distribué ses richesses aux brahmes et pourvu à la subsistance de ses domestiques ; ce prince, accompagné de Lakshmana, son frère et de Sitâ, son épouse, est venu voir ici tes pieds augustes ; reçois-le en ta présence, s'il te plait ! »

Il dit, et le roi, de qui l'âme était pure comme l'air, poussa de brûlants soupirs, et, dans sa vive douleur, il répondit ainsi : « Soumantra, conduis promptement ici toutes mes épouses, je veux recevoir, entouré d'elles, ce digne sang de Raghou ! »

Toutes ces dames, égales en nombre à la moitié de sept cents, toutes charmantes, toutes richement parées, vinrent donc visiter leur époux, qui se trouvait alors en compagnie de Kékéyî.

Le monarque ensuite promène ses yeux sur toutes ses femmes, et les voyant arrivées toutes, sans exception : « Soumantra, fit-il, adressant la parole au noble portier, conduis mon fils vers moi sans délai ! »

Du plus loin qu'il vit Râma s'avancer, les mains jointes, le roi s'élança du trône où il était assis, environné de ses femmes : « Viens Râma ! viens, mon fils ! » s'écria le monarque affligé, qui s'en alla vite à lui pour l'embrasser ; mais, dans le trouble de son émotion, il tomba avant même qu'il fût arrivé jusqu'à son fils. Alors toutes les femmes remplirent de cris tout le palais du roi ; mais au bout d'un instant il revint à la connaissance ; et Râma, joignant ses mains, dit au monarque, plongé dans une mer de tristesse :

« Grand roi, je viens te dire adieu ; car tu es, prince auguste, notre seigneur. Jette un regard favorable sur moi qui pars à l'instant pour habiter les forêts. Daigne aussi, maître de la terre, donner congé à Lakshmana comme à la belle Vidéhaine, mon épouse. Car tous deux, refusés par moi, n'ont pu renoncer à la résolution qu'ils avaient formée de s'en aller avec moi habiter les forêts. Veuille donc bien nous donner congé à tous les trois. »

Quand le maître de la terre eût connu que le désir de prendre congé avait conduit Râma dans son palais, il fixa le regard d'une âme consternée sur lui et dit, ses yeux noyés de larmes :

« On m'a trompé, veuille donc imposer le frein à mon délire et prendre toi-même les rênes du royaume. »

A ces mots du monarque, Râma, le premier

des hommes qui pratiquent religieusement le devoir, se prosterna devant son père et lui répondit ainsi, les mains jointes : « Ta majesté est pour moi un père, un gourou, un roi, un seigneur, un dieu; elle est digne de tous mes respects; le devoir seul est plus vénérable. Pardonne-moi, ô mon roi; mais le mien est de rester ferme dans l'ordre que m'a prescrit ta majesté. Tu ne peux me faire sortir de la voie où ta parole m'a fait entrer : écoute ce que veut la vérité, et sois encore notre auguste monarque pendant une vie de mille autres années. »

Aussitôt le jeune prince, ayant quitté ses vêtements du plus fin tissu, endossa les habits d'anachorète, qu'il prit aux mains de Kêkéyî. Après lui, de la même manière, le héros Lakshmana, dépouillant son resplendissant costume, s'habilla avec cette écorce vile sous les yeux de son père.

A l'aspect de ces enveloppes grossières, que lui présentait Kêkéyî, afin qu'elle s'en revêtît elle-même, au lieu de cette robe de soie jaune, dont elle était gracieusement parée, la fille du roi Djanaka rougit de confusion, et, réfugiée à côté de son époux, cette femme au charmant visage les reçut, toute tremblante comme une gazelle qui se voit emprisonnée dans un filet. Quand Sîtâ eut pris ces vêtements d'écorce avec des yeux voilés par ses larmes, elle dit à

son mari, semblable au roi des Gandharvas :
« Comment faut-il m'y prendre, noble époux,
dis ! pour attacher autour de moi ces vêtements
d'écorce ? » A ces mots, elle jeta sur ses épaules
une partie de l'habillement. La princesse de
Mithilâ prit ensuite la seconde et se mit à songer, car la jolie reine était encore inhabile à
revêtir, comme il fallait, un habit d'anachorète.
Quand elles virent habillée de cette écorce vile,
comme une mendiante sans appui, celle qui
avait pour appui un tel époux, toutes les femmes de pousser simultanément des cris, et
même : « O honte ! disaient-elle à l'envi ; honte !
oh ! la honte. »

Kâauçalyâ baisa tendrement Sitâ sur le front
et dit ces mots à Râma : « Il te faut, ô toi, qui
donnes l'honneur, il te faut rester sans cesse,
fils de Raghou, aux côté de Sitâ et de Lakshmana, ce héros, qui t'est si dévoué. »

Râma, les mains jointes, s'approcha d'elle :
« Pourquoi me donnes-tu ce conseil, mère, à
l'égard de Sitâ ? Lakshmana est mon bras droit ;
et la princesse de Mithilâ, mon ombre. En effet,
il m'est aussi impossible de quitter Sitâ, qu'au
sage d'abandonner sa gloire ! Bonne mère, ne
sois pas affligée ! obéis à mon père ! La fin de
cet exil au milieu des forêts doit arriver pour
moi sous une étoile heureuse ! »

Après ce discours, dont le geste accompagnait
la matière, il se leva et vit les trois cent cin-

quante épouses du roi. Lui, alors même, le devoir en personne, il s'approcha, les mains jointes, de ses nobles mères, et courbant la tête avec modestie, leur tint ce langage : « Je vous adresse à toutes mes adieux. Si jamais, soit inattention, soit ignorance, j'ai commis une offense à l'égard de vous, moi-même, à cette heure, je vous en demande humblement pardon. » Alors et tandis que le héros né de Raghou tenait ce langage, toutes ces épouses du roi éclatèrent dans une grande lamentation, comme de plaintives ardées.

Ensuite, s'approchant d'un air modeste et les mains jointes : « Honneur à toi, fils du roi ! dit Soumantra au digne rejeton de Kakoutstha : c'est toi qu'attend ce grand char attelé. Je vais te conduire avec lui où tu as l'envie d'aller. »

A ces nobles paroles du cocher, Râma, accompagné de son épouse, se prépara à monter dans ce char magnifique avec Lakshmana. Il déposa lui-même sur le fond du char les différentes espèces d'armes, les deux carquois, les deux cuirasses, la bêche et le panier. Cela fait, et sur l'ordre qu'il en reçut du jeune banni, le cocher du roi y plaça encore une cruche de terre. Soumantra les fit monter et monta lui-même derrière ces nobles compagnons d'exil.

« Hélas ! Râma ! s'écriaient de tous côtés les foules du peuple. Retiens les chevaux, cocher !... Va lentement ! disaient-ils : nous désirons voir la face du magnanime Râma, ce visage aimable comme la lune. »

Dans ce moment, Râma, voyant son père, qui, environné de ses femmes, le suivait à pied, en proie à la douleur, et gémissait à chaque pas avec la reine Kâauçalya, il ne put, l'infortuné! soutenir un tel spectacle. Quand il vit son père et sa mère aller ainsi à pied, il se mit à presser le cocher : « Avance! dit-il; avance! » Il ne put supporter de voir ces deux chers vieillards enveloppés ainsi par la douleur.

« Hà! mon fils Râma!... Hà! Sitâ!... Hà! hà! Lakhsmana! tourne les yeux vers moi! » C'est en jetant ces lamentations, que le roi et la reine couraient après le char.

Le roi, chef de la race d'Ikshwâkou, ne détourna point ses yeux, tant qu'il put encore apercevoir la forme vague de ce fils qui marchait vers son exil. Mais, quand le roi, maître du globe, eut cessé de voir son Râma, alors, pâle et navré de chagrin, il tomba sur la terre. Kâauçalyâ tout émue accourut à sa droite, et Kêkéyi vint à gauche, toute pleine de sa tendresse satisfaite pour son fils Bharatha. Ce roi, adressant un regard à cette Kêkéyi, opiniâtre dans sa mauvaise pensée, lui parla en ces termes : « Kêkéyi, ne touche point à mon corps, toi, qui marche dans les voies du péché; car je ne veux plus que tu offres jamais ta vue à mes yeux; je ne vois plus en toi mon épouse! Si Bharata devient célèbre, quand il aura fait passer ainsi le royaume dans ses mains, que mon ombre ne goûte jamais aux dons funèbres qu'il viendra m'offrir devant ma tombe! »

Dans ce moment la reine Kàauçalyà, en proie elle-même à sa douleur, aida le vieux roi, souillé de poussière, à se lever et lui fit reprendre le chemin de son palais. Le monarque, accompagné de sa tristesse, dit alors ces paroles :

« Que l'on me conduise au plus tôt dans l'appartement de Kàauçalyà, mère de mon fils Râma! »

Les hommes les plus affectionnés à Râma suivirent ce héros, qui, magnanime et fort comme la vérité, s'avançait vers les bois qu'il devait habiter. Râma, le devoir en personne, promenant sur eux ses regards et buvant de ses yeux, pour ainsi dire, l'amour de ses fidèles sujets, Râma leur tint ce langage, comme si tous ils eussent été ses propres fils : « Faites maintenant reposer entièrement sur la tête de Bharata, pour l'amour de moi, habitants d'Ayodhyà, l'attachement et l'estime que vous avez mis en ma personne. Dans un âge où l'on est encore enfant, il est avancé dans la science ; il est toujours aimable à ses amis, il est plein de courage, il est audacieux même, et cependant sa bouche n'a pour tous que des mots agréables.»

Ensuite le noble prince, ayant décidé qu'on ferait une halte sur le rivage de la Tamasâ, porta ses regards sur la rivière et dit ces paroles au fils de Soumitrâ : « Demeurons cette nuit, où nous sommes avec ceux qui nous suivent. En effet, ce lieu-ci me plait dans ses différentes espèces de fruits sauvages. »

Le cocher du roi arrêta donc le char en ce moment où le soleil arrivait à son couchant. Ensuite, le noble conducteur, voyant la nuit toute venue, prépara de ses mains, aidé par le fils de Soumitrâ, la couche même de Râma. Alors, quand celui-ci eut souhaité une heureuse nuit à Lakshmana, il se coucha avec son épouse dans ce lit fait avec la feuille des arbres, au bord de la rivière.

Ce fut donc ainsi que, parvenu sur les rives de la Tamasâ, Râma fit halte là cette nuit avec les sujets de son père. Mais, s'étant levé au milieu de la nuit et les ayant vus tous endormis, il dit à son frère, distingué par des signes heureux : « Vois, mon frère, ces habitants de la ville, sans nul souci de leurs maisons, n'ayant que nous à cœur uniquement, vois-les dormir au pied des arbres aussi tranquillement que sous leurs toits. Nous donc, pendant qu'ils dorment, montons vite dans le char et gagnons par cette route le bois des mortifications. Ainsi, ces hommes si dévoués à moi ne seront plus réduits à chercher un lit au pied des arbres. » Aussitôt

Lakshmana répondit à son frère : « J'approuve ton avis, héros plein de sagesse; montons sans délai sur le char! »

Râma monta sur le char avec ses deux compagnons d'exil, et se hâta de traverser la Tamasà.

Ensuite, le héros né de Raghou vit la Gangà, qui doit sa naissance au mont Himàlaya, dont les abords sont habités par des saints, dont les eaux purifient tout ce qu'elles touchent et qui est comme l'échelle par où l'on atteint aux portes du ciel.

Râma, l'homme au grand char de guerre, ayant promené ses regards sur les ondes aux vagues tourbillonnantes, dit à Soumantra : « Faisons halte ici aujourd'hui. En effet, voici pour nous abriter, non loin du fleuve, un arbre ingoudi très haut, tout couvert de fleurs et de jeunes pousses : demeurons cette nuit ici même, conducteur ! »

Râma, vêtu de ses habits tissus d'écorce, récita la prière usitée au coucher du soleil et prit seulement un peu d'eau, que Lakshmana lui apporta de soi-même. Puis, quand celui-ci eut lavé les pieds du noble ermite, couché sur la terre avec son épouse, il vint à la souche de l'arbre et s'y tint debout à côté d'eux.

Quant la nuit se fut éclairée aux premières lueurs du matin, Râma, le héros illustre à la vaste poitrine, dit au brillant Lakshmana, son frère, le fils de Soumitrâ : « Voici le moment où l'astre du jour se lève ; la nuit sainte est écoulée ; entends, mon ami, cet oiseau heureux, le kokila, chanter sa joie. Déjà même le bruit des éléphants résonne dans la forêt : hâtons-nous, frère chéri, de traverser la Djâhnavî qui se rend à la mer. »

Quand le fils de Soumitrâ eut connu la pensée de Râma, il appela aussitôt le cocher Soumantra. Ensuite, après qu'ils eurent jeté les carquois sur leurs épaules, attaché les épées à leurs flancs et pris les arcs dans leurs mains, les deux Raghouides, accompagnés de Sitâ, s'en allèrent donc vers la Gangâ. Là, d'un air modeste, tournant les yeux vers le noble Râma : « Que dois-je faire ? » dit le cocher, ses mains jointes, à l'auguste jeune homme, bien instruit sur le devoir.

« Retourne ! lui repartit celui-ci ; je n'ai que faire maintenant du char ; je m'en irai bien à pied dans la grande forêt. »

A la vue d'une barque amarrée au bord du fleuve, le prince anachorète qui désirait passer le Gange au plus vite, Râma, dit ces mots à Lakshmana : « Monte, tigre des hommes, monte dans ce bateau que voici bien à propos. Lève dans tes bras doucement et pose dans la barque ma chère pénitente Sitâ. » Lui sur-le-champ d'obéir à l'ordre que lui donnait son frère, et d'exécuter cette tâche, qui ne lui était nullement désagréable : il plaça d'abord la princesse de Mithilâ et monta ensuite de lui-même dans l'esquif amarré. Après lui s'embarqua son frère aîné, le magnanime ermite.

Alors, quand il eut salué d'un adieu Soumantra : « Entre dans ta barque, heureux nautonnier, dit le Kakoutshide au pilote ; délie ce bateau et conduis-nous à l'autre bord ! » A cet ordre, le chef de la barque fit traverser le Gange à ces deux héroïques frères.

Les trois nouveaux ascètes s'enfoncent dans la forêt immense; et, promenant leur vue çà et là sur différentes portions de terre, sur des régions délicieuses, sur des lieux qu'ils n'avaient pas encore vus, ils arrivent au pays qui était leur but, cette contrée où l'Yamounâ rencontre les saintes eaux de la Bhâgirathi.

Quand ils eurent marché encore à leur aise un peu de temps, l'arc en main, ils arrivèrent, accablés de fatigue, après le coucher de l'astre qui donne le jour, à la sainte chaumière de Bharadwâja. Parvenu avec son frère à l'endroit où se cachait l'ermitage de l'anachorète, le jeune Raghouide y pénétra, sans quitter ses armes, effrayant les gazelles et les oiseaux endormis.

L'anachorète, averti que deux frères, Râma et Lakshmana, se présentaient chez lui, fit introduire aussitôt les voyageurs dans l'intérieur de son ermitage. Râma se prosterna, les mains jointes, avec son épouse et son frère, aux pieds de l'éminent solitaire, qui, assis devant son feu sacré, venait d'y consumer ses religieuses oblations. L'anachorète, environné de pieux ermites, d'oiseaux même et de gazelles accroupies autour de lui, accueillit avec honneur l'arrivée du jeune prince et le félicita.

L'aîné des Raghouides se fit connaître au solitaire en ces termes : « Nous sommes frères, et fils du roi Daçaratha; on nous appelle Râma et Lakshmana. Mon épouse, que voici, est née dans le Vidéha; c'est la vertueuse fille du roi Djanaka. Attachée fidèlement aux pas de son époux, elle est venue avec moi dans cette forêt de la pénitence. »

A ces mots du sage Kakoutshide, l'anachorète vertueux comme la vertu elle-même lui présenta l'eau, la terre et la corbeille de l'arghya. Puis, Bharadwâdja tint alors ce langage : « Je remercie la bonne fortune, qui t'a conduit, Râma, sain et sauf dans mon ermitage : assurément! j'ai entendu parler de cet exil sans motif, auquel ton père t'a condamné. Ce lieu solitaire et délicieux, fils de Raghou, est l'endroit célèbre dans le monde par le saint confluent de la Gangâ et de l'Yamounâ. Demeure ici avec moi, Râma, si le pays te plaît : tout ce que tes yeux voient ici appartient en commun aux habitants du bois consacré à la pénitence. »

Râma, joignant les mains, répondit à ces paroles de l'anachorète : « Ce serait une faveur insigne pour moi, brahme vénéré, d'habiter ici avec toi. Mais notre pays, ô le plus saint des pénitents, est à la proximité de ces lieux; et mes parents viendraient, sans nul doute, m'y visiter. Pour ce motif, je ne veux pas d'habitation ici; mais daigne m'indiquer un autre ermitage isolé dans la forêt déserte, où je puisse habiter avec plaisir, sans trouble, ignoré de mes parents, accompagné seulement de Lakshmana et de ma chaste Vidéhaine. »

Il dit; à ce langage de Râma, le grand anachorète Bharadwâdja réfléchit un instant avec recueillement et lui répondit en ces termes : « A trois yodjanas d'ici, Râma, est une montagne, fréquentée des ours, hantée par les singes et dont les échos répètent les cris des golângoulas[1]. Cette retraite sainte, fortunée, libérale en tous plaisirs, habitée par de grands sages et semblable au mont Gandhamândana, est nommée le Tchitrakoûta : tu peux demeurer là. Dirige-toi vers cette montagne heureuse et bien charmante : puis, une fois arrivé dans cet ermitage, occupe-toi d'y poser ton habitation. » Leur ayant fait connaître le chemin, Bharadwâdja, salué par le sage Râma, Lakshmana et Sîtâ, revint dans son ermitage. Marchant derrière Sîtâ, les deux héros voués à la pénitence arrivent

---

[1] C'est-à-dire, *singes à queue de vache.*

sur les bords de la Kalindî[1]. Là, quand ils ont réuni et lié ensemble des bois et des bambous nés sur le rivage, Râma lui-même prend alors Sitâ dans ses bras et porte doucement sur le radeau cette chère enfant, tremblante comme une liane. Elle une fois placée, Râma et son frère montent dans la frêle embarcation.

Ce fut donc avec ce radeau qu'ils traversèrent l'Yamounâ, cette rivière, fille du soleil, aux flots rapides, aux guirlandes de vagues, aux bords inaccessibles par la masse épaisse des arbres enfants de ses rivages. Ils se remettent dans la route du Tchitrakoûta, bien résolus d'y fixer leur habitation.

Peu de temps après, les voici qui entrent dans le bois du Tchitrakoûta aux arbres variés, et Râma tient ce langage à Sitâ : « Vois, ma belle chérie, vois comme, sur les bords de la Mandâkini, la nature, au pied de chaque arbre, nous a jonché des lits brodés avec une multitude de fleurs. »

Tandis qu'ils observaient ainsi les ravissants aspects du fleuve Mandâkini, ils arrivèrent au mont Tchitrakoûta, ombragé par une variété infinie d'arbres en fleurs. A son pied solitaire, environné d'eaux limpides, Râma et Lakshmana les deux héroïques frères, se construisent un ermitage.

[1] Un des noms donnés à l'Yamounâ.

Aussitôt que Râma, le tigre des hommes, fut parti avec Laksmana pour les forêts, Daçaratha, ce roi si fortuné naguère, tomba dans une grande infortune. Le sixième jour qu'il pleurait ainsi Râma, ce monarque fameux, étant réveillé au milieu de la nuit, se rappela une grande faute, qu'il avait commise au temps passé.

A ce ressouvenir, il adressa la parole à Kâauçalyâ en ces termes : « Si tu es réveillée, Kâauçalyâ, écoute mon discours avec attention. Jadis, Kâauçalyâ, dans mon adolescence, imprudent jeune homme, fier de mon habileté à toucher un but et vanté pour mon adresse à percer d'un trait la bête que je voyais de l'oreille seulement, il m'est arrivé de commettre une faute. C'est pourquoi mon action coupable a mûri ce fruit de malheur, que je recueille aujourd'hui.

« Je ne t'avais pas encore épousée, reine, et je n'étais encore moi-même que l'héritier présomptif de la couronne : en ce temps, la saison des pluies arrivée répandait la joie dans mon âme.

« En effet, le soleil, ayant brûlé de ses rayons la terre et ravi au sol tous les sucs humides, las de parcourir les régions du nord, était passé dans l'hémisphère hanté par les Mânes. On voyait des nuages délicieux couvrir tous les points du ciel, et les grues, les cygnes, les paons s'ébattre en des mouvements de joie. La terre brillait sous sa verte parure de gazons nouveaux où se jouaient le paon et le coucou radié.

« Tandis que cette agréable saison marchait ainsi dans sa carrière, j'attachai deux carquois sur mes épaules, et, mon arc à la main, je m'en allai vers la rivière Çarayoù. J'arrivai de cette manière sur les rives désertes de cette belle rivière, où m'attirait le désir de tirer sur une bête, sans la voir, à son bruit seul, grâce à ma grande habitude des exercices de l'arc. Là, je me tenais caché dans les ténèbres, mon arc toujours bandé en main, près de l'abreuvoir solitaire, où la soif amenait, pendant la nuit, les quadrupèdes habitants des forêts.

« Alors, j'entendis le son d'une cruche qui se remplissait d'eau, bruit tout semblable même au barit que murmure un éléphant. Moi aussitôt d'encocher à mon arc une flèche perçante, bien empennée, et de l'envoyer rapidement, l'esprit aveuglé par le Destin, sur le point d'où m'était venu ce bruit.

« Dans le moment que mon trait lancé toucha le but, j'entendis une voix jetée par un homme qui s'écria sur un ton lamentable : « Ah! je suis mort! Comment se peut-il qu'on ait décoché une flèche sur un ascète de ma sorte ? »

« Il dit ; et moi, à ces lamentables paroles, l'âme troublée et tremblant de la crainte que m'inspirait cette faute, je laissai échapper les armes que je tenais à la main. Je me précipitai vers lui et je vis, tombé dans l'eau, frappé au cœur, un jeune infortuné, portant la peau d'antilope et le djatâ des anachorètes. Lui, profondément blessé dans une articulation, il fixa les yeux sur moi, non moins infortuné, et me dit ces mots comme s'il eût voulu me consumer par le feu de sa rayonnante sainteté : « Quelle offense ai-je commise envers toi, kshatrya, moi, solitaire, habitant des bois, pour mériter que tu me frappasses d'une flèche, quand je voulais prendre ici de l'eau pour mon père ? Ces vieux auteurs de mes jours, sans appui dans la forêt déserte, ils attendent maintenant, ces deux pauvres aveugles, dans l'espérance de mon retour. Tu as tué par ce trait seul et du même coup trois personnes à la fois, mon père, ma mère et moi. Va promptement, fils de Raghou, va trouver mon père et raconte-lui cet événement fatal, de peur que sa malédiction ne te consume, comme le feu dévore un bois sec ! Le sentier que tu vois mène à l'ermitage de mon père : hâte-toi de t'y rendre et fléchis-le, de peur que, dans sa colère, il ne vienne à te maudire ! Mais, avant, retire-moi vite la flèche ; car ce trait au contact brûlant comme le feu de la foudre, ce trait, lancé par toi dans mon cœur, ferme la voie à ma respiration. Arrache-moi ce dard ! Que la mort ne vienne pas me saisir avec cette flèche dans ma poitrine ! »

« Voilà en quels termes me parla ce jeune homme, que j'avais percé d'une flèche. Hors de moi, je retirai à contre-cœur, mais avec un soin égal à mon désir extrême de lui conserver la vie, cette flèche entrée dans le sein de ce jeune ermite languissant. Mais à peine mon trait fut-il ôté de sa blessure, que le fils de l'anachorète, épuisé de souffrances et respirant d'un souffle qui s'échappait en douloureux sanglots, se convulsa un instant, roula hideusement ses yeux et rendit son dernier soupir.

« Je pris sa cruche et me dirigeai vers l'ermitage de son père. Là, je vis ces deux parents, vieillards infortunés, aveugles, n'ayant personne qui les servît et pareils à deux oiseaux, les ailes coupées. Assis, désirant leur fils, ces deux vieillards affligés s'entretenaient de lui : eux, que j'avais frappés dans leur enfant, ils aspiraient au bonheur que ferait naître en eux sa présence!

« Mais ensuite, comme il entendit le bruit de mon pas, l'anachorète m'adressa la parole : « Pourquoi as-tu donc tardé si longtemps, mon fils? Apporte-moi l'eau promptement! Yadjnyadatta, mon ami, tu t'es bien attardé à jouer dans l'eau : ta bonne mère et moi aussi, mon fils, nous étions affligés d'une si longue absence. Pourquoi ne me parles-tu pas? »

« A ces mots, m'étant approché doucement de ce vieillard, je lui dis, la gorge pleine de sanglots, tremblant et d'une voix que la terreur faisait balbutier : « Je suis un kshatrya, on m'appelle Daçaratha; je ne suis pas ton fils : je viens chez toi, parce que j'ai commis un forfait épouvantable. J'étais allé, saint anachorète, mon arc à la main, sur les rives de la Çarayoû, épier les bêtes fauves, que la soif conduirait à ses eaux, où mon plaisir était de les atteindre sans les voir. Dans ce temps, le son d'une cruche qui s'emplissait vint frapper mon oreille : je dirigeai une flèche sur ce bruit et je blessai ton fils, croyant que c'était un éléphant. Après que j'eus retiré ma flèche de sa blessure, il exhala sa vie et s'en alla au ciel ; mais, avant, il avait déploré bien longtemps le sort de vos saintetés. C'est par ignorance, vénérable anachorète, que j'ai frappé ton fils bien-aimé... »

« A ces paroles, il demeura un instant comme pétrifié ; mais, quand il eut repris l'usage des sens et recouvré la respiration, il me dit : « Si, devenu coupable d'une mauvaise action, tu ne me l'avais pas confessée d'un mouvement spontané, ton peuple même en eût porté le châtiment et je l'eusse consumé par le feu d'une malédiction ! Mais comme tu as frappé celui-ci à ton insu, c'est pour cela que tu n'as point cessé d'être : en effet, dans l'autre cas, la race entière des Raghouides n'existerait déjà plus ; tant il s'en faudrait que tu vécusses toi-même !

« Allons, cruel ! conduis-moi vite au lieu où ta flèche a tué cet enfant, où tu as brisé le bâton d'aveugle qui servait à guider ma cécité ! »

« Alors, seul, je conduisis les deux aveugles, profondément affligés, à ce lieu funèbre, où c fis toucher à l'anachorète, comme à son épouse le corps gisant de leur fils. Impuissants à soutenir le poids de ce chagrin, à peine ont-ils porté la main sur lui que, poussant l'un et l'autre un cri de douleur, ils se laissent tomber sur leur fils étendu par terre. La mère se mit à gémir de la manière la plus touchante :

« Yadjnyadatta, ne te suis-je pas, disait-elle, plus chère que la vie ? Est-ce que tu es fâché contre moi, ami, que tu ne me parles pas ? »

« Aussitôt le père affligé, et tout malade même de sa douleur, tint à son fils mort, comme s'il était vivant, ce triste langage, en touchant çà et là ses membres glacés :

« Mon fils, ne reconnais-tu pas ton père, venu ici avec ta mère ? lève-toi maintenant ! viens ! prends, mon ami, nos cous réunis dans tes bras ! De qui, dans la forêt, entendrai-je la douce voix me faire une lecture des Védas, la nuit prochaine, avec un désir égal au tien, mon fils, d'apprendre les dogmes saints ? Qui, désormais, qui, mon fils, apportera des bois la racine et le fruit sauvage à nous deux, pauvres aveugles, qui les attendrons, assiégés par la faim ? Parviens au monde des héros, qui ne retournent pas dans le cercle des transmigrations. Va, mon fils, va, suivi par ma pensée, dans ces mondes éternels où vont ceux qui assurent la sécurité des peuples, ceux de qui la parole est la voix de la vérité ! »

« Quand l'infortuné solitaire avec son épouse eut exhalé ces plaintes, il s'en alla faire la cérémonie de l'eau en l'honneur de son fils.

« Mais, tandis que je me tenais joignant les mains devant l'anachorète, le saint pénitent me jeta ce discours : « Comment se peut-il que tu sois né, homme vil et présomptueux, dans la race des Ikshwâkides? Je ne te maudis pas : mais écoute-moi bien!

« De même que j'abandonnerai forcément l'existence, ne pouvant supporter la douleur que m'inspire cette mort de mon fils; de même, à la fin de ta carrière, tu quitteras la vie, appelant ton fils de tes vains désirs! »

« Chargé ainsi de sa malédiction, je revins à ma ville, et, peu de temps après le rishi même expira, consumé par la violence de son affliction paternelle. Sans doute, la malédiction du brahme s'accomplit maintenant pour moi : en effet, la douleur de mes regrets inconsolables pour mon fils précipite à sa fin le souffle de ma vie. »

Tandis que les souvenirs de Râma occupaient ainsi la pensée du monarque, étendu sur les tapis de sa couche, l'astre de sa vie s'inclina peu à peu vers son couchant, comme on voit la lune baisser, à la fin de la nuit, vers l'occident.

« Hélas! Râma, disait-il, mon fils! » et tandis qu'il prononçait languissamment ces mots, le roi des hommes rendit le souffle de la vie.

Quand elle vit le monarque tombé dans le

silence, après qu'il se fut ainsi lamenté, Kâauçalyâ désolée se dit : « Il dort ! » et ne voulut pas le réveiller. Bientôt, lorsque la nuit fut écoulée et que fut arrivée l'heure où blanchit l'aube du jour, les poëtes, réveilleurs officiels du roi, se répandirent autour de sa chambre.

Mais quand, malgré tous leurs efforts mêmes pour le tirer du sommeil, le monarque endormi ne se fut pas réveillé jusqu'après le lever du soleil, ses épouses consternées et toutes tremblantes à la vue du roi mort, tombèrent alors en criant : « Hélas, seigneur ! tu n'es plus ! »

Cette vaste clameur, envoyée dans le ciel par les épouses affligées du gynœcée, remplit entièrement la cité et la réveilla de toutes parts. Après qu'il eut fait évacuer la salle et tenu conseil avec les ministres, Vaçishtha le bienheureux ordonna ce qu'exigeait la circonstance. Puis, il agita cette question de concert avec les ministres : « Comment fera-t-on venir en ces lieux Bharata et Çatroughna, qui tous deux sont allés depuis longtemps à la cour de leur aïeul maternel ? » En effet, les ministres ne peuvent vaquer aux funérailles du monarque en l'absence de ses fils, et, pour obéir à cette loi, ils gardent le corps inanimé du souverain.

Aussitôt Vaçishtha, fit appeler en diligence Açoka, Siddhârtha, Djayanta, et dit à ces trois messagers :

« Allez rapidement sur des chevaux légers

à la ville, où s'élève le palais du roi des Kékéyains; et là, dépouillant vos airs affligés, il vous faut parler à Bharata comme d'après un ordre même de son père. « Ton père, lui direz-vous, et tous les ministres s'enquièrent si tu vas bien et t'envoient ces paroles : « Hâte-toi « de venir promptement; quelque chose d'une « extrême importance réclame ici tes soins. » Arrivés là, gardez-vous bien de lui apprendre en aucune manière, fussiez-vous interrogés même là-dessus, que Râma est parti en exil et que son père est allé au ciel. » Il dit; et, ces instructions données, les messagers se mettent en route.

Après sept nuits passées dans sa route, Bharata dit, l'âme contristée à l'aspect de la cité en deuil, ces paroles au conducteur de son char : « Cocher, la ville d'Ayodhyâ ne se montre point à mes regards avec des mouvements très joyeux : ses jardins et ses bosquets sont flétris; sa splendeur est comme effacée. Je vois même étalés maintenant partout de lugubres symboles : d'où vient, conducteur de mon char, d'où vient ce tremblement qui agite maintenant tout mon corps? »

Le jeune magnanime entra dans le palais de son père, la tête courbée sous le poids de son triste pressentiment. Et, comme il n'avait point aperçu là son père dans cette maison du roi, Bharata de sortir aussitôt pour aller dans lhabitation de sa mère. A peine eut-elle vu son fils arrivé, Kêkéyî s'élança précipitamment de son siége, les yeux épanouis par la joie.

Bharata, dans la tristesse de son âme, conta rapidement à sa mère toute la suite de son voyage et de son retour. « Daigne maintenant répondre aux demandes que je désire t'adresser. Pourquoi ne voit-on pas, comme à l'ordinaire. cette ville couverte de citadins joyeux, mais pleine d'un peuple abattu? Pourquoi n'ai-je pas vu mon père dans son palais? Est-ce que Sa Majesté serait allée dans l'habitation de Kâauçalyâ, ma bonne mère? »

A ces mots de Bharata, Kêkéyî répondit, sans rougir, avec ce langage horrible, mais où quelque douceur infusée tempérait l'odieuse amertume : « Consumé de chagrins à cause de son fils, le grand monarque, ton père, t'a légué son royaume et s'en est allé dans le ciel, que lui ont mérité ses bonnes œuvres. »

A peine eut-il ouï de sa mère ces paroles composées de syllabes horribles, que Bharata soudain tomba sur la terre, comme un arbre sapé au tronc.

Kêkéyî tint alors ce langage à Bharata : « Magnanime fils de roi, je vais te raconter ce que ton père a dit : « Ah! mon fils Râma! s'est-il écrié; ah! Lakshmana, mon fils! » et, quand il eut plusieurs fois jeté cette plainte, c'est alors que ton père a quitté la vie ». Bharata interrogea de nouveau sa mère : « Où Râma demeure-t-il maintenant ? s'écria-t-il, d'un visage consterné. Et pourquoi s'est-il retiré dans les bois ? Pourquoi sa belle Vidéhaine et Lakshmana ont-ils suivi Râma dans les forêts ? »

A ces questions, Kêkéyî de répondre un langage plus horrible encore, bas, odieux même, tout en croyant ne dire à son fils qu'une chose agréable : « Couvert d'un valkala pour vêtement, accompagné de sa Vidéhaine, et suivi de Lakshmana, Râma s'en est allé dans les bois sur l'ordre même de son père; et c'est moi, qui ai su faire exiler ce frère, ton rival, au sein des forêts. J'ai demandé au roi l'exil de Râma dans les forêts pendant neuf ans ajoutés à cinq années, et ton père a banni Râma hors de la ville. Ainsi donc, saisis-toi du royaume ; fais produire son fruit à ma peine. Va, mon fils, va trouver bien vite les brahmes et Vaçishtha, leur chef; puis, quand tu auras acquitté les honneurs funèbres que tu dois à ton père, fais-toi sacrer aussitôt, suivant les rites, comme souverain de cet empire, qui t'appartient ! »

Ayant donc ouï dire à sa mère que son père était mort et ses deux frères bannis, lui, consumé par le feu de sa douleur, il répondit à Kêkéyî dans les termes suivants : « Femme en butte maintenant au blâme et criminelle en tes pensées, tu es abandonnée par la vertu, Kêkéyî, pour avoir enlevé son diadème à Râma, qui ne fit jamais de mal à personne. Puisse être ce monde pour toi, puisse être même pour toi l'autre monde stérile de bonheur, homicide fatale de ton mari! Va dans les enfers, Kêkéyî, écrasée par la malédiction de ton époux ! »

Quand cette nuit fut écoulée, les poëtes de la cour et les bardes officiels de réveiller Bharata dans le sommeil et de chanter ses louanges avec une voix mélodieuse.

Aussitôt, arrêtant ces bruyants accords, Bharata de crier à ces réveilleurs officiels : « Je ne suis pas le roi! » Ensuite, il dit à Çatroughna, « Vois Çatroughna, quel écrasant déshonneur Kêkéyî a fait tomber sur ma tête innocente par cette action blâmée dans tout l'univers! »

Après qu'on eut écarté le peuple et que l'astre auteur du jour fut monté sur l'horizon, Vaçishtha de parler ainsi à Bharata, comme à tous les ministres : « Lève-toi promptement, Bharata ! Qu'il n'y ait ici, mon seigneur, aucune perte du temps! Dépose le roi des hommes dans cette bière, que tu vois là; enlève sur tes épaules ton père couché dans le cercueil; puis, emmène-le promptement hors de ces lieux. »

Bharata, quand il eut déposé le grand roi dans le cercueil, para le corps et jeta sur lui une robe précieuse, dont il couvrit l'auguste défunt tout entier. Il étala ensuite une guirlande de fleurs sur les restes de son père, qu'il parfuma avec les émanations d'un encens divin. Il souleva le cercueil, assisté par Çatroughna, et le porta désolé, tout en larmes. Au milieu de ses pleurs et sur un signe de Vaçishtha, les serviteurs obéissants prirent le cercueil, qu'ils emportèrent aussitôt d'un pied moins hésitant.

Les domestiques du roi, tous pleurant et l'âme dans le trouble du chagrin, marchaient devant la bière, tenant un parasol blanc, un chasse-mouches et même un éventail. Devant le monarque s'avançait flamboyant le feu sacré, que les brahmes et Djâvali, leur chef, avaient commencé par bénir. Ensuite venaient, pour en distribuer les richesses aux gens malheureux et sans appui, des chars pleins d'or et de pierreries. Là, tous les serviteurs du roi portaient des joyaux de mainte espèce, destinés pour être distribués en largesses aux funérailles du maître de la terre. Devant lui marchaient les poëtes, les bardes et les panégyristes, qui chantaient d'une voix douce les éloges décernés aux bonnes actions du monarque.

Arrivés sur les bords de la Çarayoû, dans un lieu solitaire, dans un endroit gazonné d'herbes tendres et nouvelles, on se mit alors à construire le bûcher du roi avec des bois d'aloès et de santal. Un groupe d'amis, les yeux troublés de larmes, souleva le corps glacé du monarque et le coucha sur le bûcher. Cela fait, Bharata appliqua de sa main le feu au bûcher. Tout à coup la flamme se déroula, et le feu, développant ses langues flamboyantes, consuma le corps du roi monté sur le bois entassé.

Entré dans la demeure paternelle, l'auguste Bharata y joncha le sol de la terre avec un lit d'herbes, où, languissant de tristesse, il resta couché dix jours, sa pensée continuellement fixée sur la mort de son père.

Quand le dixième jour fut écoulé, le fils du roi s'étant purifié, offrit aux mânes de son père les oblations funèbres du douzième et même du treizième jour. Aussitôt que fut expiré le treizième soleil, tous les ministres s'étant rassemblés adressèrent ce langage à Bharata : « Ce monarque, qui était notre seigneur et notre gourou, s'en est allé dans le ciel, après qu'il eut exilé Râma, son bien-aimé fils, et Lakshmana même. Fils de roi, monte sur le trône, où le droit t'appelle ; règne aujourd'hui sur nous avant que ce royaume ne tombe, faute de maître, dans une triste infortune. »

A ces mots, ayant touché les choses du sacre en signe de bon augure, Bharata dit alors aux ministres du feu roi : « Le trône dans ma famille a toujours, depuis Manou, légitimement appartenu à l'aîné des frères. Râma, celui des hommes qui sait le mieux à quels devoirs sont obligés les rois ; Râma aux yeux de lotus mérite, et comme l'aîné de ses frères et par ses belles qualités, d'être ici le monarque. Vous ne devez pas en choisir un autre ; c'est lui-même qui sera notre souverain. Que l'on rassemble aujourd'hui promptement une grande armée, distribuée en ses quatre corps : j'irai chercher avec elle et ramener des bois mon frère, ce rejeton vertueux de Raghou. »

Bientôt les généraux viennent annoncer que l'armée est déjà prête avec ses hommes de guerre, ses chevaux, ses voitures attelées de taureaux et ses admirables chars légers. Le beau jeune prince, conduit par le désir de revoir enfin Râma, se mit en route, assis dans un char superbe, attelé de chevaux blancs. Devant lui s'avançaient tous les principaux des ministres, montés sur des chars semblables au char du soleil et traînés par des coursiers rapides. Dix milliers d'éléphants, équipés suivant toutes les règles, suivaient Bharata dans sa marche, Bharata, les délices de la race du grand Ikshwâkou. Soixante mille chars de guerre, pleins d'archers et bien munis de projectiles, suivaient Bharata dans sa marche, Bharata, le fils de roi aux forces puissantes. Cent mille chevaux montés de leurs cavaliers suivaient Bharata dans sa marche, Bharata, le fils de roi et le descendant illustre de l'antique Raghou.

Ensuite le roi des Nishâdas, à la vue de cette armée si nombreuse, arrivée près du Gange et campée sur les bords du fleuve, dit ces paroles à tous ses parents : « Voici de tous les côtés une bien grande armée : je n'en vois pas la fin, tant elle est répandue ici et là dans un immense espace ! C'est l'armée des Ikshwâkides : on n'en peut douter ; car j'aperçois dans un char, loin d'ici, un drapeau, où je reconnais leur symbole, un ébénier des montagnes. Bharata irait-il chasser ? Veut-il prendre des éléphants ? Ou viendrait-il nous détruire ? Hélas ! sans doute, par le désir d'assurer sa couronne, il court avec ses ministres immoler Râma, que Daçaratha, son père, a banni dans les forêts ! Râma le Daçarathide est mon maître, mon parent, mon ami, mon gourou : c'est pour le défendre que je suis accouru vers ce fleuve du Gange. »

Ensuite, le roi Gouha tint conseil avec ses ministres, qui savaient proposer de bons avis. Alors Gouha prit avec lui des présents, des poissons, de la viande, des liqueurs spiritueuses, et vint trouver Bharata.

Gouha se présenta devant Bharata, et, s'inclinant, lui tint ce langage : « Ce lieu est tout à fait, pour ainsi dire, sans aucune maison et dépourvu des choses nécessaires ; mais voilà, non loin d'ici, la demeure de ton esclave ; daigne habiter cette maison, qui est la tienne, puisqu'elle est celle de ton serviteur. Mais ne viens-tu pas ennemi attaquer Râma aux bras infatigables ? En effet, ton armée, comme je la vois, infiniment redoutable, excite en moi cette inquiétude. »

6

A Gouha, qui parlait ainsi, Bharata pur à l'égal du ciel tint ce langage d'une voix suave : « Puisse ce temps n'arriver jamais ! Loin de moi une telle infamie ! Je marche, afin de ramener des forêts, qu'il habite, ce digne rejeton de Kakoutstha; une autre pensée ne doit pas entrer dans ton esprit : cette parole que je dis est la vérité. »

Le visage rayonnant de plaisir à ce langage de Bharata, le roi des Nishâdas répondit ces mots à l'auteur de sa joie : « Heureux es-tu ! Je ne vois pas, sur toute la face de la terre, un homme semblable à toi qui veux abandonner un empire tombé dans tes mains sans nul effort. »

Quand il eut habité sur la rive de la Gangâ cette nuit seule, Bharata, le magnanime, étant sorti de sa couche à l'aube naissante : « Lève-toi ! dit-il à Çatroughna; lève-toi ! la nuit est passée. Amène-moi promptement Gouha, qui règne sur la ville de Çringavéra : c'est lui, héros, qui fera passer le fleuve du Gange à cette armée. »

Gouha vint, joignit ses mains en coupe et s'exprima dans les termes suivants : « As-tu bien passé la nuit sur la rive du Gange, noble enfant de Kakoutstha? Es-tu, ainsi que ton armée, dans un état parfait de santé ? » L'inconsolable fils de Kêkéyî répondit à Gouha, d'un air bien affligé, le cœur touché néanmoins de son affectueux désir : « Roi, tu nous comble d'honneur, mais notre nuit n'a pas été bonne!... Cependant, que tes serviteurs nous fassent traverser le Gange sur de nombreux vaisseaux. »

A peine eut-il entendu cet ordre de son jeune suzerain, Gouha courut en toute hâte vers sa ville, et là : « Réveillez-vous, mes chers parents! Levez-vous! Que sur vous descende la félicité! Mettez à flot des navires! Je vais passer l'armée à l'autre bord du Gange. »

Ensuite, Gouha fit amener un esquif magnifique, couvert d'un tendelet jaune-pâlissant et sur lequel, résonnant de joyeux concerts, flottait un drapeau marqué du bienheureux swastika [1]. Dans ce navire s'embarquèrent, et Bharata, et Çatroughna d'une force immense, et Kâauçalyâ et Soumitrâ, et les autres épouses du feu roi.

Abordés sur la rive opposée, les bateaux débarquent leur monde et reviennent au bord citérieur, où les parents et les serviteurs de Gouha remplissent de nouveaux passagers et font repartir les carènes aux membres peints. Les cornacs, montés sur les éléphants, pous-

---

[1] C'est une figure mystique, assez ressemblante à deux Z redressés, qui se croisent l'un sur l'autre et se coupent à angle droit. Cet emblème a fait un grand chemin dans toute l'antiquité, car on le trouve sur des vases étrusques, des glyptes égyptiens et même des pierres sépulcrales dans les catacombes de Rome.

sent vers le Gange ces énormes quadrupèdes, et, portant leur enseigne déployée, ceux-ci paraissent dans la traversée du fleuve comme des montagnes flottantes, sur la cime desquelles ondule un drapeau.

Quand Bharata eut traversé le Gange avec son infanterie, avec ses troupes montées, il dit, ces paroles à Gouha : « Par quelle région nous faut-il gagner la contrée où se tient l'ermite enfant de Raghou ? »

Bharata eut cette réponse de Gouha, pour qui l'endroit habité par le pieux Raghouide était une chose bien connue : « A partir d'ici, noble fils de Kakoutstha, va droit à la grande forêt du confluent, toute remplie par les multitudes variées des oiseaux. Fais halte là, prince auguste ; ensuite, que ta route se fléchisse vers l'ermitage de Bharadwâdja, situé au levant de cette forêt, à la distance d'un kroça.

D'aussi loin qu'il aperçut l'ermitage de Bharadwâdja, l'auguste prince fit commander la halte de toute son armée et s'avança, accompagné des ministres. Il marchait à pied derrière le grand prêtre du palais, sans armes, sans escorte et vêtu d'un double habit de lin. Arrivé sur le seuil de cet ermitage, à la suite du grand prêtre, Bharata vit l'anachorète ceint d'une majesté suprême et dans le nimbe d'une splendeur flamboyante. A l'aspect du saint, le digne fils de Raghou suspend d'abord la marche des ministres; puis il entre seul avec le pourohita. A peine l'ermite aux grandes macérations eut-il aperçu Vaçishtha, qu'il se leva précipitamment de son siège. « Permets que je t'offre, dit le solitaire au fils de Kêkéyî, les rafraîchissements qu'un hôte sert devant son hôte. Mais je veux offrir un banquet à toute cette armée, qui marche à ta suite : ce me sera une joie de penser, noble prince, qu'elle a reçu de moi ce bon accueil. »

Alors il entra dans la chapelle de son feu sacré, but de l'eau, se purifia, et, comme il avait besoin de tout ce qu'il faut pour l'hospitalité, il appela et fit apparaître Viçvakarma lui-même. « Je veux donner un banquet à mes hôtes, dit-il au céleste ouvrier en bois venu en sa présence. Qu'on me serve donc sans délai mon festin ! Fais couler ici toutes les rivières de la terre et du ciel même, soit qu'elles tournent à l'orient, soit qu'elles se dirigent à l'occident ! Que les flots des unes soient de rhum ; que celles-là soient bien apprises à rouler du vin au lieu d'eau ; que dans les autres coule une onde fraîche, douce, semblable pour le goût au suc tiré de la canne à sucre ! Que la lune me donne ici les plus savoureux des aliments, toutes les choses que l'on mange, que l'on savoure, que l'on suce, que l'on boit, en nombre infini et dans une grande variété, toutes les sortes de viandes et de breuvages, toute la diversité des bouquets ou des guirlandes; et qu'elle fasse couler de mes arbres le miel, la sourâ et toutes les espèces de liqueurs spiritueuses ! »

Tandis que l'ermite, ses mains jointes, sa face tournée au levant, tenait encore son âme plongée dans la contemplation, toutes ces divinités arrivèrent dans son ermitage, famille par famille.

La terre s'aplanit d'elle-même par tous les côtés dans un circuit de cinq yodjanas et se couvrit de jeune gazon, qui semblait un pavé de lapis-lazuli au fond d'azur. On trouvait là des cours splendides, carrées entre quatre bâtiments, des écuries destinées aux coursiers, des étables pour les éléphants, de nombreuses arcades, une multitude de grandes maisons, une foule de palais et même un château royal, orné d'un majestueux portique, arrosé avec des eaux de senteur, tapissé de blanches fleurs et semblable aux masses argentées des nuages.

Quand il eut pris congé du grand saint, le héros aux longs bras, fils de Kêkéyi, entra dans cette demeure étincelante de pierreries. Dans l'instant même, à la voix de Bhraradwâdja, ornées de leurs divines parures, affluèrent devant son hôte les chœurs des Apsaras, nombreux essaims envoyés par le Dieu des richesses, femmes célestes au nombre de vingt mille, pareilles à l'or en splendeur et flexibles comme les fibres du lotus. Fût-il saisi par l'une d'elles, tout homme aurait soudain son âme affolée d'amour. Trente milliers d'autres femmes accoururent des bosquets du Nandana.

« Allons ! disaient-elles ; tout est prêt ! Que l'on boive à sa fantaisie du lait, de la sourâ mêlée d'eau ou de la sourâ pure ! Toi, qui désires manger, savoure ici à ton gré les viandes les plus exquises ! »

Rassasiés de toutes les choses que l'on peut désirer, parés de sandal rouge, ravis jusqu'à l'enchantement par les essaims des Apsaras, les gens de l'armée jetaient au vent ces paroles : « Nous ne voulons plus retourner dans Ayodhyâ! Nous ne voulons plus aller dans la forêt Dandaka ! Adieu Bharata ! Que Râma fasse comme il voudra ! » Ainsi parlaient fantassins, cavaliers, valets d'armée, guerriers combattant sur des chars ou des éléphants. Des milliers d'hommes partout d'éclater en cris de joie : « C'est ici le paradis ! » s'entre-disaient eux-mêmes les suivants de Bharata.

Tandis qu'ils s'amusaient ainsi dans le délicieux ermitage de l'anachorète, comme les Immortels dans les bocages du Nandana, cette nuit s'écoula tout entière. Aussitôt, et les rivières, et les Gandharvas, et les nymphes célestes prirent congé de Bharadwâdja et s'en retournèrent tous comme ils étaient venus.

Quand Bharata eut passé là-même cette nuit

avec sa suite, il vint trouver Bharadwâdja au moment opportun et s'inclina devant l'anachorète, qui lui avait donné l'hospitalité. « Je t'offre mes adieux ; donne-moi congé, s'il te plaît, saint anachorète ; je vais aller près de mon frère : daigne jeter sur moi un regard favorable. Dis-moi, bienheureux, ô toi, versé dans la science de la justice, quel chemin doit me conduire à l'ermitage de ce magnanime observateur de son devoir ? »

A ces questions du magnanime Bharata, le sage et grand saint lui répondit en ces termes : « A trois yodjanas augmentés d'une moitié s'élève, ami Bharata, dans la forêt solitaire, le mont Tchitrakoûta, plein de grottes délicieuses et de murmurantes cascades. Son flanc septentrional est baigné par les eaux de la Mandâkinî, aux rives couvertes d'arbres en fleurs et peuplées d'oiseaux divers. Entre cette rivière et cette montagne, tu verras, bien défendue par elles deux, une chaumière au toit de feuillage. C'est là, ai-je entendu raconter, qu'il habite avec Sîtâ, son épouse, un riant ermitage construit dans ce lieu solitaire, de ses propres mains jointes aux mains de Lakshmana. »

Après qu'il eut marché une longue route avec ses coursiers infatigables, l'intelligent Bharata dit à Çatroughna, le docile exécuteur de ses commandements : « Les apparences de ces lieux ressemblent parfaitement au récit qu'on m'en a fait. Ce fleuve, c'est la Mandâkinî ; cette montagne, le Tchitrakoûta. Allons ! Que les guerriers s'arrêtent ! Que l'on me fouille cette forêt !

A ces mots, des guerriers tenant leurs javelots à la main pénètrent dans la forêt, où, peu de temps après, ils aperçoivent de la fumée. Alors cette grande armée fit halte là, regardant cette fumée qui s'élevait devant elle par-dessus les bois ; et l'espérance de se réunir dans un instant au bien-aimé Râma augmentait encore la joie de tous les cœurs.

Après qu'il eut demeuré là un long espace de temps, comme le plus noble ami de cette montagne, tantôt amusant de propos aimables sa chère Vidéhaine, tantôt absorbé dans la contemplation de sa pensée, le Daçarathide, semblable à un immortel, fit voir à son épouse les merveilles du mont Tchitrakoûta, comme le Dieu qui brise les cités en eût montré le tableau à sa compagne, la divine Çatchî. « Depuis que j'ai vu cette délicieuse montagne, Sîtâ, ni la perte de cette couronne tombée de ma tête, ni cet exil même loin de mes amis ne tourmente plus mon âme. Vois quelle variété d'oiseaux peuple cette montagne, parée de hautes crêtes, pleines de métaux et plus élevées que le ciel même, pour ainsi dire. S'il me faut habiter ici plus d'un automne avec toi, femme charmante, et Lakshmana, le chagrin n'y pourra tuer mon âme; car, en cet admirable plateau si enchanteur, si couvert de l'infinie variété des oiseaux, si riche de toute la diversité des fruits et des fleurs, mes désirs, noble dame, sont pleinement satisfaits. »

Ensuite, le roi du Koçala conduisit la fille du roi des Vidéhains en avant de la montagne et lui fit admirer la Mandâkinî, rivière délicieuse aux limpides ondes. « Regarde la Mandâkinî, cette rivière suave, peuplée de grues et de cygnes, voilée de lotus rouges et de nymphéas bleus, ombragée sous des arbres de mille espèces, soit à fleurs, soit à fruits, enfants de ses rivages, parsemée d'admirables îles et resplendissante de toutes parts comme l'étang de Kouvéra, pépinière de nélumbos célestes. « Quand Râma eut fait voir à la fille du roi Djanaka les merveilles du mont Tchitrakoûta et de ce fleuve, agréable champ de lotus, il s'en alla d'un autre côté.

Lakshmana vint à sa rencontre avec un vif empressement, et le Soumitride fit voir à ce frère bien-aimé divers travaux qu'il avait exécutés pendant son absence. Il avait tué de ses flèches étincelantes dix gazelles noires, sans tache. A la vue de cet ouvrage, le frère du Soumitride fut satisfait et, se tournant vers Sitâ, lui donna cet ordre : « Que l'on nous serve à manger ! »

La noble dame commença par jeter de a nourriture à l'intention de tous les êtres; cela fait, elle apporta devant les deux frères du miel et de la viande préparée.

« Noble fils de Soumitrâ, lui dit son frère avec tranquillité, j'entends la terre qui résonne profondément : tâche de pénétrer qu'elle peut être la vraie nature de ce bruit. »

Aussitôt Lakshmana se hâte de monter sur un arbre fleuri, d'où il observe l'un après l'autre chaque point de l'espace. Il promène sa vue sur la région orientale, il tourne sa face au nord, et fixant là son regard attentif, il voit une grande armée toute pleine de chevaux, d'éléphants, de chars, et dont les flancs étaient protégés par une infanterie vigilante. Le tigre des hommes, Lakshmana, qui terrasse les héros ennemis, revint dire à son frère : « C'est une armée en marche ! » Puis, il ajouta ces paroles : « Donne trêve au plaisir, noble fils de Raghou; fais entrer Sîtâ dans une caverne ; attache la corde à deux solides arcs et couvre-toi de la cuirasse. »

Quand Râma eut appris que c'était une armée toute pleine de chevaux, d'éléphants et de chars : « A qui penses-tu que soit cette armée ? » demanda-t-il au fils de Soumitrâ. Est-ce un monarque ou le fils d'un roi qui vient chasser dans cette forêt ? » A ces mots, Lakshmana, flamboyant dans sa colère comme un feu impatient de brûler tout, répondit à Râma ces paroles : « Assurément, c'est ton rival, c'est le fils de Kêkêyî, ce Bharata, qui s'est déjà fait sacrer et qui vient nous immoler à la fureur de son ambition : ainsi, prépare-toi, homme sans péché ! Je ne vois pas qu'il y ait du crime à tuer Bharata : lui mort, toi, dès ce jour, donne tes lois à la terre ! Qu'aujourd'hui l'ambitieuse Kêkêyî contemple, bourrelée de chagrin, son fils abattu sous mon bras dans la bataille, comme un arbre qu'un éléphant a brisé. »

Râma sans colère se mit à calmer Lakshmana, bouillant de courroux, et tint ce langage au fils de Soumitrâ : « Quand et de quel acte odieux Bharata s'est-il jamais rendu coupable à ton égard ? As-tu reçu de lui une offense, que tu veuilles le tuer ? Garde-toi de lancer à Bharata un mot violent ou fâcheux ; car toute parole amère tombée sur Bharata, je la tiendrais comme jetée sur moi-même ! »

A ces mots d'un frère si dévoué au devoir, si attentif à la vérité, la pudeur fit rentrer, pour ainsi dire, Lakshmana dans ses membres. A peine eut-il entendu ce langage, que, plein de confusion, il répondit : « Je le pense, Bharata, ton frère ne vient ici que pour nous voir. »

L'armée s'étant logée, l'éminent Bharata, impatient de voir son frère, se dirigea vers l'ermitage, accompagné de Çatroughna. « Nous voici, je pense, arrivés au lieu dont Bharadwâdja nous a parlé. C'est de la chaumière de Râma que je vois monter et se mêler au ciel bleu cette fumée du feu sacré, que les pénitents désirent alimenter sans fin au milieu des forêts. C'est donc aujourd'hui que mes yeux verront ce digne rejeton de Kakoutstha, lui, de qui l'aspect ressemble au port d'un grand saint et qui remplit dans ces bois les commandements de mon père ! »

Là, dans un lieu tourné entre le septentrion et l'orient, Bharata vit dans la maison de Râma un autel pur, où brillait allumé son feu sacré; puis il aperçut le révérend solitaire, assis dans sa hutte en feuillage, ce Râma aux épaules de lion, et, qui, fidèle à marcher dans son devoir, portait humblement alors son vêtement d'écorce et ses cheveux à la manière des anachorètes.

Inondé par la douleur et le chagrin, à l'aspect du noble ermite se délassant assis entre son épouse et Lakshmana, le fortuné Bharata, ce vertueux fils de l'injuste Kêkéyî, se précipita vers son frère. Il balbutia ces mots d'une voix suffoquée par ses larmes : « C'est à cause de moi que mon frère habitué à tous les plaisirs de l'existence, fut précipité dans une telle infortune ! Barbare que je suis ! Honte éternelle à ma vie, blâmée dans l'univers ! »

Arrivé près de Râma en gémissant ainsi et la sueur inondant son visage de lotus, le malheureux Bharata de tomber à ses pieds en pleurant. L'aîné des Raghouïdes mit un baiser au front de Bharata, le serra dans ses bras, le fit asseoir sur le haut de sa cuisse et lui adressa même ces questions avec intérêt : « Où ton père est-il, mon ami, que tu es venu dans ces forêts ? car tu ne peux y venir sans lui, quand ton père vit encore. Va-t-il bien ce roi Daçaratha, fidèle observateur de la vérité ? Kâauçalyâ est-elle heureuse avec son illustre compagne Soumitrâ ? Est-elle aussi dans la joie cette Kêkéyî, l'auguste reine ? »

Alors Bharata, d'une âme troublée et dans une profonde affliction, fit connaître en ces termes au pieux Râma, qui l'interrogeait ainsi, la mort du roi, son père : « Noble prince, le grand monarque a délaissé son empire et s'en est allé dans le ciel, étouffé par le chagrin de l'œuvre si pénible qu'il fit en exilant son fils. Te suivant partout de ses regrets, altéré de ta vue, ne pouvant séparer de ta pensée son âme toujours attachée à toi, abandonné par toi et consumé par le chagrin de ton exil, c'est à cause de toi que ton père est descendu au tombeau !

« Daigne m'accorder cette grâce à moi, qui suis ton serviteur : fais-toi sacrer dans ce trône de tes pères, comme Indra le fut sur le trône du ciel ! Tous les sujets que tu vois, et mes nobles mères, les veuves du feu roi, sont venues chercher ici ta présence : accorde-leur aussi la même faveur. »

Râma alors d'embrasser le prince dans la douleur et de tenir ce langage à son frère, poussant maint et maint soupir :

« Quand mon père et cette mère, distingués par tant de vertus, m'ont dit : « Va dans les « forêts ! » comment pourrais-je, fils de Raghou, agir d'une autre manière ? Ton lot est de ceindre à ton front dans Ayodhyâ ce diadème honoré dans l'univers ; le mien est d'habiter la forêt Dandaka, ermite vêtu d'un valkala. Confiné pour quatorze années dans la forêt Dandaka, je veux goûter ici ma part, telle que me l'a faite mon magnanime père. »

A ces mots de Râma : « Quand j'aurai déserté le devoir, lui répondit Bharata, ma conduite pourra-t-elle être jamais celle d'un roi ? Il est une loi imortelle, noble prince, qui toujours exista chez nous ; la voici : « Tant que l'aîné « vit, son puîné, Râma, n'a aucun droit à la cou- « ronne. » Va, digne fils de Raghou, va dans la délicieuse Ayodhyâ, pleine de riches habitants, et fais-toi sacrer ! » Quand il eut ouï s'échapper des lèvres de Bharata ces paroles, Râma étendit les bras et tomba sur la terre, comme un arbre à la cime fleurie, que la hache vient d'abattre au milieu d'une forêt. Mais quand il eut repris sa connaissance, les yeux baignés de larmes à la pensée de son père descendu au tombeau : « Parvenu au terme de mon exil dans les bois, je sens que je n'aurai pas même la force de retourner dans cette Ayodhyâ, privée de son chef, veuve du meilleur des rois et troublée dans la paix de son esprit. De quelle bouche entendrais-je maintenant ces paroles si douces à mon oreille, avec lesquelles mon père me consolait à mon retour des pays étrangers ! »

Quand il eut parlé de cette manière à Bharata, le noble anachorète, s'étant approché de Sîtà : « Ton beau-père est mort, Sîtà, dit-il ; Bharata vient de m'apprendre ce malheur, que le maître de la terre nous a quittés pour le ciel. » A cette nouvelle que son beau-père, ce révérend de tous les mondes, était mort, la fille du roi Djanaka ne put rien voir de ses yeux, tant ils se remplirent de larmes !

Ensuite, accompagné des ministres et des guerriers chefs de l'armée, Bharata s'approche du pieux Raghouide ; et, versé dans la science du devoir, il s'assoit dans une place inférieure avec eux, les plus savants des hommes dans la science du devoir.

Or, ce discours habile et juste fut adressé par le juste Bharata au noble solitaire assis, plongé dans ses réflexions :

« O toi, qui sais le devoir, gouverne en paix avec tes amis et par la vertu même de ton droit ce royaume sans épines de tes aïeux. Que tous les sujets, et les prêtres du palais, et Vaçishtha, et les brahmanes versés dans les formules des prières te donnent l'onction royale ici même.

Sacré par nous, comme Indra par les Maroutes, quand il eut conquis rapidement les mondes, va dans Ayodhyà exercer l'empire. Va et règne là sur nous. »

Les prêtres, les poètes, les bardes, les panégyristes officiels, les mères d'une voix affaiblie par des larmes, elles, qui aimaient le fils de Kâauçalyà d'une égale tendresse, applaudirent à ce discours de Bharata, et, prosternés devant Râma, tous ils suppliaient avec lui ce noble anachorète.

Quant Bharata eut cessé de lui parler ainsi, Râma, continuant à marcher d'un pied ferme sur le chemin du devoir, lui répondit :

« Rappelle ta fermeté, ne te livre point à ce deuil ; va, taureau des hommes, va promptement habiter dans cette belle métropole, et fais de la manière que mon père te l'a commandé. Moi, de mon côté, j'accomplirai la volonté de mon noble père dans l'endroit même que m'a prescrit ce monarque aux œuvres saintes. Il serait malséant à moi de manquer à son ordre, héros, qui domptes les ennemis; et sa parole doit toujours être obéie par toi-même, car il est notre parent, il est plus, notre père. »

A ces mots, Bharata d'opposer à l'instant ce langage : « Tu possèdes une âme semblable aux âmes des Immortels, tu es magnanime, tu es fidèle à ton alliance avec la vérité même ! Mais à moi, sage frère, à moi, séparé de toi et privé

de mon père, il me sera impossible de vivre, consumé par mon chagrin, comme le daim blessé par une flèche empoisonnée! Veuille donc agir de telle manière que je ne laisse pas ma vie dans cette forêt déserte, où j'ai vu, d'une âme désolée, un si noble prince habiter avec son épouse et Lakshmana : oui, sauve-moi ! et prends en main le sceptre de la terre ! »

Tandis qu'avec tristesse et la tête prosternée, Bharata suppliait ainsi Râma, ce maître de la terre, plein d'énergie, n'en ramena point davantage son esprit vers la pensée du retour, mais il demeura ferme, sans quitter des yeux la parole de son père. A l'aspect d'une constance si admirable dans ce digne enfant de Raghou, tous les cœurs se trouvaient également partagés entre la tristesse et la joie : « Il ne revient pas dans Ayodhya ! » se disait-on ; et le peuple en ressentait de la douleur, mais il éprouvait du plaisir à lui voir cette fermeté dans la promesse donnée à son père.

Bharata affligé de n'avoir pu obtenir ce qu'il désirait, joignit de nouveau ses mains, toucha de sa tête les pieds de Râma, et, le gosier plein de sanglots, il tomba sur la terre. Aussitôt qu'il vit Bharata venir lui toucher les pieds avec sa tête, Râma se recula vite, les yeux un peu troublés sous un voile de larmes. Bharata cependant lui toucha les pieds ; et, pleurant, affligé d'une excessive douleur, il tomba sur la terre, tel qu'un arbre abattu sur la berge d'un fleuve. Il n'y avait pas un homme qui ne pleurât dans ce moment, accablé de chagrin, avec les artisans, les guerriers, les marchands, avec les instituteurs et le grand prêtre du palais. Les lianes elles-mêmes pleuraient toute une averse de fleurs ; combien plus devaient pleurer d'amour les hommes, de qui l'âme est sensible aux peines de l'humanité !

Râma, vivement ému de cet incident, étreignit fortement Bharata dans un embrassement d'amour et tint ce langage à son frère, consumé de chagrin et les yeux baignés de larmes : « Mon ami, c'est assez ! Allons ! retiens ces larmes ; vois combien la douleur nous tourmente nous-mêmes : allons ! pars ! retourne dans Ayodhyà ! »

Il dit et Bharata d'essuyer les pleurs qui mouillaient son visage : « Rends-moi tes bonnes grâces ! » s'écria-t-il d'abord ; puis, à ce mot il ajouta ces paroles : « N'oublie pas, ô toi qui sais le devoir, n'oublie pas que j'accepte, mais sous la clause de ces mots, les tiens, seigneur, sans nul doute : « Prends à titre de dépôt la « couronne impériale d'Ikshwâkou. »

« Oui ! » répondit son frère, de qui cette résignation du jeune homme à revenir dans sa ville augmentait la joie, et qui se mit à le consoler avec des paroles heureuses.

Dans ce moment arrivèrent le sage Çarabhanga et ses disciples, qui apportaient en présent des souliers tissus d'herbes kouças. Alors Vaçishtha, orateur habile, dit ces mots, environné, comme il était, par les foules du peuple. « Mets d'abord à tes pieds, noble Râma, ces chaussures ; ensuite, retire-les ; car elles vont arranger ici les affaires au gré de tout le monde. »

L'intelligent Râma, l'homme à la vaste splendeur, plaça donc à ses pieds, en ôta les deux souliers, et du même temps les donna au magnanime Bharata[1]. L'auguste fils de Kêkéyi, plein de fermeté dans ses vœux, reçut lui-même cette paire de chaussures avec joie, décrivit à l'entour du pieux Raghouide un respectueux pradakshina et posa les deux souliers sur sa tête, élevée comme celle d'un gigantesque éléphant.

Après que Bharata eut posé les souliers sur sa tête, il monta, plein de joie, accompagné de Çatroughna, sur le char, qui les avait amenés tous deux. Devant lui marchaient Vaçishtha, Vâmadéva, Djâvâli, ferme dans ses vœux, et tous les ministres, honorés pour la sagesse du conseil. Entré dans Ayodhyâ, le fils de Kêkéyi se rendit au palais même de son père, veuf alors de cet Indra des mortels, comme une caverne veuve du lion qui l'habitait.

[1] La cérémonie de l'investiture, que l'on trouve ici, nous rappelle que l'introduction de cette coutume en Europe fut attribuée à l'invasion des peuples du Nord : mais d'où leur venait-elle? De l'Inde, sans doute, source universelle des idées, qui furent transvasées dans l'Occident.

Ensuite, Bharata de tenir ce langage à tous les gouvaras universellement : « Je m'en vais habiter Nandigrâma ; c'est là que je veux supporter toute cette douleur de vivre séparé du noble enfant de Raghou. Le roi mon père n'est plus, mon frère aîné est ermite des bois ; je vais gouverner la terre, en attendant que Râma puisse régner lui-même. »

Assis dans son char, Bharata, de qui l'âme prenait toutes ses inspirations dans le devoir et dans l'amour fraternel, arriva bientôt à Nandigrâma, portant les deux souliers avec lui. Il entra dans le village avec empressement, descendit à la hâte de son char et tint ce langage aux vénérables : « Mon frère m'a donné lui-même cet empire comme un dépôt, et ces deux souliers, jolis à voir, qui sauront le gouverner sagement. » Dès lors on vit l'infortuné Bharata habiter dans Nandigrâma avec son armée, et ce maître du monde y porter l'habit d'anachorète, ses cheveux en djatâ et le valkala fait d'écorces. Là fidèle à l'amour de son frère aîné, se conformant à la parole de Râma, exécutant sa promesse, il vivait dans l'attente de son retour. Ensuite le beau jeune prince, ayant sacré les deux nobles chaussures, fit apporter lui-même auprès d'elles le chasse-mouches et l'éventail, insignes de la royauté. Et quand il eut donné l'onction royale aux souliers de son frère dans Nandigrâma, devenu la première des villes, ce fut au nom des souliers qu'il intima désormais tous les ordres.

Le fils de Raghou trouva dans ses réflexions beaucoup de motifs pour condamner une plus longue habitation dans cette forêt : « C'est ici que j'ai vu, se dit-il, Bharata, mes royales mères et les habitants de la capitale. Ces lieux m'en retracent le souvenir et font naître sans cesse dans mon cœur la douleur vive des regrets. Ainsi, passons ailleurs ! »

Parvenu à l'ermitage du bienheureux Atri, il s'inclina devant cet homme, qui avait thésaurisé la pénitence ; et le saint anachorète à son tour honora le royal ermite d'un accueil tout paternel. Quand la nuit se fut écoulée, Râma vint présenter ses adieux au solitaire, qui brûlait dans le feu sacré les oblations du matin.

Alors Sitâ aux grands yeux présente aux deux frères les carquois tout resplendissants, leurs arcs et les deux épées, dont le tranchant moissonne les ennemis. Ensuite Râma et Lakshmana s'attachent les deux carquois sur les épaules, ils prennent les deux arcs à la main, ils sortent et s'avancent pour continuer leur visite à cette partie des ermitages qu'ils n'avaient pas encore vus.

Quand la fille du roi Djanaka vit en marche les deux héros, armés de leurs solides arcs, elle dit à son époux d'une voix tendre et suave :

« Je n'aime pas, vaillant Râma, ce voyage à la forêt Dandaka. Te voici en chemin pour la forêt, accompagné de ton frère, avec ton arc et tes flèches à la main. A la vue des animaux qui errent dans ces futaies, comment ne voudrais-tu pas leur envoyer des flèches ? En effet, seigneur, l'arc du kshatrya est, dit-on, comme le bois aliment du feu ? Placée dans sa main, l'arme augmente malgré lui et beaucoup plus sa bouillante ardeur. Il te faut de toute manière éviter l'impatience, maintenant que tu as pris ton arc à la main. On ne déchaîne pas la mort contre les Rakshasas mêmes sans motifs d'hostilité. Médite néanmoins ces paroles dans ton esprit avec ton jeune frère, et fais-en, roi des hommes, ce qu'il te plaira. »

Quand il eut ouï ce discours que venait de prononcer la belle Vidéhaine, Râma, de répondre en ces termes à la princesse de Mithila : « Reine, l'arme est dans la main du kshatrya pour empêcher que l'oppression ne fasse crier le malheureux ! Eh bien, Sîtâ ! ces anachorètes sont malheureux dans la forêt Dandaka ! Ces hommes accomplis dans leurs vœux sont venus d'eux-mêmes implorer mon secours, eux secourables à toutes les créatures ! Dans les bois qu'ils habitent, faisant du devoir leur plaisir, des racines et des fruits leur seule nourriture, ils ne peuvent goûter la paix un moment, opprimés qu'ils sont à la ronde par les hideux Râkshasas. Enchaînés à tous les instants du jour dans les liens de leurs différentes pénitences, ils sont dévorés au milieu des bois par ces démons féroces, difformes, qui vaguent dans l'épaisseur des fourrés. »

Quand ils eurent marché une longue route, Râma vit un enclos circulaire d'ermitages, sur lequel étaient jetés des habits d'écorce et des gerbes de kouças. Il entre, accompagné de son frère et de Sitâ dans cette enceinte couverte de lianes et d'arbres variés, où les anachorètes s'empressent de lui offrir les honneurs de l'hospitalité. Ensuite, dans le cercle fortuné de leurs ermitages, le Kakoutsthide habita fort à son aise, honoré par chacun de ces grands saints. Alors ce noble fils de Raghou visita l'un après l'autre ces magnanimes, et s'en alla d'ermitage en ermitage porter lui-même les hommages de sa présence à leurs pieds. Là, il demeurait un mois ou même une année ; ici, quatre mois ; ailleurs, cinq ou six.

Tandis qu'il vivait heureux et savourait ainsi de candides plaisirs dans les ermitages des anachorètes, il vit dix années couler pour lui d'un cours fortuné. « Nous voici arrivés, dit-il un jour, à l'ermitage du saint Agastya : entre devant, fils de Soumitrâ, et annonce au rishi mon arrivée chez lui avec Sitâ. »

Entré dans la sainte cabane à cet ordre que lui donne son frère, Lakshmana s'avance vers un disciple d'Agastya et lui dit ces paroles : « Il fut un roi, nommé Daçaratha ; son fils aîné, plein de force, est appelé Râma ; ce prince éminent est ici et demande à voir l'anachorète. J'ai pour nom Lakshmana ; je suis le compagnon dévoué et le frère puîné de ce resplendissant héros avec lequel et son épouse je viens ici moi-même pour visiter le saint ermite. »

A peine le solitaire eut-il apppris de son disciple que Râma venait d'arriver, en compagnie de Lakshmana et de l'auguste Vidéhaine : « Quel bonheur ! s'écria-il ; Râma aux longs bras est arrivé chez moi avec son épouse : j'aspirais dans mon cœur à son arrivée ici même ! »

Alors, quand l'anachorète eut baisé sur la tête le pieux Raghouide courbé respectueusement : « Assieds-toi, » lui dit cet homme à la bien grande pénitence ; et, quand il eut honoré son hôte d'une manière assortie aux convenances et suivant l'étiquette observée à l'égard des Immortels, l'ermite Agasthya lui tint ce langage : « Râma, je suis charmé de toi, mon fils ! je suis content, Lakshmana, que vous soyez venus tous deux avec Sitâ me présenter vos hommages. Fils de Raghou, la fatigue n'accable-t-elle point ta chère Vidéhaine ? En effet, Sitâ est d'un corps bien délicat, et jamais elle n'avait quitté ses plaisirs. »

A ces mots du solitaire, le héros de Raghou, fort comme la vérité, de joindre ses deux mains

et de répondre au saint en ces paroles modestes :
« Je suis heureux, je suis favorisé du ciel, moi
de qui les bonnes qualités, réunies aux vertus
de mon épouse et de mon frère, ont satisfait le
plus éminent des anachorètes et lui inspirent
une joie si grande. Mais indique-moi un lieu
aux belles ondes, aux nombreux bocages, où je
puisse vivre heureux et content sous le toit d'un
ermitage que j'y bâtirai. »

Agastya réfléchit un instant et lui répondit en
ces mots d'une grande sagesse : « A deux yodjanas
d'ici, Râma, il est un coin de terre, nommé Pantchavatî, lieu fortuné, aux limpides eaux, riche
de fruits doux et de succulentes racines. Vas-y,
construis là un ermitage et habite-le avec ton
frère le Soumitride, observant la parole de ton
père telle qu'il te l'a dite. Ton histoire m'est
connue entièrement, jeune homme sans péché,
grâce au pouvoir acquis par ma pénitence non
moins qu'à mes liens d'amitié avec Daçaratha. »

Or, dans ces entrefaites, le grand vautour,
fameux sous le nom de Djatâyou, s'approcha
du pieux Raghouide en marche vers Pantchavatî, et d'une voix gracieuse, douce, affectueuse :
« Mon enfant, lui dit-il, apprends que je suis
l'ami du roi Daçaratha, auquel tu dois le jour. »
Le noble exilé, sachant qu'il était l'ami de son
père, lui rendit ses hommages et lui demanda,
plein de modestie, s'il jouissait d'une santé pros-

père. Ensuite Râma lui dit, stimulé par la curiosité : « Raconte-moi ton origine, mon ami ; dis-moi quelle est ta race et ta lignée. »

A ces mots, le plus éminent des oiseaux : « Çyéni mit au monde une fille avec d'autres enfants mâles : elle fut nommée Vinatâ, et d'elle naquirent deux fils, Garouda et le cocher du soleil, Arouna.

« Je suis né de ce Garouda avec mon frère aîné Sampâti : sache, dompteur invincible des ennemis, que je suis Djatâyou, le petit-fils de Çyéni. Je serai, si tu le désires, ton fidèle compagnon ; et je défendrai Sitâ dans ces bois, quand Lakshmana et toi vous serez absents. »

« Soit ! » dit le prince anachorète, accueillant son offre ; puis il embrassa joyeux ce roi des volatiles, car il avait ouï raconter maintes fois l'amitié de son père avec Djatâyou. Alors ce héros, plein de vigueur, ayant confié Sitâ la Mithilienne à sa garde, continua de marcher vers l'ermitage de Pantchavatî en compagnie de l'oiseau Djatâyou à la force sans mesure.

Quand Râmà eut mis le pied dans la Pantchavatî, il dit à Lakshmana, son frère « Cette forêt est pure, elle est charmante, elle a mille qualités ! Fils de Soumitrâ, nous habiterons ici avec l'oiseau, notre compagnon. »

A ces mots, Lakshmana eut bientôt fait à son frère une très jolie chaumière de sa main, qui terrasse les héros des ennemis. Intelligent ouvrier, il bâtit pour le noble héritier de Raghou une grande cabane de feuillages charmante, jolie à voir, tout à fait ravissante.

Tandis que le pieux Daçarathide coulait dans la forêt de pénitence une vie heureuse, l'automne expira et l'hiver amena sa bien-aimée saison. Le roi des vautours se présenta et dit ces paroles au noble fils de Raghou : « Héros à la grande fortune, à la grande force, aux grands bras, au grand arc, je te dis adieu, ô le meilleur des hommes ; je retourne en ma demeure. Il te faut apporter ici une continuelle attention à l'égard de tous les êtres, fils de Raghou ! J'ai envie, vaillant meurtrier des ennemis, j'ai envie de revoir mes parents et mes amis. Quand j'aurai vu tous ceux que j'aime, ô le plus grand des hommes, je reviendrai, s'il te plaît ; je te le dis en vérité. » A ces mots, Râma et Lakshmana de répondre au monarque des oiseaux : « Va donc, ô le meilleur des volatiles, mais à la condition de revenir bientôt nous voir. »

Dans ce moment une certaine Rakshasî, nommée Çoûrpanakhâ, sœur de Râvana, le démon aux dix têtes, vint en ces lieux d'un mouvement spontané et vit là, semblable à un Dieu, Râma aux longs bras, aux épaules de lion, aux yeux pareils aux pétales du lotus. A la vue de ce prince beau comme un Immortel, la Rakshasî fut enflammée d'amour ; elle, à qui la nature avait donné un teint hideux, un caractère méchant, cette ignoble fée, cruelle à servir, qui marchait toujours avec la pensée de faire du mal à quelqu'un et n'avait de la femme rien autre chose que le nom.

Aussitôt elle prend une forme assortie à son désir ; elle s'approche du héros aux longs bras, et, commençant par déployer sa nature de femme, lui tient ce langage avec un doux sourire : « Qui es-tu, toi qui, sous les apparences d'un pénitent, viens, accompagné d'une épouse, avec un arc et des flèches, dans cette forêt impraticable, séjour des Rakshasas ? »

A ces mots de la Rakshasî Çoûrpanakhâ, le noble fils de Raghou se mit à lui tout raconter avec un esprit de droiture. « O toi, en qui sont rassemblés tous les caractères de la beauté, dis-moi qui tu es, quelle est ta famille, et pour quel motif je te vois errer seule ici et sans crainte . »

A ces mots, la Rakshasî, troublée par l'ivresse de l'amour, fit alors cette réponse : « On m'appelle Çoûrpanakhâ, je suis une Rakshasî, je prends à mon gré toutes les formes : et, si je me promène seule au milieu des bois, Râma, c'est que j'y répands l'effroi dans toutes le créatures. J'ai pour frères le roi des Rakshasas lui-même, nommé Râvana ; Vibhishana, l'âme juste, qui a répudié les mœurs des Rakshsasas ; Koumbhakarna au sommeil prolongé, à la force immense; et deux Rakshasas fameux par le courage et la vigueur, Khara et Doûshana. Ta vue seule m'a jetée dans le trouble, Râmâ : aime-moi donc comme je t'aime ! Que t'importe cette Sîtâ ? Elle est sans charmes, elle est sans beauté, elle n'est en rien ton égale ; moi, au contraire, je suis pour toi une épouse assortie et douée, comme toi, des avantages de la beauté. Laisse-moi dévorer cette femme sans attraits ni vertu, avec ce frère, qui est né après toi, mais de qui la vie est déjà terminée. Cela fait, tu seras libre, mon bien-aimé, de te promener avec moi par toute la contrée Dandaka, contemplant ici les sommets d'une montagne et là des bois enchanteurs. »

Quand il eut ouï ce discours plus qu'horrible de la Rakshasî, le héros aux longs bras avertit d'un regard Sîtâ et Lakshmana. Ensuite Râma, se mit à dire ces mots à Çoûrpanakhâ, mais pour se moquer :

« Je suis lié par l'hymen ; tu vois mon épouse chérie : une femme de ta condition ne peut s'accommoder ainsi d'une rivale. Mais voici mon frère puîné, qui a nom Lakshmana, beau, joli à voir, d'un bon caractère, plein d'héroïsme et qui n'est point marié. Il sera un époux assorti à cette beauté, dont je te vois si bien douée. »

A ce discours, la Rakshasî, qui changeait de forme à sa volonté, quitte Râma brusquement et se tourne avec ces mots vers Lakshmana :

« Aime-moi donc, ô toi, qui donnes l'honneur,

moi, qui suis une épouse assortie à ta beauté : tu auras du plaisir à te promener avec moi dans la ravissante forêt Dandaka. »

A ce langage de Çoûrpanakhâ, le fils de Soumitrâ, habile dans l'art de parler, fixa les yeux sur la Rakshasî et lui répondit en ces termes : « Est-ce qu'il te siérait, devenant mon épouse, de servir un serviteur ? car je suis, ma haute dame, soumis à la volonté de mon noble frère aîné. A toi, femme de la plus éminente perfection, il te faut un homme de la plus haute fortune ; il n'y a qu'un sage qui soit digne de toi, doué entièrement des vertus que l'on désire : unie à ce noble personnage, sois donc ici, femme aux grands yeux, la plus jeune de ses deux épouses. »

Il dit ; à ces mots de Lakshmana, qui semblait deviner, sous la métamorphose de la méchante fée, ses dents longues et saillantes avec son ventre bombé, elle prit sottement pour la vérité même ce qui était une plaisanterie. Aussi courut-elle une seconde fois vers ce Daçarathide assis avec Sîtâ ; et, folle d'amour, elle dit ces mots : « J'ai pour toi de l'amour, et c'est toi que j'ai vu même avant ton frère : sois donc mon époux un long temps ! Que t'importe cette Sîtâ ? »

Alors, avec des yeux semblables à deux tisons allumés, elle fondit sur la Vidéhaine, qui la regardait avec ses yeux doux, comme ceux du faon de la gazelle : on eût dit un grand météore de feu qui se rue dans le ciel contre la belle étoile Rohinî. Aussitôt que Râma vit la Rakshasî lancée comme le nœud coulant de la mort, il arrêta la furie dans sa course, et ce héros à la grande force dit avec colère à Lakshmana : « Fils de Soumitrâ, il ne faut pas jouer d'aucune manière avec des gens féroces et bien méchants : vois, bel ami ! c'est avec peine si ma chère Vidéhaine échappe à la mort ! Chasse à l'instant cette Rakshasî difforme, au gros ventre, infâme dans sa conduite et folle au plus haut degré. » A ces mots, Lakshmana, dans sa colère, empoigna la méchante fée sous les yeux mêmes de Râma, et, tirant son épée, lui coupa le nez et les oreilles. Ainsi mutilée dans son visage, la féroce Çoûrpanakhâ remplit tout de ses cris et s'enfuit d'un vol rapide au fond du bois, comme elle était venue.

Ainsi défigurée, elle vint trouver son frère, ce Khara, à la force terrible, qui avait envahi le Djanasthâna, et tomba sur la terre au milieu des Râkshasas, dont il était environné, comme la foudre même tombe du haut des cieux. A la vue de sa sœur étendue à terre, inondée par le sang, le nez et les oreilles coupés, Khara le Rakshasa lui demanda, avec des yeux rouges de colère : « Qui donc t'a mise dans un tel état, toi qui, douée de force et de courage, te promenais pareille à la mort, où bon te semblait sur la terre ?»

Il dit : à ces paroles de son frère jetées avec colère, Çoûrpanakhâ répondit ces mots d'une voix que ses larmes rendaient bégayante : « J'ai rencontré deux jeunes gens pleins de beauté, aux membres potelés, à la force puissante, aux grands yeux de lotus, et doués de tous les signes où l'on reconnaît des rois. Habillés de peaux noires et d'écorce, ils ressemblent aux rois des Gandharvas, et je ne saurais dire si ce sont des Dieux ou simplement des hommes. J'ai vu là au milieu d'eux une dame jeune, à la taille gracieuse : la beauté dont elle est douée rayonne de toutes les parures. Je me disposais dans la forêt à dévorer cette femme violemment avec ses deux compagnons, mais je me vis réduite à l'état où je suis, comme une misérable sans appui... et c'est toi, qui es mon protecteur ! »

A ces mots d'elle, Khara furieux jette ce ordre à quatorze Rakshasas noctivagues, semblables à la mort : « Deux hommes, armés de traits, vêtus de peaux noires et d'écorces, sont entrés avec une femme dans l'épouvantable forêt Dandaka. Allez ! et ne revenez pas que vous n'ayez tué ces deux scélérats avec elle, car ma sœur en veut boire le sang. »

Dociles à ce commandement, les Démons partent aussitôt avec la furie, tous une lance au poing et rapides comme des nuages chassés par le vent. A peine eut-il aperçu les cruels Démons et la furie : « Fils de Soumitrâ, dit le vaillant Raghouide à Lakshmana, son frère, reste un instant près de ma chère Vidéhaine, jusqu'à ce que j'aie terrassé dans le combat ces Rakshasas féroces. » Râma sur-le-champ attache la corde à son arc immense, orné richement d'or, et il adresse aux Démons ces paroles : « Retirez-vous d'ici ! Vous ne devez pas approcher davantage, si vous attachez quelque prix à votre vie; retirez-vous, Démons nocturnes ! »

À ces mots, les quatorze Démons, bouillants de fureur, la lance et les javelots en main, répondirent, les yeux rouges de colère, à Râma : « Tu as fait naître la colère au cœur de Khara, notre bien magnanime seigneur; tu vas laisser ici ta vie, immolé par nous dans le combat ! »

Ils disent, et, bouillants de fureur, les quatorze Rakshasas fondent sur Râma, les armes hautes et le cimeterre levé. Mais Râma soudain avec quatorze flèches brisa dans ce combat les armes de ces quatorze Rakshasas. Ensuite, calme dans sa colère au milieu du combat, il prit quatorze nouvelles flèches acérées. Il encocha lestement ces dards à son arc, et, visant pour but les Rakshasas, déchaîna contre eux ces flèches avec un bruit pareil au tonnerre de la foudre. Les traits empennés d'or, fendent l'air, qu'ils illuminent d'un éclat égal à celui des grands météores de feu. Ces flèches traversent de part en part les Démons. Les dards luisants revinrent d'eux-mêmes au carquois, après qu'ils eurent châtié les Démons. A la vue de ses vengeurs étendus sur la terre, Çoûrpanakhâ s'enfuit rapidement toute tremblante, en poussant de grands cris, vers la région où demeurait son frère à la force puissante.

A l'aspect de Çoûrpanakhâ étendue pour la seconde fois aux pieds de son frère, Khara, d'une voix nette et pleine de colère, dit: « Quand j'ai envoyé, pour te satisfaire, mes Rakshasas, ces héros si fiers, qui mangent la chair crue, pourquoi viens-tu encore verser ici des larmes ? » La méchante femme, accablée de douleur, essuya ses yeux mouillés de larmes et lui répondit en ces termes: « Ces héros des Rakhasas, que tu avais envoyés, la lance au poing, Râma seul les a tous consumés avec le feu de ses flèches. Arrache toi-même, Démon nocturne, cette épine qui est venue s'implanter dans la forêt Dandaka pour y blesser tes Rakshasas. »

A sa cruelle sœur, qui l'excitait ainsi à l'audace, le bouillant Khara de répondre: « Ce Râma, qui n'est qu'un homme, un être sans force, n'a point de valeur à mes yeux ; et bientôt, aujourd'hui même, abattu sous mon bras, il vomira sa vie pour ses méfaits ! Arrête donc ces larmes ! Tu vas boire en ce jour le sang chaud de Râma, frappé de cette massue et couché sans vie sur la surface de la terre ! »

La cruelle entendit pleine de joie ces paroles

de Khara, qui allaient à son cœur. « Sors donc en diligence pour tuer ce méchant ! J'ai soif de boire le sang de Râma sur le front de la bataille ! » A peine eut-il entendu ces paroles : « Fais, dit-il au général de ses armées, qui s'appelait Doûshana et se trouvait à son côté ; fais rassembler quatorze mille de ces Rakshasas, héros superbes, féroces, artisans de cruautés, semblables en couleur aux sombres nuages, armés de toutes pièces et qui se font une volupté de tourmenter le monde. »

Khara, bouillant de colère, monta dans son char, attelé de vigoureux coursiers, mais doué d'un mouvement spontané, avec un timon parsemé de perles et de lapis-lazuli, où brillait en or l'astre des nuits.

Tout à coup une grande nuée fit tomber sur le Démon, qui s'avançait enflammé par le désir de la victoire, une pluie sinistre, dont l'eau se trouvait mêlée avec des pierres et du sang. Un sombre nuage enveloppa de son manteau noir, liséré de rouge, l'astre qui donne le jour, et qui, par la couleur de son disque, ressemblait alors au tison ardent. Le ciel brilla d'une couleur sanglante avant l'heure où s'annonce le crépuscule. Un vent impétueux souffla ; le soleil perdit sa clarté, et l'on vit briller au milieu du jour la lune, environnée de son armée d'étoiles. En ce moment accoururent, désireux tous de voir ce grand combat, et les Rishis, et les Siddhas, et les Dieux, et les principaux des Gandharvas, et les célèbres chœurs des Apsaras.

Alors que le Démon à la bouillante audace, Khara, fut arrivé dans le voisinage de sa chaumière sainte, Râma vit avec son frère les sinistres augures. Et l'aîné des Raghouides tint à l'autre ce langage : « Héros, nous tenons sous la main une victoire et l'ennemi sa défaite, car mon visage est serein, et tu vois comme il brille ! Armé de ton arc et tes flèches à la main, prends Sitâ et cours la mettre à couvert dans un antre de la montagne, environné d'arbres et d'un accès difficile. Reste là, bien muni d'armes, avec la princesse du Vidéha. »

À ces mots de son frère, Lakshmana prend aussitôt son arc et ses flèches ; puis, accompagné de Sitâ, il se rend vers la caverne d'un accès impraticable. À peine Lakshmana fut-il entré dans la grotte avec Sitâ : « Bien ! » dit Râma, qui attacha alors solidement sa cuirasse. Dans ce moment le Kakoutsthide, promenant ses yeux de tous les côtés, vit les bataillons des Rakshasas arrivés en face de lui pour le combat. Son arc empoigné dans une main et ses flèches tirées du carquois, il se tint prêt à combattre.

À l'aspect du terrible enfant de Raghou, tous les Rakshasas tombent dans une profonde stupéfaction et s'arrêtent, quoique altérés de combat, immobiles comme une montagne. Khara, d'une bravoure impétueuse, se précipite avec son char vers le vaillant rejeton de Kakoutsha, comme Rahou fond sur l'astre qui produit la lumière. Quand l'armée rakshasî vit Khara poussé au combat par l'aiguillon de la fureur, elle s'élança derrière lui en phalange profonde, avec le bruit des nuages, dont l'orage entrechoque de grands amas.

Alors, pleins de colère, ces Démons noctivagues firent tomber sur l'invincible une pluie de projectiles. Il en reçut toutes les flèches d'un air impassible, comme l'Océan reçoit les tributs des fleuves. Dans le combat, il envoyait en masse aux Démons ses dards ornés d'or, indomptables, irrésistibles et pareils au lasso même de la mort. Tranchées par les dards en forme de croissant, les têtes des ennemis tombent par milliers sur la terre, où leur bouche agite convulsivement ses lèvres pliées. En ce moment, réfugiés sous l'abri du monarque et de son frère Doûshana, ces débris s'entassèrent autour d'eux comme un troupeau d'éléphants. Khara donc, à la vue de ses bataillons maltraités par les flèches de Râma, dit au général de ses troupes, guerrier à la vigueur épouvantable, au cœur plein de courage : « Héros, que l'on ranime la valeur de mon armée ! Que l'on tente un nouvel effort ! » Doûshana se précipita vers le rejeton de Kakoutsha avec la même fureur que jadis le Démon Namoutchi s'élança contre le fils de Vasou. Tous les mauvais Génies, sans crainte, parce qu'ils voyaient Doûshana près d'eux, fondirent eux-mêmes sur Râma une seconde fois, armés par divers projectiles. Le héros aux longs bras marchant, comme s'il jouait, dans le cercle même des mauvais Génies, coupait lestement et les bras et les têtes.

Aussitôt, le général des armées, plein de colère, Doûshana à la vigueur épouvantable, saisit une massue horrible à voir et pareille à une cime de montagne. Armé de cette grande massue, le vigoureux Doûshana fondit, pareil au Trépas, sur le vaillant Râma, tel que jadis on vit le démon Vritra s'élancer contre le puissant Indra. Voyant Doûshana, enflammé de colère, s'avancer encore, impatient de lui donner la mort, le prompt guerrier de trancher avec deux flèches les deux bras armés et décorés de ce fier Démon, qui se précipitait sur lui dans le combat. L'épouvantable massue, échappant à la main coupée, tomba sur le champ de bataille avec le bras mutilé comme un drapeau de Mahendra tombe du faîte de son temple ; et Doûshana lui-même fut abattu mourant sur le sol avec ses deux bras coupés.

Le champ de bataille était vide de combattants, car le feu des flèches de Râma les avait tous dévorés. Râma, dans cette journée, immola quatorze milliers de Rakshasas aux exploits épouvantables ; et cependant il était seul, il était à pied, et ce n'était qu'un homme.

Le Rakshasa, nommé Triçiras, ou le Démon aux trois têtes, ayant reçu congé dans le combat, élève bruyamment son arc et s'avance le front tourné en face de Râma.

Alors s'éleva sur le champ de bataille, entre le Démon aux trois têtes et le vaillant Raghouide, un combat tumultueux. Triçiras envoya trois dards aigus s'implanter dans le front du vaillant Râma, qui, plein de courroux, jeta ces mots avec dépit : « J'ai reçu les dards que m'a décochés le nerf de ton arc : maintenant, reste ferme devant moi, si tu l'oses ! » A ces mots, le héros irrité de plonger dans la poitrine de Triçiras quatorze flèches, pareilles à des serpents. Le guerrier plein de vigueur abattit ses coursiers avec quatre et quatre flèches de fer, il brisa son char avec sept ; il renversa le cocher sous les coups de huit traits, il trancha d'un seul et fit voler à terre son drapeau arboré.

Le Rakshasa, tirant son épée d'un mouvement rapide, il s'élança vers lui avec impétuosité. Celui-ci, à peine eut-il vu ce mauvais Génie sauter lestement hors de son grand char, qu'il fendit le cœur au Démon en y plongeant dix flèches. Le prince aux yeux de lotus, riant de colère, coupa les trois têtes du monstre avec six dards acérés.

A la vue du héros Triçiras abattu dans le combat, le cœur de Khara fut consumé de colère et son âme fut prise de la fièvre des batailles.

Il banda son grand arc et fit voler sur Râma des flèches courroucées. Râma de les briser aussitôt avec ses flèches de fer, irrésistibles. La voûte du ciel était enflammée par les flèches aiguës que Râma et Khara s'envoyaient de l'un à l'autre, comme il arrive quand elle est pleine de ces nuages où la foudre allume ses éclairs.

En ce moment, tout le corps baigné de sang par les dards si nombreux que le Rakshasa lui avait envoyés de son arc, le Kakoutshide brillait du même éclat qu'un brasier allumé. Brandissant alors son grand arc, semblable à celui de Çakra même, sa main d'excellent archer en fit partir vingt et une flèches. Ce dompteur invincible des ennemis perça la poitrine avec une et les deux bras au Démon avec deux autres : il abattit les quatre chevaux par quatre dards en demi-lune. Dans sa colère, il en dépensa deux pour jeter le cocher au noir séjour d'Yama, et ce héros à la grande force en mit sept pour casser l'arc et les traits aigus dans les mains de Khara. Le noble fils de Raghou frappa le joug d'un seul dard et le coupa net ; il trancha les cinq drapeaux avec cinq traits, dont l'armure imitait dans sa forme l'oreille du sanglier.

Khara, tout bouillant de colère, jeta à Râma, comme un tonnerre enflammé, sa massue ornée de bracelets d'or, énorme, ardente, horriblement effrayante, enveloppée de flammes, comme un grand météore de feu. Des arbrisseaux et même des arbres, dans le voisinage desquels cette arme passa, il ne resta plus que des cendres. Aussitôt le rejeton fortuné de Raghou, qui voulait détruire cette massue, prit dans son carquois le trait du feu, semblable à un serpent, et décocha cette flèche resplendissante comme la flamme. Le trait d'Agni, tout pareil au feu, arrêta la grande massue dans son vol au milieu des airs et la fit tournoyer plusieurs fois sur elle-même. La massue rakshasî tomba, précipitée sur la terre, fendue et consumée avec ses ornements et ses bracelets, comme un globe de feu allumé.

Le Démon noctivague jeta ses regards de tous les côtés, cherchant une arme de combat, et furieux, les sourcils contractés, il vit non très loin un arbre énorme. Le guerrier à la force immense arracha ce grand arbre; il courut, poussa un cri, et, visant Râma, lui jeta rapidement sa masse en criant : « Tu es mort ! » Mais son auguste ennemi de couper avec un torrent de flèches le projectile feuillu dans son vol.

Enfin, baigné de sueur et bouillant de colère, il transperça le Démon avec un millier de traits dans un dernier combat.

Aussitôt, mêlé au chant de voix mélodieuses, il se répandit au sein de l'atmosphère un son de tambours célestes, avec ces acclamations : « Bien ! bien ! » Une pluie de fleurs tomba au milieu du champ de bataille sur le front même de Râma.

Depuis ce temps, Râma joyeux, entre Lakshmana et son épouse, qu'il avait rassurée, Sîtâ, aux yeux charmants de gazelle, coula dans cet ermitage une vie agréable, environné des honneurs que lui rendaient tous les ermites rassemblés autour de sa personne.

Quand Çoûrpanakhâ vit les quatorze mille Rakshasas tués, lorsqu'elle vit Doûshana, Triçiras et Khara tombés morts sur la terre, et que cet exploit, si difficile à beaucoup d'autres, Râma l'avait accompli seul, à pied, avec son bras d'homme, elle courut pleine d'épouvante à Lankâ soumise aux lois de Râvana, son frère. Là elle vit ce Râvana, le fléau du monde, trônant sur un siège d'or, environné de sa cour admirable, avec ses dix visages, ses vingt bras, ses yeux couleur de cuivre et sa vaste poitrine; ses dents blanches, sa grande figure, sa bouche toujours béante, comme celle de la mort.

Alors, au milieu des ministres de son frère, Çoûrpanakhâ furieuse jette ce discours plein d'âcreté à Râvana, le fléau du monde : « Plongé sans aucun frein dans tes jouissances de toutes les choses désirables, tu ne songes pas qu'il est né pour toi un danger terrible, auquel il est bien temps de songer. Khara est tué, Doûshana est tombé mort, et tu ne le sais pas! Râma seul, à pied, avec un bras d'homme, a moissonné quatorze milliers de Rakshasas à la vigueur enflammée ! » Râvana de jeter avec colère au milieu des ministres ces questions à Çoûrpanakhâ : « Qui est ce Râma ? D'où vient ce Râma ? Quelle est sa force ? Quel est son courage ? Pour quel motif a-t-il pénétré dans cette forêt Dandaka, si difficile à pratiquer ? »

A ces mots du roi des Rakshasas, la furie pleine de colère se mit à raconter ce qu'elle savait de Râma suivant la vérité : « Il a un frère d'une vive splendeur, vigoureux, plein de vertus, attaché, dévoué à lui, marqué de signes fortunés égaux à ceux de Râma : son nom, c'est Lakshmana. Une dame illustre, aux grands yeux, à la taille charmante, est l'épouse légitime de Râma : elle se nomme Sîtâ. Je n'ai jamais vu sur toute la face de la terre une femme aussi belle, ni aucune nymphe, soit Kinnarî, soit Yakshî, ou Gandharvî, ni même une déesse ! Elle sera ici une épouse assortie à toi, Génie à la grande splendeur, comme tu seras toi-même un époux digne de Sîtâ. »

Après qu'il eut bien examiné l'entreprise, qu'il eut dessiné son plan avec justesse, le roi des Rakshasas jeta cet ordre à son cocher: « Que l'on attelle mon char ! » Ensuite, il dirige sa marche vers l'Océan, souverain maître des rivières et des fleuves. Le Démon passa au rivage ultérieur et vit dans un lieu solitaire, pur, enchanteur, s'élever un ermitage au milieu des bois. Là, il vit un Rakshasa, nommé Màritcha, qui, ses cheveux roulés en djatà, une peau noire de gazelle pour vêtement, vivait dans l'abstinence de toute nourriture.

Il s'approcha de l'anachorète, et lui tint ce langage :

« Màritcha, écoute maintenant les paroles que va prononcer ma bouche, je suis affligé ; et mon suprême asile dans mon affliction, c'est ta sainteté ! Tu connais le Djanasthâna. Là vivaient quatorze milliers de Rakshasas aux prouesses épouvantables, qui marchaient à la volonté de Kara et s'étaient maintes fois signalés en frappant le but avec le javelot ou la flèche. Or, il est arrivé tout à l'heure que ces démons à la force immense, en sont venus aux mains avec Râma, qui les a complétement battus dans la guerre. Il a tué Khara dans le combat, il a tué Doûshana et Triçiras, il a rendu la sécurité aux saints et ramené le bonheur dans toutes les contrées de la forêt Dandaka. Et cet être porte un vêtement d'écorces, il se dit un pénitent, mais il a une épouse avec lui célèbre sous le nom de Sîtâ : c'est une femme aux grands yeux, douée parfaitement de jeunesse et de beauté, charmante comme Çri même Apadma. Métamorphosé en gazelle au pelage d'or moucheté d'argent, rends-toi à l'ermitage de ce Râma, et, montre-toi sous les yeux de Sîtâ. Sans doute, sortant de sa chaumière aussitôt qu'elle t'aura vu sous la forme de gazelle : « Prenez vivante cette jolie bête ! » dira-t-elle à son époux ainsi qu'à Lakshmana. Ces deux héros partis, l'ermitage reste vide et j'enlève à mon aise la belle Sitâ sans appui. Quand le rapt de son épouse aura sans peine étouffé dans le chagrin la vigueur de Râma, alors mon âme au comble de ses vœux goûtera le plaisir en toute sécurité. »

Mâritcha, consterné tremblant, pâle d'effroi et l'âme troublée par la crainte, Mâritcha, voyant Râvana déterminé : « Marchons ! » dit-il au roi des noctivagues Démons, après qu'il eut soupiré mainte fois. Il arrivèrent à la forêt Dandaka, et le roi des Rakshasas bientôt aperçut avec Mâritcha l'ermitage du pieux Raghouide. « Voici l'ermitage de Râma, qui se montre au loin, environné de bananiers : exécutons sans tarder, mon ami, l'affaire qui nous amène ici. » Celui-ci, à ces mots de Râvana, déploie toute sa promptitude, rejette au même instant ses formes de Rakshasa et devient, objet ravissant pour toutes les créatures, une gazelle d'or variée de cent mouchetures d'argent, parée de lotus brillants comme le soleil, de lapis-lazuli et d'émeraudes. Quatre cornes faites d'or, autour desquelles s'enroulaient des perles, armaient son joli front. Le Démon, changé en gazelle, alla et vint devant la porte de Râma.

A la vue de cette gazelle, la noble Sitâ fut

saisie d'admiration. La fille du roi Djanaka adressa à son époux ces paroles : « Vois, Kakoutshide, cette gazelle toute faite d'or, aux membres admirablement ornés de pierreries ! De cette gazelle, mon noble époux, que j'aimerais à m'asseoir doucement sur la peau étalée dans ma couche et brillante comme de l'or ! »

A ces mots de son épouse bien-aimée, Râma, dit alors, tout rempli de joie, au fils de Soumitrâ : « Vois, Lakshmana, le désir que cette gazelle fit naître à ma Vidéhaine : il te faut rester sans négligence auprès de cette fille des rois jusqu'à ce que j'aie abattu cette gazelle avec une de mes flèches. Ne bouge pas, que je ne sois de retour ici ! »

Voyant cette gazelle d'une splendeur égale à celle de l'Antilope céleste[1], Lakshmana, plein de soupçon, tint ce langage à son frère : « Il n'y a point de gazelle d'or ! D'où vient donc ici dans le monde cette association contre nature de l'or et de la gazelle ? Réfléchis bien à cela. C'est, à mon sentiment, une gazelle créée par la magie : c'est un Rakshasa, caché sous une forme de gazelle. »

Râma, à la vue de cette gazelle merveilleuse, adresse, fasciné, ces mots à Lakshmana : « Si la gazelle que je vois maintenant, fils de Soumitrâ,

---

[1] La tête d'Orion, appelée MRIGAÇIRAS, *tête de gazelle*, qui est la forme de cette constellation dans la sphère indienne.

est une création de la magie, j'emploierai tous les moyens pour la tuer, car elle est fortement l'objet de mes désirs. Il ne faut pas que tu bouges d'ici jusqu'à mon retour en ces lieux; car les Démons s'ingénient dans le bois à se travestir en mille formes ! »

Aussitôt que le rejeton et l'amour de Raghou eut fait ces recommandations à Lakshmana, il courut du côté où se trouvait la gazelle, bien résolu à lui donner la mort. Son arc orné et courbé en croissant à sa main, deux grands carquois liés sur les épaules, une épée à poignée d'or à son flanc et sa cuirasse attachée sur la poitrine, il poursuivit la gazelle dans la forêt. Tantôt elle est visible, tantôt elle est perdue; tantôt elle court épouvantée, tantôt elle s'arrête; tantôt elle se dérobe aux yeux, tantôt elle sort de sa cachette avec rapidité. Par ce jeu de se découvrir et de se cacher, elle entraîna le Raghouide assez loin.

Enfin le Daçarathide, qu'elle trompait à chaque instant, arrivé sous la voûte ombreuse d'un lieu tapissé d'herbes nouvelles, s'arrêta dans cet endroit même. Là, de nouveau, se montra non loin sa gazelle. A sa vue, bien résolu de la tuer, ce héros à l'immense vigueur ayant bandé son arc solide, encoche la meilleure de ses flèches. Soudain, visant la gazelle, Râma tire sa corde jusqu'au bord de son oreille, ouvre le poing et lâche ce trait acéré, et le dard

habitué à donner la mort aux ennemis fendit le
cœur de Mâritcha. Frappé dans ses articulations
par ce trait incomparable, l'animal bondit à la
hauteur d'une paume et tomba mourant sous
la flèche. Mais le prestige une fois brisé par la
sagette, il parut ce qu'il était, un Rakshasa aux
dents longues et saillantes, orné de toutes
parures avec une guirlande de fleurs, un collier
d'or et des bracelets admirables. Abattu par ce
dard sur la terre, Mâritcha de pousser un cri
épouvantable ; et la pensée de servir encore une
fois son maître ne l'abandonna point en mourant. Il prit alors une voix tout à fait semblable
à celle de Râma : « Ha ! Lakshmana ! » exclamat-il ;... « Sauve-moi ! » cria-t-il encore dans
la grande forêt. Voici quelle fut sa pensée :
« Si à l'ouïe de cette voix, Sitâ remplie d'angoisse par l'amour de son mari, pouvait d'une
âme éperdue envoyer ici Lakshmana !... Il
serait facile à Râvana d'enlever cette princesse,
abandonnée par Lakshmana ! »

Dès qu'il vit ces horribles formes de Rakshasa
mises à découvert par la mort de ce cruel
Démon, Râma se hâta de revenir aussitôt, l'âme
troublée, par le même chemin qu'il était venu.

A peine eut-elle ouï ce cri de détresse, qui
ressemblait à la voix de son époux, que Sitâ,
dit à Lakshmana : « Va et sache ce que devient
le noble fils de Raghou ; car et mon cœur et

ma vie me semblent prêts à me quitter, depuis que j'ai entendu ce long cri de Râma, qui appelle au secours dans le plus grand des périls. » Quoi qu'elle eût dit, Lakshmana ne sortit point, obéissant à l'ordre qu'il avait reçu là de son frère. Alors la fille du roi Djanaka, Sîtâ de lui adresser avec colère ces paroles : « Tu n'as d'un ami que l'apparence, Lakshmana ; tu n'es pas vraiment l'ami de Râma, toi qui ne cours pas tendre une main à ton frère tombé dans une telle situation ! »

A la Vidéhaine, qui parlait ainsi, noyée de larmes et de chagrin, Lakshmana de répondre en ces termes : « Reine et femme charmante, il est impossible que Râma périsse dans un combat : quant à moi, je ne puis te laisser dans ce lieu solitaire sans Râma. On t'a mise entre mes mains, Vidéhaine, comme un précieux dépôt ; tu me fus confiée par le magnanime Râma, dévoué à la vérité ; je ne puis t'abandonner ici. Ces cris entrecoupés, que tu as entendus, ne viennent point de sa voix... Râma dans une position malheureuse, ne laissera jamais échapper un mot qu'on puisse reprocher à son courage ! »

A ces mots, les yeux enflammés de colère, la Vidéhaine répondit en ces termes amers au discours si convenable de Lakshmana : « Ah ! vil, cruel, honte de ta race, homme aux projets déplorables, tu espères sans doute que tu m'au-

ras pour amante, puisque tu parles ainsi ! »
A ces mots amers et terribles, que Sîtâ lui avait
jetés, Lakshmana lui répliqua en ces termes :
« Eh bien ! je m'en vais où est le Kakoutsthide : que le bonheur se tienne auprès de toi,
femme au charmant visage ! Puissent toutes les
Divinités de ces bois te protéger, dame aux
grands yeux ! Car les présages qui se manifestent à mes regards n'inspirent que de l'ef-
roi. Puissé-je à mon retour ici te voir avec
Râma ! »

Le juste Lakshmana, l'esprit agité d'une
grande peur, était parti après un dernier regard
jeté sur la Mithilienne et marchait, pour ainsi
dire, malgré lui. Alors, voyant cette beauté
incomparable délaissée dans ce lieu solitaire, le
monstre aux dix têtes, monarque de tous les
Rakshasas, se mit à rouler cette pensée dans
son esprit en démence : « Voilà bien le moment pour moi d'aborder cette femme au charmant visage, pendant que son époux et Lakshmana même ne sont pas auprès d'elle ! »

Quand Râvana eut songé à profiter aussitôt
de l'occasion qui s'offrait à lui, ce démon à dix
faces se présenta devant la chaste Vidéhaine
sous la métamorphose d'un brahmane mendiant. Il était couvert d'une panne jaune et
déliée ; il portait ses cheveux rattachés en
aigrette, une ombrelle et des sandales, un pâ-

quet lié sur l'épaule gauche, une aiguière d'argile à sa main avec un triple bâton.

Percé d'une flèche de l'amour, le Démon nocturne à l'âme corrompue s'avança en récitant les prières du Véda vers la Mithilienne aux grands yeux de nymphéas épanouis. Le monarque des Rakshasas adressa donc ces flatteries à la princesse aux membres tout rayonnants : « Qui es-tu, femme au candide sourire? Une fille des Roudras ou des Maroutes ? Es-tu née d'un Vasou ? car tu me sembles une Divinité, ô toi à la taille enchanteresse ! Qui es-tu, jeune beauté, entre ces Déesses? N'es-tu pas une Gandharvi, éminente dame ? N'es-tu point une Apsarà, femme à la taille svelte? Mais ici ne viennent jamais ni les Dieux, ni les Gandharvas ni les hommes; ce lieu est la demeure des Rakshasas : comment donc es-tu venue ici ! »

Tandis que le méchant Râvana lui parlait ainsi, la fille du roi Djanaka, sans confiance, s'éloignait de lui çà et là, pleine de peur et de soupçons. Enfin cette femme à la taille charmante, aux formes distinguées, revint à la confiance, et, se disant à soi-même : « C'est un brahme ! » elle répondit au Démon Râvana, caché sous l'extérieur d'un religieux mendiant, l'honora et lui offrit tout ce qui sert à l'accueil d'un hôte. Ensuite la noble Vidéhaine, songeant aux questions emmiellées que Râvana lui avait adressées, y répondit en ces termes : « Je suis la fille du magnanime Djanaka, roi de Mithila : le nom de ta servante est Sîtâ ; son mari est le sage Râma. Nous errons pleins de constance, ô le plus vertueux des brahmes, dans la forêt profonde. Mon époux va bientôt revenir, m'apportant les plus beaux fruits de la forêt... Dis-moi donc, en attendant, dis-moi quel est ton nom, ta famille et ta race, suivant la vérité. »

A ces mots de Sîtâ, la charmante épouse de Râma, le vigoureux Démon, blessé par une flèche de l'Amour, lui répondit en ces termes : « Ecoute qui je suis, de quel sang je suis né, et, quand tu le sauras, n'oublie pas de me rendre l'honneur qui m'est dû. C'est pour venir ici te voir que j'ai emprunté cette heureuse métamorphose, moi, par qui furent mis en déroute et les hommes et les Immortels, avec le roi même des Immortels. Je suis celui qu'on appelle Râvana, le fléau de tous les mondes ; celui sous les ordres de qui, femme ravissante, Khara gouverne ici le Dandaka. Sois donc la première de mes épouses, auguste Mithilienne, sois à la tête de toutes ces femmes, mes nombreuses épouses, au plus haut rang elles-mêmes de la beauté. »

A ces mots de Râvana, la charmante fille du roi Djanaka répondit avec colère au démon, sans priser davantage ses discours : « Je serai fidèle à mon époux, je serai fidèle à Râma, cet héroïque fils de roi, à l'immense vigueur, à la gloire étendue, qui a vaincu en lui-même ses organes des sens et de qui le visage ressemble au disque plein de l'astre des nuits ! O toi, qui veut enlever de force à Râma son épouse chérie, c'est comme si tu voulais arracher à la gueule d'un lion, ennemi des gazelles, la chair qu'il dévore plein de vigueur, impétueux, en fureur même ! »

C'est ainsi qu'à ce langage impur du noctivague Démon répondit cette femme à l'âme pure ; mais Sîtâ, vivement émue, tremblait en lui jetant ces paroles, comme un bananier superbe qu'un éléphant a brisé. Le monarque des Rakshasas, quittant la forme de mendiant, revint à sa forme naturelle. Il avait un grand corps, de grands bras, une large poitrine, les dents du lion, les épaules du taureau, les yeux rouges, le corps bigarré et les cheveux enflammés. Le rôdeur impur des nuits jeta ces mots à Sîtâ : « Femme, si tu ne veux pas de moi pour époux sous ma forme naturelle, j'emploierai la violence même pour te soumettre à ma volonté ! Vois donc, insensée, que je suis ton maître, que je prends à mon gré toutes les formes, et donne à qui je veux les biens que l'on désire ! »

Quand il eut ainsi parlé, Râvana, égaré par l'amour, osa prendre Sîtâ. Elle, baignée de larmes et pleine de colère : « Méchant, dit alors Sîtâ, tu mourras immolé par la vigueur du magnanime Râma ! Insensé, tu exhaleras bientôt avec les tiens, ô le plus vil des Rakshasas, ton dernier soupir ! »

A ces mots de la belle Vidéhaine, la fureur du cruel Démon enflamma d'un éclair fulgurant ses dix faces pareilles aux sombres nuages. De sa main gauche, il prit la belle Sitâ par les cheveux ; de sa main droite, il empoigna les deux cuisses de la princesse aux yeux de lotus. Aussitôt qu'elle se vit dans les bras du vigoureux Démon, Sitâ de jeter ces cris : « A moi, cher époux !... Pourquoi, héros, ne me défends-tu pas ?... A moi Lakshmana ! » Le robuste Démon s'élança dans les cieux avec elle malgré sa résistance, comme Garouda, d'un vol rapide, emporte dans les airs l'épouse du roi des serpents.

Au même instant apparut de nouveau le char de Râvana, ouvrage de la magie. Le ravisseur, menaçant la Vidéhaine avec une voix forte et des paroles brutales, la prit alors dans son sein et la plaça dans son char.

En ce moment, sur le plateau d'une montagne, dans la forêt aux retraites diverses, dormait, le dos tourné au soleil enflammé, le monarque des oiseaux, Djatâyou, à la grande splendeur, au grand courage, à la grande force. Le roi des oiseaux entendit le bruit d'un char qui roulait avec un son pareil au fracas des nuages. Il jette ses regards dans les cieux, il observe l'un après l'autre tous les points cardinaux de l'espace étendu, il voit Râvana et la Djanakide poussant des cris. Le roi des oiseaux s'élança dans les airs d'un rapide essor. Là, ce puissant volatile, tout flamboyant de colère, se tint alors devant le Rakshasa et se mit à planer sur la route de son char :

« Démon aux dix têtes, dit-il, je suis le roi des vautours ; mon nom est Djatâyou. Je ne suis plus qu'un oiseau vieux, affaibli dans sa vigueur ; mais tu vas connaître dans un combat ce qui me reste encore de vaillance, et tu n'en sortiras point vivant ! Reviens de cette pensée, être vil, d'outrager la femme d'un autre, si tu ne veux que je te pousse à bas de ton char magnifique comme un fruit que l'on secoue de sa branche ! Lâche promptement l'auguste Vidéhaine, ou je vais te consumer de mon regard épouvantable. »

A ces mots, prononcés avec tant de justesse par le vautour Djatâyou, les vingt yeux du Rakshasa irrité brillèrent menaçants et pareils au feu. Le Démon fit pleuvoir sur le roi des vautours ses flots épouvantables de traits, de javelots, de flèches en fer aux pointes aiguës, aux barbes alternées. Le monarque des oiseaux, enflammé de colère, déployant son immense envergure telle qu'une montagne, s'abattit sur le dos de son ennemi et le déchira avec ses fortes serres. Puis, soudain, l'oiseau-roi de briser dans ses pattes l'arc avec la flèche de son rival, et s'esquiva d'un agile essor.

Le monarque ailé revint battre à coups redoublés son diadème céleste, d'or massif, embelli par toutes les sortes de pierre fines : le vigoureux oiseau, plein de fureur, lui jeta sa couronne à bas sur les plaines de l'air, et la tiare en tombant éclaira comme le disque du soleil. Il brisa le grand char aux ais variés d'or et de pierreries. Il renversa le cocher, et, quand il eut bientôt déchiré son corps d'une serre pareille au crochet aigu qui sert à conduire les éléphants, il jeta son cadavre hors du véhicule fracassé. Aussitôt que Râvana se vit avec son arc rompu, son char brisé, son attelage tué, son cocher sans vie, il prit la Vidéhaine dans ses bras et s'élança d'un bond sur la terre.

Quand il eut exécuté ce lourd travail, Djatâyou, sur qui pesait le poids de la vieillesse, en ressentit de la fatigue : Râvana l'observait, et quand il vit le prince des oiseaux déjà las par l'effet de son grand âge, il reprit la Vidéhaine, et joyeux il s'élança de nouveau dans les airs. Le monarque des vautours, Djatâyou prit aussitôt son essor dans les cieux, et, suivant le Démon, qui serrait la fille du roi Djânaka contre son flanc, se précipita avec impétuosité sur le dos même du Rakshasa. Il déchira tout l'entredeux des épaules du monstre aux dix têtes avec ses ongles perçants et semblables aux aiguillons du cornac. Le bec et les serres de l'oiseau couvraient de blessures et mettaient le noctivague en morceaux. Enfin, le vigoureux Daçagriva furieux, s'armant de ses poings et de ses pieds, abandonne la Vidéhaine et fait pleuvoir une grêle de coups sur le roi des vautours.

Ce nouveau combat, entre ces deux athlètes d'une force prodigieuse, ne dura qu'un instant. En effet, Râvana, dégagé, leva son épée, il perça le flanc, il coupa les deux pieds, il trancha les deux ailes de l'oiseau, qui luttait si vaillamment pour la cause de Râma. Ses ailes abattues par le Rakshasa aux féroces exploits, le vautour tomba rapidement sur la terre, n'ayant plus qu'un souffle de vie. Quand elle vit l'oiseau sur le sol et baigné de sang, la Vidéhaine, profondément affligée, courut à lui comme elle eût fait pour son époux. « Le voilà donc gisant inanimé sur la terre, disait-elle, celui même qui eût dit à Râma que je vis encore et que, tombée dans une telle infortune, je suis encore vertueuse : ah ! cette heure sera aussi l'heure de ma mort ! »

Une et deux fois elle appela Râma, et Kâuçalyâ, sa belle-mère, et Lakshmana lui-même : la tremblante Vidéhaine leur jetait en vain ces appels redoublés. Le monarque des Rakshasas courut alors vers sa captive, le visage pâle d'effroi, les parures et les bouquets de fleurs en désordre. Elle s'accrochait des mains aux sommités des arbustes, elle serrait les grands arbres dans ses bras et poussait de sa douce voix ces cris répétés : « Sauve-moi ! sauve-moi ! » Mais lui, pareil à la mort, il saisit par les cheveux comme pour trancher sa vie, cette femme consternée, à la voix expirante, isolée de son époux dans ces bois. Elle eut beau crier : « Râma ! Râma !... A moi Lakshmana ! » le Démon reprit la Vidéhaine et continua sa route dans les airs.

Irrités contre son ravisseur, les lions, les tigres, les éléphants, les gazelles couraient après Sità dans la grande forêt et marchaient tous pêle-mêle derrière son ombre. Quand le soleil consterné vit ce rapt de l'auguste Vidéhaine, son disque pâlit et son brillant réseau de lumière disparut. « Il n'y a plus de justice ! D'où viendra maintenant la vérité ? Il n'y a plus de rectitude ! Il n'est plus de bonté ! »

C'est ainsi que le scélérat enlevait, malgré sa résistance, cette infortunée toute pantelante, baignée de larmes. Il dirigea sa marche le front tourné vers la rivière Pampâ, mais d'un esprit agité jusqu'à la démence. La princesse enlevée n'aperçut nulle part un défenseur, mais elle vit sur le sommet de la montagne cinq des principaux singes. La Djanakide jeta au milieu des cinq quadrumanes ses brillantes parures et son vêtement supérieur, tissu de soie avec un éclat d'or : « S'ils allaient raconter ce fait à Râma ! » pensait-elle, ses regards attachés sur la terre et ses yeux versant des larmes. Dans son agitation intérieure, le monstre aux dix têtes ne s'aperçut pas que Sità jetait aux pieds des singes tous ses bijoux, et même que cette femme à la taille gracieuse n'avait plus ni sa divine aigrette de pierreries ni aucune de ses parures. Les chefs des singes, tournant vers Sîtâ les regards curieux de leurs yeux bistrés virent alors cette dame aux grands yeux, qui invectivait Râvana.

Parvenu dans sa grande cité aux larges rues bien distribuées, il déposa enfin sa victime. Le monarque aux dix têtes appela des Rakshasîs à l'aspect épouvantable et leur intima ses volontés pour la surveillance de sa captive : « Consacrez, dit-il à ces furies, consacrez sans négligence toute votre attention à faire que personne en ces lieux, ni homme ni femme, ne parle à cette Vidéhaine sans ma permission. »

Une fois qu'il eut tué le Démon, qui savait prendre à son gré toutes les formes, ce Mâritcha, qui marchait devant lui sous les apparences d'une gazelle, Râma, quittant cette partie du bois, retourna chez lui. Le Raghouide inquiet rencontra Lakshmana accourant à sa rencontre avec une splendeur éteinte. A ce héros triste, abattu, consterné, le visage altéré, Râma, encore plus consterné lui-même de jeter ces mots avec tristesse et plein d'abattement. « Ha, Lakshmana! que tu as fait une chose blâmable de venir ici, abandonnant Sîtâ dans cette forêt déserte, infestée par les Rakshasas! Puissions-nous retrouver saine et sauve notre chère Vidéhaine! »

Après qu'il eut fouillé toute sa retraite, le

Raghouide, pénétré de la plus vive douleur, interrogea le fils de Soumitrâ au milieu de son ermitage : « Quand je t'avais donné, plein de confiance en toi, la belle Mithilienne à titre de dépôt dans cette forêt déserte, infestée par les Rakshasas, comment s'est-il fait que tu l'aies abandonnée pour venir me trouver ? » A ces mots, Laksmana, tout plongé dans la douleur et le chagrin, fit cette réponse au noble enfant de Raghou : « Ce n'est pas de moi-même, par un acte de mon plein gré, que je suis venu, abandonnant Sitâ. Elle m'en a donné l'ordre elle-même. En effet, ces mots : « Lakshmana, sauve-« moi ! » ce cri que le noble Démon avait jeté au loin à travers une vaste expansion, est tombé dans l'oreille de la Mithilienne. A ce cri de détresse, elle, inquiète dans sa tendresse pour son époux : « Va ! cours ! » m'a-t-elle dit, baignée de larmes et palpitante de terreur. Alors moi, qui désirais faire ce que tu avais pour agréable, je dis à ta Mithilienne : « Je ne vois personne qui puisse mettre, Sitâ, ton époux en danger. Rassure-toi ! cette parole, à mon avis, est un prestige et non une réalité. » A ces mots, ta Vidéhaine m'adressa, versant des larmes et d'une âme égarée, ces mordantes paroles : « Ton cœur est placé en moi : tu es d'une « nature infiniment dépravée ; mais, si mon « époux reçoit la mort, ne te flatte pas encore, « Lakshmana, de posséder sa femme ! » — Ainsi invectivé par la Vidéhaine, je suis sorti indigné de l'ermitage, mes yeux rouges et mes lèvres tremblantes de colère. »

Au fils de Soumitrâ, qui tenait ce langage, Râma fit cette réponse, l'esprit affolé d'inquiétude : « Tu as commis une faute, mon ami, de quitter l'ermitage et de venir. Je ne suis pas content de toi : je n'approuve pas que tu aies délaissé ma Vidéhaine. Ces bijoux d'or, Lakshmana, ces paillettes brisées d'or, avec cette guirlande, répandus sur la terre, ils étaient dans la parure de ma Vidéhaine ! Vois, fils de Soumitrâ : d'affreuses gouttes de sang, pareilles à de l'or épuré, couvrent de tous côtés la surface de la terre ! Vois ces traces, fils de Soumitrâ ! Elles signalent ici un combat livré à cause de ma Vidéhaine, que deux Rakshasas impurs se disputaient. A qui appartient, mon ami, ce grand arc, avec des ornements d'or et pareil à l'arc même d'Indra, que je vois tombé là et rompu sur la terre ! A qui était cette armure, qui gît non loin brisée, cuirasse d'or aux ornements de pierreries et de lapis-lazuli, brillante comme le soleil dans sa jeunesse du matin ? Où est allée ma souveraine, Lakshmana, après qu'elle m'eut abandonné sous le poids de mon accablante douleur, comme la splendeur abandonne l'astre du jour sur le front du couchant ? »

Animés par le désir de voir Sîtâ, les deux héros visitèrent, et les forêts, et les montagnes, et les fleuves, et les étangs. Enfin, ils aperçurent, couché sur la terre, baigné de sang et ses deux ailes coupées, l'oiseau géant Djatâyou, semblable aux cimes d'une montagne. A la vue de ce volatile, Râma tint ce langage à son frère : « On ne peut en douter, ma Vidéhaine fut dévorée ici par ce monstre ! Je vais le frapper d'un coup rapide avec mes flèches à la pointe enflammée. » A ces mots, encochant une flèche à son arc, il fondit irrité sur le vautour, et la terre en fut comme ébranlée sous les pieds du héros tout ému. Alors ce volatile infortuné, qui vomissait le sang à pleine bouche : « Râma !... dit-il avec une voix plaintive, cette femme, que tu cherches, Sitâ et ma vie, noble fils du roi des hommes, c'est Râvana, qui les a ravies toutes les deux à la fois ! J'ai vu, abusant de la force, Râvana enlever ta Vidéhaine, abandonnée par toi, vaillant Raghouide, et par Laskshmana. J'ai volé au secours de Sitâ, mon fils, et j'ai renversé dans une bataille Râvana sur le sol de la terre avec son char fracassé. Cet arc ici rompu est à lui ; c'est encore à lui cette ombrelle déchirée : c'est à lui qu'appartient ce char de guerre, et c'est moi qui l'ai brisé. Mais, trop vite fatigué à cause de ma vieillesse, Râvana m'a coupé les ailes ; il prit ta Vidéhaine sur le bras et s'enfuit de nouveau dans les airs. »

Quand Râma eut reconnu Djatâyou dans le volatile qui racontait cette histoire, il embrassa le monarque des vautours et se mit à pleurer avec le fils de Soumitrâ.

« Djatâyou, si tu as encore la force d'articuler quelques mots, parle-moi, s'il te plait, de Sitâ et des circonstances qui ont amené ta mort à toi-même. » Ayant tourné ses yeux vers le héros invincible, qui se répandait en gémissements Djatâyou, malade jusqu'à la mort et l'âme toute contristée, se leva non sans peine, et recueillant ses forces, dit à Râma ces mots d'une voix nette : « Son ravisseur, c'est Râvana, le bien vigoureux monarque des Rakshasas : il eut recours aux moyens de la grande magie, qui procède avec les tempêtes du vent. Il t'a ravi Sitâ à cette heure du jour que l'on appelle Vinda[1], où le maître d'un objet perdu tarde peu à le retrouver ; circonstance à laquelle Râvana ne fit aucune attention. » Tandis que l'oiseau mourant parlait ainsi à Râma, il s'agitait sans repos ; le sang et la chair même sortaient à flots de sa bouche. Enfin, promenant de tous côtés ses yeux inquiets, le vautour, dans les convulsions extrêmes de l'agonie, dit encore ces paroles en expirant : « Ce monarque, il règne à Lankâ dans une île de la mer, qui est au midi ; il est, sans aucun doute, le fils de Viçravas et le frère de Kouvêra. » A ces mots, dans une crise de faiblesse, ce roi des volatiles exhala son dernier soupir.

C'est-à-dire *la trouveuse*.

Les deux héros à la grande force abandonnent le Djanasthâna désert et tournent leurs pas à la recherche de Sîtâ vers la plage occidentale. Ils virent une immense forêt, impraticable, hérissée de hautes montagnes et toute couverte de maintes lianes, d'arbrisseaux et d'arbres. Lakshmana dit ces mots à son frère, de qui l'âme était pleine de tristesse : « Je sens mon bras qui tremble fortement ; le trouble agite mon cœur : je vois, guerrier aux longs bras, des prodiges qui nous sont tous contraires. »

Dans ce moment s'offrit à leurs yeux un torse énorme, de la couleur des sombres nuages, hideux, bien effrayant à voir, difforme, sans cou, sans tête, et couvert de soies piquantes, avec une bouche armée de longues dents au milieu du ventre. D'une élévation colossale, ce tronc égalait pour la hauteur une grande montagne et résonnait avec le fracas des nuées, où bondit le tonnerre. Il n'avait qu'un œil très fauve, long, vaste, large, immense, placé dans la poitrine, et dont la vue embrassait une distance infinie. Détruisant tout et d'une force sans mesure, il dévorait les ours farouches et les plus grands éléphants : jetant çà et là ses deux bras horribles et longs d'un yodjana, il empoignait dans ses mains les divers quadrupèdes ou volatiles.

A peine les deux frères avaient-ils parcouru l'intervalle d'une lieue seulement, qu'ils furent saisis par ce colosse aux longs bras. Portant leurs arcs, leurs épées et leurs flèches, nos deux guerriers, entraînés malgré eux par ses bras et tirés déjà près de sa bouche, eurent grande peine à s'arrêter sur les bords. Il ne put néanmoins, en dépit de ses bras, jeter dans sa gueule ces deux héroïques frères, Râma et Lakshmana, qui résistaient de toute leur force. Alors ce Dânava redoutable, Kabandha aux longs bras, dit à ce couple de frères : « Qui êtes-vous, guerriers aux épaules de taureaux, qui portez des arcs et de grandes épées; vous, qui êtes venus dans ces bois horribles et vous êtes approchés de moi pour être ma pâture ? »

Tandis qu'il parlait ainsi, l'auguste fils du roi Daçaratha, jetant les yeux sur Lakshmana, de qui tout l'extérieur annonçait la fermeté d'âme, conçut aussitôt la pensée de couper les bras du colosse. Aussitôt ces deux Raghouides, qui savaient le prix du temps et du lieu, dégainent leurs cimeterres et tranchent les deux membres à l'endroit où ils s'emboîtaient aux épaules. Ensuite, inondé de sang, mais joyeux à la vue de ses bras coupés, le Démon interroge ainsi les deux héros : « Qui êtes-vous ? »

A la question de ce torse mutilé, Lakshmana répondit en ces termes : « Ce guerrier-ci est l'héritier d'Ikshwâkou; sa renommée est grande; il se nomme Râma : sache que moi, je suis Lakhamana, son frère puîné. Tandis que ce héros, égal aux Dieux pour la puissance, habitait dans la forêt déserte, un Rakshasa lui a ravi son épouse, et Râma vient ici la chercher. Mais toi, qui es-tu? » Plein d'une joie suprême à ces mots de Lakshmana, car il se rappelait alors ce qu'Indra jadis lui avait dit, Kabandha fit cette réponse : « Héros, soyez tous deux les bienvenus ! c'est ma bonne fortune qui vous amena dans ces lieux ! c'est ma bonne fortune qui vous inspira de me trancher ces deux bras, semblables à des massues !

« Jadis, j'étais sur la terre séduisant par ma beauté et semblable même à l'Amour ; une faute commise un jour me fit tomber dans ces formes-ci tout à fait contraires. Je suis un Dânava, mon nom est Danou, je suis le fils moyen de Lakshmî, déesse de la beauté : apprends que c'est la colère d'Indra qui m'a revêtu de ces formes hideuses. Une terrible pénitence me rendit agréable au père des créatures : il m'accorda une longue vie en récompense, et ce don remplit mon âme d'un vain orgueil. « Maintenant qu'une longue vie m'est donnée, pensai-je, qu'est-ce qu'Indra peut me faire ? » et là-dessus je défiai Indra même au combat. Mais son bras, déchaînant sur moi sa foudre aux cent nœuds, fit rentrer dans mon corps et ma tête et mes jambes. Le roi des Immortels me donna ces bras longs d'un yodjana et me fit au milieu du ventre cette bouche munie de ses dents acérées. Grâces à mes longs bras, j'entraîne à moi de tous côtés dans la grande forêt éléphants, tigres, ours, gazelles, et je fais d'eux ma pâture. Indra me dit alors : « Tu iras au ciel, quand Râma et Lakshmana t'auront coupé les deux bras dans un combat. Tu es Râma, je n'en puis douter, car nul autre que toi ne pouvait me donner la mort, suivant les paroles que m'a dites l'habitant du ciel. Je veux me lier de société avec vous, hommes éminents, et jurer à vos grandeurs une éternelle amitié, en prenant le feu même à témoin. »

Quand Danou eut achevé ces mots, le vertueux Raghouide lui tint ce langage : « Parle-nous de Sîtâ, de son ravisseur et du lieu où mon épouse fut emmenée. » A ces mots de Râma, Danou fit cette réponse : « Je n'ai plus ma science céleste ; je ne connais pas ta Mithi-lienne, mais je pourrai t'indiquer un être qui doit la connaître, quand, de ce corps brûlé par le bûcher, je serai passé dans mon ancienne forme. Tandis que le soleil marche encore avec son char fatigué, creuse-moi une fosse, Râma, et brûle-moi suivant les rites. »

A ces mots, les deux héros à la grande force, Râma et Lakshmana, déposent le tronc inanimé dans une fosse et se mettent à construire le bûcher par-dessus. Le feu consuma lentement ce grand corps de Kabandha, pareil à une masse de beurre clarifié, et la moelle en fut cuite dans les os.

Soudain, secouant les cendres du bûcher,

s'envola rapidement au sein des cieux le beau Danou, joyeux, paré de tous ses membres, regardant, comme un Dieu, sans cligner ses paupières et portant sur des habits sans tache une guirlande de fleurs cueillies sur l'arbre céleste Santâna. « Apprends, fils de Raghou, dit-il à Râma, qui doit un jour te rendre Sitâ. Près d'ici est une rivière nommée Pampâ, dans son voisinage est un lac ; ensuite, une montagne appelée Rishyamoûka : dans ses forêts habite Sougriva, personnage à la grande vigueur, qui peut changer de forme à sa fantaisie. Va le trouver : il est digne de tes hommages et mérite que tu l'honores d'un pradakshina. Ce vertueux singe, accompagné de quatre singes fidèles, habite la haute montagne Rishyamoûka, que la Pampâ embellit de sa fraîche lisière. Mets-toi en route à l'instant et va, tandis que le flambeau du soleil est allumé, t'aboucher avec le monarque reconnaissant des singes. »

Quand ils eurent mesuré une longue route, ornée de bois variés, les deux Raghouides s'approchèrent du rivage occidental de la Pampâ. En contemplant cette rivière limpide, fortunée, charmante à voir, ces deux héros à l'immense vigueur furent enivrés d'une joie aussi vive que Mitra et même Varouna, ce jour où sous leurs yeux ils virent le grand fleuve du Gange sortir de la création à la voix des rishis.

La vue de ces deux magnanimes héros jetait dans une extrême inquiétude Sougriva et ceux qui suivaient sa fortune. Le prince des quadrumanes se mit à réfléchir ; et plein de trouble, dit à ses conseillers : « Voici deux espions, que Bâli même envoie dans cette forêt impénétrable sous la forme empruntée de ces deux hommes, qui viennent ici, vêtus d'habits faits d'écorce ! »

Quand Sougriva eut sauté de sommet en sommet, rapide comme le vent ou les ailes de Garouda, il s'arrêta enfin sur la crête septentrionale du Malaya, où ses hommes des bois vinrent se rallier. Réfugiés sur la haute montagne, les conseillers de Sougriva s'approchent du roi des singes et se tiennent devant lui. Ensuite, le sage Hanoûmat tient ce langage plein de sens au monarque tout ému : « Pourquoi, l'esprit troublé, cours-tu ainsi, roi des singes ? Je ne vois point ici ton cruel frère aîné, cet artisan de crimes, le farouche Bâli, qui t'inspire une continuelle inquiétude. »

A ces paroles du singe Hanoûmat, Sougriva lui répondit alors en ces paroles : « Au cœur de qui n'entrerait pas la crainte, à la vue de ces deux archers aux grands yeux, aux longs bras, au courage héroïque, à la vigueur immense ? C'est Bâli, je le crains, Bâli même, qui expédie vers nous ces deux hommes formidables. Demande, noble singe, à ces deux hommes, doués pleinement de beauté, quelle chose ils désirent ici. »

Hanoûmat eut à peine entendu ces grandes paroles de Sougrîva, qu'il s'élança de la montagne ; il revêtit les apparences d'un religieux mendiant, et, commençant par les flatter suivant l'étiquette, il adressa aux deux héros ce langage insinuant : « Pénitents aux vœux parfaits, vous qui ressemblez au roi des Immortels, comment, anachorètes des bois, vos grandeurs sont-elles venues dans cette contrée ? Qui êtes-vous donc, vous, qui, remplis de force, êtes revêtus d'un valkala ; vous, héros à la couleur d'or, qui, avec le regard du lion, ressemblez encore au lion par une vigueur sans mesure et tenez à vos longs bras des arcs pareils à l'arc même d'Indra ? Quand je vous parle ainsi, pourquoi ne me regardez-vous pas ? Et pourquoi ne me parlez-vous pas, à moi, que le désir de vous parler a conduit auprès de vous ? Un roi du peuple singe, âme héroïque et juste, nommé Sougrîva, erre affligé dans le monde, fuyant les violences de son frère. Je suis un conseiller de ce monarque ; je prends à mon gré toutes les apparences ; j'ai changé tout à l'heure mes formes naturelles sous l'extérieur d'un religieux mendiant, et je viens du Malaya, conduit par l'envie de servir les intérêts de Sougrîva. »

Ensuite Râma, s'étant recueilli dans sa pensée un moment, dit à son frère : « C'est le ministre de Sougrîva, magnanime roi des singes. Réponds, Soumitride, en paroles flatteuses à son envoyé. »

A ces mots, Lakshmana, que Râma invite à répondre : « Apprends, singe, que Lakshmana est mon nom ; que je suis le frère de Râma, venu avant moi dans la condition humaine, et que ses vertus m'attachent à son service. Dans le temps que ce prince à la vive splendeur habitait, dépouillé de sa couronne et banni, dans les bois déserts, un Rakshasa mit la fraude en jeu pour lui dérober son épouse. Mais il ne connaît pas le Démon ravisseur de sa bien-aimée. Il est un fils de Lakshmi, nommé Danou, et tombé dans la condition des Rakshasas par l'effet d'une malédiction. Suivant lui, Sougriva, le roi des singes, peut nous donner ce renseignement. »

Hanoûmat, se tenant face à face de Lakshmana, répondit comme il suit : « Allons où m'attend le singe Sougriva. En guerre déclarée avec son frère, en butte aux vexations répétées de Bâli et renversé du trône, comme toi, ce prince, qui s'est vu aussi ravir son épouse, tremble sans cesse au milieu des bois. Accompagné de nous, Sougriva, compatissant aux peines de Râma, ne peut manquer de s'associer à vous dans la recherche de la Vidéhaine. »

Arrivé du mont Rishyamoûka aux cimes du Malaya, Hanoûmat fit connaître les deux vaillants guerriers au magnanime Sougriva. : « Voici le sage Râma aux longs bras, le fils du roi Daçaratha, qui vient se réfugier sous ta protection avec son frère Lakshmana. Un Rakshasa lui a ravi Sîtâ, son épouse, avec le secours de la magie. Dans son infortune, ce Râma vient chercher avec Lakshmana, son frère, un appui à ton côté. »

Le roi des singes prit soudain la orme humaine, et, revêtu d'un extérieur admirable, tint ce langage à Râma : « Ta grandeur est façonnée au devoir, elle est pleine de vaillance, elle est amie du bien. Si tu veux, sans dédain pour ma nature de singe, t'unir d'amitié avec moi ; si tu désires mon alliance, je tends mon bras vers toi, serre ma main dans la tienne, et lions entre nous un attachement solide. »

Dès qu'il eut ouï ces mots prononcés par Sougriva, aussitôt Râma de serrer la main du singe dans sa main ; celui-ci prit à son tour la main de Râma dans la sienne ; puis, enflammé d'amour et d'amitié pour son hôte, d'embrasser l'Ikshwâkide étroitement. Alors Sougriva tint ce langage au fils du roi Daçaratha : « Dépose ta douleur, guerrier aux longs bras ! Je te le jure, ami, par la vérité ! je sais, à la ressemblance des situations, qui enleva ton épouse : car c'est ta Mithilienne, sans doute, que j'ai vue ; c'est elle qu'un Rakshasa cruel emportait, criant d'une manière lamentable : « Râma !... Lakshmana !... Râma ! Râma ! » Elle me vit elle-même sur un plateau de montagne, où j'étais moi cinquième avec ces quatre singes ; elle nous jeta rapidement alors son vêtement supérieur et ses brillants joyaux. Ces objets recueillis par nous sont ici, fils de Raghou : je vais te les apporter ; veuille bien les reconnaître. » — « Apporte-les vite, répondit le Daçarathide. »

Hâté par l'envie de faire une chose qui plût à son hôte, Sougriva d'entrer à ces mots de Râma dans une caverne inaccessible de la montagne. Là, il prit la robe et les bijoux éclatants, revint, les mit sous les yeux du héros et lui dit : « Regarde ! » A peine le Raghouide eut-il reconnu ces objets, toute sa fermeté l'abandonnant, il tomba sur la terre. Il porta ces parures à son cœur : « Sougriva, dis-moi ! Vers quels lieux as-tu vu se diriger le féroce Démon, ravisseur de ma bien-aimée, non moins chère que ma vie ? Où habite ce Rakshasa ? »

Le roi des singes alors serra le Raghouide avec amour dans ses bras, et, vivement affligé, il tint ce langage à l'époux de Sîtâ, qui fondait en larmes : « Je ne connais pas du tout ni l'habitation de ce méchant, ni la puissance, ni la bravoure, ni la race de ce vil démon. Secoue néanmoins ton chagrin, dompteur invincible des ennemis ; car je te promets que j'emploierai mes efforts à te rendre la noble Djanakide. Ne veuille donc plus t'abandonner à cette douleur ! Je ne prétends point ici, Râma, t'enseigner ce qui est bon, car c'est un don que tu as reçu de ta nature. Mais écoute mes paroles, venues d'un cœur ami et cesse de gémir. »

Ainsi consolé doucement par Sougriva, l'auguste Kakoutshide essuya son visage baigné de larmes avec l'extrémité de son vêtement ; il embrassa le roi des singes et lui tint ce discours : « Un ami tel que toi est un trésor bien rare, surtout dans ce temps-ci. Il te faut employer tes efforts à la recherche de ma chère Mithilienne et du cruel Démon à l'âme méchante qui a nom Râvana. Trace-moi en toute confiance quelle marche je dois suivre ; et que mon bonheur naisse de toi comme les moissons naissent d'une heureuse pluie dans une terre féconde. »

Joyeux de son langage, Sougriva le quadrumane lui répondit comme il suit en présence de Lakshmana : « Les persécutions me forcent, Râma, d'errer çà et là dans cette terre... Après que mon frère m'eut enlevé mon épouse, je suis venu chercher un asile dans les bois du Rishyamoûkha; mais, redoutant le vigoureux Bâli, en guerre déclarée avec lui, en butte à ses vexations, mon âme tremble sans cesse au milieu des forêts. Veuille bien me protéger, fils de Raghou ; moi, qui n'ai pas de protecteur, infortuné, que tourmente la crainte de Bâli, terreur du monde entier ! » A ces mots, le resplendissant Kakoutsthide, qui savait le devoir et chérissait le devoir, lui répondit en souriant :

« Comme j'ai reconnu dans ta grandeur un ami capable de me prêter son aide, je donnerai aujourd'hui même la mort au ravisseur de ton épouse. »

« Commence par écouter, répondit Sougriva, quel est le courage, l'énergie, la vigueur, la fermeté de Bâli, et décide ensuite ce qui est opportun. Autrefois Bâli transperça d'une flèche trois palmiers d'un seul coup dans les sept que voici : eh bien ! que Râma les perce tous à la fois d'une seule flèche et je crois à l'instant qu'il peut tuer Bâli ! » A ces mots, Râma de répondre en ces termes à Sougriva : « Je veux connaitre dans la vérité quelle fut la cause de ton infortune ; car je ne puis arrêter comme il faut toutes mes résolutions, sans connaitre bien l'origine de cette inimitié qui vous divise à tel point. »

A ces paroles du magnanime Kakoutshide, le roi des singes se mit d'un visage riant à raconter toutes les circonstances de cette rivalité fraternelle : « Bâli, comme on appelle ce farouche immolateur des ennemis, Bâli est mon frère ainé. Il fut donc sacré, d'un consentement universel, monarque et seigneur des peuples singes. Doundoubhi avait un frère ainé, Asoura d'une grande force appelé Mâyâvi : entre celui-ci et mon frère une femme, qu'ils se disputaient, alluma, comme on sait, une terrible inimitié. Un jour, à cette heure de la nuit où chacun dort, le Démon vint à la porte de la caverne

Kishkindhyâ. Il se mit à rugir dans une violente colère et défia Bâli au combat. Mon frère entendit au milieu des ténèbres ce rugissement d'un bruit épouvantable ; et il s'élança hors de la gueule ouverte de sa caverne, malgré tous les efforts de ses femmes et de moi-même pour empêcher qu'il ne franchît le seuil. Moi sur-le-champ de hâter ma course derrière le monarque des singes, sans autre pensée que celle de mon amitié pour lui. Aussitôt qu'il me vit paraître non loin de mon frère, le Démon s'enfuit rapidement, saisi de terreur ; mais nous de courir plus vite encore sur les traces du fuyard tout tremblant. L'Asoura fuyant aperçoit dans la terre une caverne profonde cachée par de hautes graminées ; il s'y précipite soudain. Quand il vit son ennemi déjà réfugié dans la caverne, Bâli, transporté de colère, me parla en ces termes, les sens tout émus : « Reste ici, toi, Sou-
« grival et garde sans négligence cette porte de
« l'antre jusqu'au moment où, mon rival tué, je
« sorte d'ici ! »

« Une année complète s'écoula entièrement depuis son entrée, et je restai devant la porte en faction tout le temps que dura cette révolution du soleil. Enfin, après ce long espace de temps écoulé, je vis sortir de cette catacombe un fleuve de sang écumeux ; et tout mon cœur en fut troublé. En même temps il vint du milieu de la caverne à mes oreilles un grand bruit de rugissements, jetés par des Asouras et mêlés aux cris d'un combattant qui se voit tué dans une bataille. Alors moi je crus à de tels indices que mon frère avait succombé, et je pris enfin le parti de m'en aller. Je revins, assailli par le chagrin, à la caverne Kishkindhyà, mais après que j'eus comblé avec des rochers l'entrée de cet antre atal et versé, mon ami, d'une âme déchirée par la douleur, une libation d'eau funèbre en l'honneur de mon frère.

« En vain j'employai mes efforts à cacher la catastrophe, elle parvint aux oreilles des ministres, et tous alors de me sacrer dans ce trône vacant. Mais, tandis que je gouvernais l'empire avec justice, Bàli revint, fils de Raghou, après qu'il eut tué son terrible ennemi. Quand il me vit, le front investi du sacre, une soudaine colère enflamma ses yeux, il frappa de mort tous mes conseillers et m'adressa des paroles outrageantes. Ce monarque des singes convoque l'assemblée des sujets, me réduit au seul vêtement que m'a donné la nature, et me chasse de sa cour sans ménagement. Voilà, fils de Raghou, la cause des persécutions répétées qu'il m'a fait subir. Privé de mon épouse et dépouillé de mes honneurs, je suis maintenant comme un oiseau à qui furent coupées ses deux ailes. »

A ces mots, le fléau des ennemis, ce radieux enfant de Raghou, se mit à ranimer le courage de Sougriva : « Mes dards, que tu vois, ces flèches aiguës, qui ne sont jamais vaines, Sougriva, et qui brillent à l'égal du soleil, je les enverrai se plonger dans le cruel Bâli. » Il prit alors son arc céleste, resplendissant à l'égal de l'arc même du puissant Indra ; il encocha une flèche, et visant les sept palmiers, déchaîna contre eux ce merveilleux projectile. Le trait paré d'or, envoyé de sa main vigoureuse, transperça tous les palmiers, fendit la montagne elle-même et pénétra jusqu'au sein des enfers.

A la vue de cette prouesse incomparable, Sougriva joyeux se mit à glorifier le noble Raghouide : « Quel être mâle est capable de résister à celui de qui la main pût transpercer à la fois d'une seule flèche ces grands palmiers et cette montagne elle-même, hantée par les Dânavas ? Maintenant mon chagrin est dissipé ; maintenant mon cœur est inondé par la joie ; maintenant je vois déjà étendu mort sur un champ de bataille ce Bâli, toujours ivre de combats ! »

A ces mots, le héros à la grande science, Râma d'embrasser le noble singe : « Viens avec moi, Sougriva ; je vais à la caverne Kishkindhyâ, où règne Bâli : arrivé là, défie au combat cet ennemi, qui a dépouillé les formes du frère ! » Ils parviennent d'un pas léger à la Kishkindhyâ, lieu masqué par les djungles épais, et se cachent derrière les arbres dans la forêt impénétrable. L'aîné des Raghouides y tient alors ce langage à Sougriva : « Appelle ton frère au combat, force Bâli à sortir hors de la bouche de sa caverne, et je lui donnerai la mort avec une flèche brillante comme la foudre. »

Quand le vigoureux Bâli entendit les rugissements épouvantables de son frère, sa colère s'enflamma soudain, et furieux il sortit de sa caverne. Alors, s'éleva entre ces deux rivaux un combat d'un assourdissant tumulte. Ils se frappaient l'un l'autre dans cet horrible duel avec leurs poings durs comme les diamants, avec des arbres, avec les crêtes elles-mêmes des montagnes !

En ce moment Râma prit son arc et regarda les combattants ; mais ses yeux les virent tous deux égaux par le corps, semblables exactement l'un à l'autre, et pareils celui-ci à celui-là pour la vaillance et la force : il reconnut alors qu'on ne pouvait distinguer le premier du second ; aussi ne voulut-il pas encore lancer une flèche au milieu du combat.

Rompu sous la main de Bâli, Sougriva se mit à courir vers le Rishyamoûka. Épuisé, baigné de sang, il se réfugia dans la grande forêt. Le noble Raghouïde, accompagné de son frère et des ministres, s'en vint lui-même trouver Sougriva dans cette retraite ; et, quand le singe infortuné vit Râma en sa présence avec Lakshmana et ses conseillers, il tint ce langage, baissant la tête et plein de honte : « Après que tu m'as fait admirer ta force et que tu m'as dit : « Provoque Bâli au combat ! » pourquoi donc as-tu mis ta promesse en oubli et m'as-tu laissé battre ainsi par mon ennemi ? »

Le Raghouide entendit sans colère sortir de sa bouche ces paroles : « Dépose ton chagrin, Sougriva ! lui dit-il. Toi, Sougriva et Bâli, vous êtes l'un à l'autre semblables ; il n'est rien qui vous distingue à mes sens avec certitude. Aussi, roi des singes, troublé par une telle ressemblance de formes, je n'ai point alors décoché ma flèche : « Qui m'assure ici, me disais-je, que je ne vais pas tuer mon ami ? Veuille donc bien attacher sur ton corps un signe qui soit comme un drapeau, et par lequel je puisse te reconnaître une fois engagé dans ce combat de l'un contre l'autre. Tresse-nous, Lakshmana, une guirlande avec une branche de boswellia parée de ses fleurs, et mets-la au cou du magnanime Sougriva. »

« Héros, dit le singe, tu m'as promis naguère que ta flèche lui porterait la mort : tâche que ta promesse, comme une liane en fleurs, ne tarde point à nous donner son fruit ! »

« Maintenant que mes yeux, répondit l'époux de Sitâ, peuvent te distinguer à cette guirlande, roi des singes, va en pleine confiance, ami, et défie une seconde fois Bâli au combat ».

Bâli, entré dans le sérail de ses femmes, entendit avec colère ce nouveau défi de Sougriva, son frère. Faisant grincer les dents longues de sa bouche et la fureur teignant son poil d'une couleur plus rouge encore, sa face brillait avec ses yeux tout grands ouverts. Le roi des simiens sortit avec impétuosité et la marche de ses pieds fit trembler, pour ainsi dire, toute la terre.

Quand le vigoureux quadrumane vit, tout fier de l'appui qu'il trouvait en Râma, son rival, impatient lui-même de combattre, déjà posté en attitude de bataille et la cuirasse bien attachée sur la poitrine, il raffermit solidement la sienne avant de se risquer dans cette périlleuse aventure. Sougriva sans crainte arrache un grand arbre, qu'il abat sur le sein de Bâli, comme la foudre tombe sur une haute montagne. Accablé sous la pesanteur du coup, Bâli chancelle et vacille.

Cependant Râma encoche soudain une flèche, qui semblait un serpent de flamme et l'envoie frapper au cœur Bâli à la grande force. Le sein percé du trait, celui-ci tombe, les sens troublés et la route de sa vie brisée : « Ah ! s'écrie-t-il, je suis mort ! » Mais ni la vie, ni la force, ni le courage, ni la beauté n'avaient déserté le corps de ce magnanime, étendu sur la terre.

Bâli, respirant à peine, traîna de tous les côtés ses regards affaiblis et vit près de lui

Sougriva, son jeune frère. A la vue du roi des singes, qui remportait sur lui cette victoire, il adressa la parole d'une voix nette à Sougriva et lui tint affecteusement ce langage : « Sougriva, ne veuille pas que je m'en aille, tourmenté par cette défaillance de l'âme, et chargé d'une faute, moi, que l'expiation a lavé de ses péchés. Saisis-toi du sceptre aujourd'hui et règne sur les hommes des bois ; car, sache-le, je pars à l'instant même pour l'empire d'Yama. Pare-toi donc, Sougriva, de cette guirlande, présent du ciel et tissue d'or. Quand j'aurai cessé de vivre, l'opulente félicité qui réside en elle se répandra sur toi ! »

Ensuite Râma dit à Sougriva : « Voici, dans le sein du mont Rishyamoukha, une caverne délicieuse, vaste, protégée contre le souffle du vent : c'est là que j'habiterai, mon ami, toute la saison des pluies avec le fils de Soumitrâ. Mais, quand tu auras vu s'écouler Kârttiki, mois charmant, aux ondes redevenues limpides, aux moissons de lotus et de nymphéas, déploie alors, déploie, ami, tes soins pour la mort de Râvana. C'est donc là, souviens-t'en ! ce qui reste bien convenu entre nous. Va dans cette ville florissante ; puis, une fois sacré dans ton royaume, fais-y la joie de tes amis. »

Il dit : à ce congé que lui donnait Râma, le nouveau monarque des singes pénétra dans cette aimable cité, le cœur joyeux et tous ses chagrins dissipés. Il fut sacré par les plus nobles des singes à la grande taille de la manière que les Immortels avaient sacré le Dieu aux mille regards.

Quand le fils du Vent, Hanoûmat, qui n'avait pas une âme indécise et qui savait distinguer le moment des affaires, vit Sougriva empêché par l'amour de marcher avec ardeur sur le chemin de son devoir, Hanoûmat s'inclina devant Sougrîva, et il tint au roi ce langage : « O roi, une chose est à faire, c'est de secourir tes amis : que ta grandeur veuille donc y penser. Tu laisses passer l'occasion pour l'affaire de Râma, ton ami ; tu oublies que le moment est venu pour aller à la recherche de sa Vidéhaine. Rends-lui service avant qu'il ne réclame de toi le retour du plaisir qu'il t'a fait le premier : veuille donc rassembler, roi des singes, les plus vaillants de tes guerriers ; ne laisse pas un trop long temps s'écouler sans leur envoyer tes ordres. »

A peine Sougriva eut-il entendu ces paroles il prit aussitôt sa résolution et donna cet ordre au singe Nila, toujours le pied levé : « Réunis tous mes guerriers à tous les points du ciel : fais en sorte que mes armées entières et les chefs entièrement des troupeaux simiens, et les grands capitaines de mes troupes, et les défenseurs des frontières, à l'âme décidée, à la course rapide, se rendent tous dessous les drapeaux sans défaillance de cœur. »

Dès que le ciel fut débarrassé de ses nuages et l'automne arrivé, Râma, qui avait passé toute la saison des pluies sous l'oppression du chagrin que lui causait l'amour, songeant alors qu'il avait perdu la fille du roi Djanaka, et que Sougriva, retenu par la volupté, laissait échapper le temps favorable, dit ces paroles à Lakshmana : « Les rois altiers, magnanimes, ambitieux de conquérir la terre et qui sont engagés dans une guerre l'un avec l'autre, ne manquent pas la saison du rassemblement des armées. C'est la première chose dont s'occupent les princes qui désirent la victoire ; et cependant je ne vois ni Sougriva, ni rien qui annonce une levée de cette nature. Ces quatre mois de la saison pluvieuse, bel ami, ont passé lents comme un siècle pour moi, consumé par l'amour et qui ne peux voir ma Sîtâ ! Va donc ! entre dans la caverne de Kishkindhyâ et répète ces paroles de moi au stupide roi des singes, endormi au sein de ses grossières voluptés : « Tu diffères le moment d'accomplir ce traité fait entre nous et toi, nous, qui sommes venus réclamer ton secours dont nous avons besoin, et qui avons commencé par te prêter notre aide. Aujourd'hui, puissant roi, que la saison est ainsi disposée, pense donc vite au salut de ma Vidéhaine, afin que le temps ne s'écoule pas stérilement. »

Lakshmana se dirigea donc vers la cité des singes. Bientôt il aperçut la ville du roi des simiens, pleine de singes à la grande vigueur, hauts comme des montagnes, les yeux attentifs au signe du maître. Effrayés par sa vue, tous ces quadrumanes, semblables à des éléphants, saisissent alors par centaines, ceux-ci des crêtes de montagnes, ceux-là de grands et vieux arbres. Quand Lakshmana les vit tous empoigner ces armes, il en fut encore plus irrité, comme le feu sur lequel on a jeté l'offrande de beurre purifié.

Leurs chefs entrent dans le palais de Sougrîva; ils annoncent aux ministres que Lakshmana vient, bouillant de colère. Aussitôt Sougrîva entra dans la salle du conseil pour délibérer avec ses ministre. Le plus éminent des conseillers, Hanoûmat, le fils du Vent, commence par se concilier la faveur de Sougriva et lui tient ce langage : « Râma et Laksmana, ces deux frères à la grande vigueur et dévoués à la vérité, t'ont prêté jadis leurs secours et c'est d'eux que tes mains ont reçu le royaume. Un seul de ces deux, Lakshmana, se tient à la porte, son arc à la main. Lakshmana, qui sait manier les rênes de la parole, vient ici, monté, suivant l'ordre de Râma, sur le char de sa résolution. »

A ces mots d'Hanoûmat : « Il en est ainsi ! » dit Angada, saisi de tristesse ; et, là-dessus, il ajoute ces paroles à son père adoptif : « Admets-le devant toi, ou bien arrête-le dans sa marche; fais ce que tu penses convenable ; il est certain que Lakshmana vient ici d'un air furieux ; mais nous ignorons tous quelle peut être la cause de sa colère. »

Sougriva, courbant un peu la tête, réfléchit un instant ; et quand il eut pesé le fort avec le faible des paroles qu'Hanoûmat et ses autres ministres venaient ainsi de lui adresser, le monarque, tint ce langage à tous ses conseillers, : « Je ne trouve en moi nulle faute, soit en parole, soit en action, pour m'expliquer cette colère, qui pousse vers nous Lakshmana, ce frère du noble Raghouide. Peut-être mes ennemis jaloux, et qui guettent sans cesse une occasion, auront-ils fait tomber dans les oreilles de Râma les insinuations d'une faute dont je suis innocent. »

A ces mots du monarque, Hanoûmat lui fit cette réponse au milieu de ses ministres quadrumanes : « Il n'y a rien d'étonnant, souverain des tribus simiennes, à ce que tu n'aies pas oublié cet éminent service tout de bienvaillance ; car ce fut pour le seul plaisir de t'obliger que ce héros de Raghou tendit son grand arc et donna la mort à Bâli d'une force égale à celle du puissant Indra. Le Raghouide est irrité de l'indifférence que tu lui montres de toutes les manières, je n'en fais aucun doute ; et c'est pour cela qu'il t'envoie son frère, ce Lakshmana, de qui la société ajoute à sa fortune. »

Ensuite l'exterminateur des héros ennemis, Lakshmana, son âme tout enveloppée de colère, pénétra dans l'épouvantable caverne Kishkindhyâ, comme Râma lui avait commandé. Ici, tous les singes aux grands corps, à la vigueur immense, préposés à la surveillance des portes, voyant le Raghouide en fureur, poussant des soupirs de colère, et, pour ainsi dire, tout flamboyant de son ardent courroux, élèvent au front les paumes de leurs mains réunies, et, tremblants, glacés d'effroi, ne tentent pas de l'arrêter.

L'exterminateur des héros ennemis, Lakshmana, dis-je, l'âme tout enveloppée de colère, vit alors cette grande caverne, belle, charmante, délicieuse, remplie de machines de guerre, embellie de jardins et de bosquets, encombrée d'hôtels et de palais, merveilleuse, céleste, faite d'or, bâtie par les mains de Viçvakarma, avec des forêts de fleurs variées, avec des bois plantés d'arbres au gré de tous les désirs, avec toute la diversité des jouissances bocagères, avec des singes du plus aimable aspect, qui pouvaient changer de forme suivant leur fantaisie, vêtus de robes divines, parés de guirlandes célestes, fils des Gandharvas ou des Dieux, et avec une grande rue, embaumée de parfums aux senteurs exquises de lotus, d'aloès, de sandal, de rhum et de miel.

Lakshmana vit partout aux deux côtés des rues les blanches files des palais aux constructions variées, hauts comme les cimes du mont Kêlâsa. Dans la rue royale, il vit les temples d'une belle architecture et plaqués d'émail blanc : partout il vit des chars consacrés aux dieux. Il vit, pareil au palais de Mahéndra et protégé d'un rempart, tel qu'une blanche montagne, le délicieux château du monarque des singes avec ses dômes blancs, comme les sommets du Kêlâsa, maison presque inabordable, aux jardins embellis d'arbres, où l'on cueillait du fruit en toute saison, aux bosquets enrichis de plantes fortunées, célestes, nées dans le Nandana, présent du grand Indra lui-même, et qui de loin ressemblait à des nuées d'azur. Couvert partout de singes terribles, leurs javelots à la main, il regorgeait de fleurs divines et montrait avec orgueil ses arcades en or bruni.

Apprenant que l'envoyé de Râma vient à lui sans trouble, Sougrîva commande aux ministres d'aller à sa rencontre. Lakshmana, officiellement reconnu, entra dans le palais. Là, il entendit un chant doux et des plus ravissants, qui se mariait à l'unisson des flûtes, des lyres et des harpes. Le frère puîné de Bharata vit dans le palais du monarque un grand nombre de femmes avec différents caractères de figure, mais toutes fières de leur jeunesse et de leur beauté. Quand le héros eut comparé la joie de Sougriva à la tristesse de son frère aîné, ce parallèle accrut encore plus dans son cœur la puissance de sa colère.

Ensuite, il vit assis, dans un trône d'or, éclatant à l'égal du soleil, couvert de précieux tapis, élevé au sommet d'une estrade, le roi des singes vêtu d'une robe divine, enguirlandé de fleurs célestes. Lakshmana vit aussi les deux épouses, Roumâ, qui se tenait à la droite, et Târâ à la gauche du magnanime Sougriva. Il vit encore à ses côtés deux femmes charmantes agiter sur le front du roi l'éventail blanc et le blanc chasse-mouches aux ornements d'or bruni. A la vue de cette voluptueuse indolence, à la comparaison qu'il en fit avec la peine immense de son frère, Lakshmana sentit redoubler sa fureur. A peine Sougriva eut-il aperçu Lakshmana, les yeux rouges de colère, tenant son arc empoigné, qu'il se leva soudain : « Assieds-toi là ! » dit le roi des singes.

Alors, poussant un long soupir, Lakshmana, retenu par les instructions qu'il avait reçues de son frère, lui répondit en ces termes : « Il est impossible qu'un envoyé, roi des singes, accepte l'hospitalité, mange ou s'assoie même, avant qu'il n'ait obtenu ce que demande son message. »

Aussitôt qu'il eut ouï ces paroles, Sougriva

de s'incliner devant Lakshmana et de répondre ainsi, les sens tout émus de frayeur : « Nous sommes entièrement les serviteurs de Râma aux prouesses infatigables ; je ferai tout ce qu'il désire en échange du service qu'il m'a rendu. Accepte d'abord, suivant l'étiquette, l'eau pour laver et la corbeille de l'arghya. »

Lakshmana dit : « Voici les instructions que m'a données Râma : « Tu ne dois pas accepter les présents de l'hospitalité dans la maison du singe avant que tu n'aies accompli ton message. » Ecoute donc la mission que j'ai reçue ; médite-la, singe, et donne-lui dès l'instant, s'il te plaît, une prompte exécution. » Ensuite, Laksmana tint ce langage mordant à Sougriva, qui l'écouta même debout, environné de ses femmes. « Un roi qui a du cœur et de la naissance, qui est miséricordieux, qui a dompté ses organes des sens, qui a de la reconnaissance, qui est vrai dans ses paroles, ce roi est exalté sur la terre. Mais est-il rien de plus cruel au monde qu'un monarque esclave de l'injustice et violateur d'une promesse faite à ses amis, dont il avait déjà reçu les services ? L'ingrat qui, obligé par ses amis, ne leur a jamais payé de retour le service rendu, mérite que tous les êtres conspirent à sa mort.

« Insensé, tu oublies que naguère, sur le Rishyamoûka, une des plus saintes montagnes, tu pris nos mains dans les tiennes pour nous garantir la vérité de ton alliance. Et maintenant, plongé dans tes voluptés matérielles, voici que tu déchires le traité! Je vais t'envoyer, frappé de mes flèches aiguës, dans les habitations d'Yama! Certes! ici, avec mes flèches, moi qui te parle, je t'immolerai, comme le fut ton frère, toi, qui as déserté le chemin de la vérité, ingrat, menteur, aux paroles emmiellée, à l'âme inconstante et mobile par le vice de ta race! »

A Lakshmana, qui parlait ainsi, comme enflammé d'une ardente fureur, Târâ, semblable par son visage à la reine des étoiles, répondit en ces termes : « Le roi ne mérite pas que tu lui parles de cette manière, Lakshmana : le monarque des singes ne mérite pas ce langage amer, venu de tes lèvres surtout. Ce héros n'est pas ingrat, perfide et cruel ; son âme n'est point amie du mensonge, son âme ne creuse pas des pensées tortueuses. Le vaillant Sougriva ne peut oublier le service, impossible à d'autres, qu'il doit à Râma d'une vigueur incomparable. Les dispositions de Sougriva sont toujours, fils de Soumitrâ, ce qu'elles étaient auparavant. Voici le jour où doivent arriver tous les singes : les ours viendront ici par dizaines de billions, et les golàngoulas par milliards; les tribus simiennes répandues sur la terre afflueront ici kotis par kotis. De la rive des mers, tous les singes qui habitent les îles de l'Océan vont accourir pleins de hâte devant toi : dépose donc, irascible guerrier, dépose là ton chagrin. Une fois détruite, la cité glorieuse du roi des mauvais Génies, les singes ramèneront ici la bien-aimée de ton frère, cette Djanakide charmante aux formes délicieuses, dussent-ils, monarque des hommes, l'arracher du ciel même ou des entrailles de la terre ! »

Lakshmana, d'un caractère naturellement doux, accueillit avec faveur ce langage modeste ; et, voyant les paroles de Tàrà bien reçues, le roi des singes rejeta, comme un habit mouillé, la crainte que les deux Ikshwâkides lui avaient inspirée. Puis, le souverain de toutes les tribus simiennes, Sougriva à la vigueur épouvantable, de parler à Lakshmana ce langage doux et fait pour augmenter sa joie : « J'avais perdu mon diadème, fils de Soumitrâ, ma gloire et l'empire éternel des singes ; mais j'ai recouvré tout par la bienveillance de Râma. Je suivrai, sans aucun doute, je suivrai les pas du vaillant Raghouide, marchant pour l'extermination de Râvana et des généraux ennemis. »

Ce langage du magnanime Sougriva fit plaisir à Lakskmana, qui répondit ces mots avec amour : « Sors promptement d'ici ; viens, héros, avec moi, viens consoler ton ami, le cœur déchiré à la pensée de son épouse ravie. Veuille bien excuser toutes les paroles injurieuses que j'ai dites pour toi sous l'impression des plaintes du Raghouide, vaincu par sa douleur. »

Les singes chargés des ordres du roi volent de tous les côtés et, couvrant le ciel, route divine, où circule Vishnou, ils tiennent offusqués les rayons du soleil. Dans les mers, dans les forêts, dans les montagnes et sur la rive des fleuves, les envoyés appellent tous les singes à soutenir la cause de Râma. Les armées de ces hommes des bois accouraient des bords de la mer, des fleuves, des forêts; et l'astre du jour en était comme éclipsé. Sougriva de monter avec Lakshmana dans son palanquin d'or, brillant comme le soleil et porté sur les épaules de grands singes. Environné de singes nombreux, terribles, des javelots à leur main, le fortuné monarque s'avançait, entouré de ses ministres à la grande vigueur; et, dans sa course rapide, il faisait trembler même le sol de la terre sous les pas de l'innombrable armée des singes. Il franchit dans l'intervalle d'un instant la distance qui le séparait du Mâlyavat, la grande montagne : arrivé à la demeure, mais encore loin du noble Raghouide, le monarque des armées quadrumanes s'arrêta. Sougriva descendit avec Lakshmana; et, quittant sa litière d'or, le roi fortuné des singes, s'approcha de Râma.

Quand il vit ainsi la grande armée des singes Râma fut satisfait à l'égard de Sougriva. Le digne fils de Raghou étreignit dans ses bras le royal singe, il salua de quelques mots les ministres, et lui dit : « Assieds-toi ! » Alors, s'étant dépouillé de sa colère, il tint avec bonté ce langage au roi singe assis avec ses conseillers sur le sol de la terre : « Écoute, ami, écoute cette parole : renonce à des jouissances brutales et sache que prêter du secours à tes amis, c'est défendre même ton royaume. Déploie tes efforts à la recherche de Sîtâ et travaille, ô toi qui domptes les ennemis, travaille à découvrir en quels pays habite Râvana. »

A ces mots, Sougrîva, le monarque des singes s'incline entièrement rassuré devant Râma, et lui répond en ces termes : « J'avais perdu ma fortune, ma gloire et l'empire éternel des singes mais j'ai tout recouvré, grâce à ta bienveillance, héros aux longs bras ! L'homme qui ne te payerait pas de retour le service rendu serait le plus ignoble des hommes. Des singes, pareils à des montagnes ou des nuages et qui peuvent se métamorphoser comme ils veulent, suivront tes pas dans la guerre, chacun avec toute sa parenté. Ces guerriers, qui ont pour armes, les uns des rochers, les autres des shorées et des palmiers, arracheront la vie à ton ennemi Râvana et ramèneront la Mithilienne dans tes bras ! »

Sur ces entrefaites arriva l'épouvantable armée du roi singe, en tel nombre qu'elle éclipsait dans les cieux la grande lumière de l'astre aux mille rayons. Les yeux ne distinguaient plus aucun des points cardinaux enveloppés alors dans la poussière ; et la terre elle-même tremblait tout entière avec ses bois, ses forêts et ses montagnes.

Alors que le monarque vit tous les singes arrivés et campés sur la terre, il adressa joyeux ces mots à Râma : « Daigne me donner tes ordres maintenant que je suis environné de mes armées. Veuille bien me conter la chose de la manière qu'elle doit marcher. » A ces paroles du monarque, le fils du grand Daçaratha étreignit Sougriva dans ses bras et lui répondit en ces termes : « Que l'on sache, bel ami, si ma Vidéhaine vit ou non. Que l'on sache, monarque à la haute sagesse, en quel pays demeure le démon Râvana. Quand je connaîtrai bien l'existence de ma Vidéhaine et l'habitation de Râvana je déploierai avec ta grandeur les moyens exigés par les circonstances. Ni Lakshmana, ni moi, ne sommes les maîtres dans cette affaire : tu es la cause qui doit ici tout mouvoir, et c'est de toi que dépend toute la chose. »

A ce langage, le monarque des singes appela un général de ses troupes, nommé Vinata, et dit au héros quadrumane d'une épouvantable vigueur, incliné devant lui avec respect : « Va, environné des plus élevés entre les singes, va, dis-je, fouiller toute la contrée orientale avec les forêts, les montagnes et les eaux. Recherchez-y la Vidéhaine Sitâ et l'habitation de Râvana dans les régions impraticables des bois, dans les cavernes et dans les forêts. »

Alors que le monarque des simiens eut expédié ces quadrumanes dans le pays du levant, il fit partir d'autres singes pour les contrées méridionales.

Sougrîva tenait en grande estime la force et la bravoure d'Hanoûmat : ce fut donc à ce quadrumane surtout, le plus excellent des singes, qu'il adressa la parole en ces termes : « Je ne vois, prince des singes, ni sur la terre, ni dans les eaux, ni dans l'atmosphère, ni dans les enfers, ni dans le séjour des Immortels, personne qui puisse mettre un obstacle à ta route. Sur la terre, il n'existe aucun être qui te soit égal en force : veuille donc agir de manière que la vue de Sîtâ soit rendue bientôt à nos yeux. »

Quand le monarque eut mit sur les épaules d'Hanoûmat la charge de cette affaire, il parut s'épanouir de l'âme et des sens, comme s'il eût déjà tenu la réussite en ses mains. Aussitôt que Râma eut compris que le roi comptait sur Hanoûmat pour le succès de l'expédition, ce prince lui donna joyeux son anneau, sur lequel était gravé le caractère de son nom, pour qu'il se fît reconnaître avec ce bijou par la fille des rois : « A sa vue, la fille du roi Djanaka, noble singe, pensera que tu viens envoyé par moi, et ta vue ne pourra lui causer d'inquiétude. »

Hanoûmat reçoit l'anneau et le porte à son front avec ses mains jointes; puis quand il se fut prosterné aux pieds de Râma et de Sougriva, le noble singe fils du Vent, escorté de ses compagnons, prit son essor dans les airs.

Le roi Sougriva fut content, alors qu'il eut expédié en éclaireurs les premiers généraux des armées simiennes par tous les points du ciel; et Râma, dans la compagnie de son frère, habita ce mont Prasravana, attendant que fût expiré le mois accordé aux singes pour découvrir sa bien-aimée Sîtâ.

Cherchant la noble Vidéhaine, explorant la terre avec les montagnes, les eaux et les forêts, tous les chefs des troupes simiennes avaient déjà fouillé, pour y trouver l'épouse de Râma, toutes les plages du monde, suivant la parole du maître et comme le roi des singes leur avait commandé. Les recherches finies et le premier mois écoulé, les chefs des armées simiennes retournèrent sans espérance vers le monarque des singes au mont Prasravana.

Tous, ils s'approchent du monarque, assis avec son allié Râma sur un flanc de la montagne; ils s'inclinent à ses pieds et lui tiennent ce langage : « On a fouillé toutes les montagnes, et les bois et les fourrés, et les fleuves, et les mers, et toutes les campagnes. Nos singes n'ont rien ménagé pour atteindre au but de leur voyage ; mais nulle part ils n'ont pu saisir un seul renseignement sur l'infortunée Vidéhaine. »

Hanoûmat, suivi des singes, à la tête desquels marchait Angada, s'en était allé dans la région méridionale, suivant l'ordre que lui avait donné Sougrîva. Ces quadrumanes, cherchant avec fureur, sans ménager leur vie pour le service de Râma, pénètrent dans les endroits les plus épouvantables ou les plus inaccessibles.

Tous accablés de lassitude, manquant d'eau, exténués de faim et de soif, après avoir fouillé cette plage méridionale, impraticable, hérissée par des amas de montagnes, et cherché, malades de besoin, mais toujours sans les trouver, un ruisseau et Sîtâ ; alors, dis-je, tous ces quadrumanes, épuisés de fatigue, s'étant réunis là, tombèrent dans l'abattement, l'âme consternée, le visage défait, le corps tremblant à la pensée de Sougrîva et l'esprit comme halluciné par la crainte du puissant monarque des singes.

Tous alors ils se dirent l'un à l'autre ces paroles : « Voici déjà expiré le temps dont le roi nous imposa la loi, pour trouver l'épouse de Râma et ce rôdeur impur des nuits, le démon Râvana. » Assis sur le flanc aux arbres fleuris du mont Vindhya, eux alors de se plonger dans une profonde rêverie.

Ensuite l'héritier présomptif, Angada, le singe aux épaules de grand lion, aux bras longs et musculeux, tient à ses compagnons cet énergique langage : « Maintenant que nous avons laissé fuir le temps fixé par Sougrîva lui-même, ce qui nous convient à nous, hommes des bois, c'est de nous asseoir dans une privation absolue d'aliments et d'y rester jusqu'à la mort ! Le monarque des simiens est tout-puissant ; il est naturellement sévère : l'auguste Sougrîva ne voudra point nous pardonner cette transgression à ses commandements. Il ne saura pas sans doute quels épouvantables, quels immenses travaux nos efforts ont accomplis dans la recherche de Sîtâ ; il ne verra, lui, pas autre chose que la faute. »

Quand ils eurent écouté les paroles du fils de Bâli, ces nobles simiens alors de toucher l'eau et de s'asseoir tous à l'orient. Décidés à le suivre dans la mort, tous, la face regardant le septentrion, ils s'assirent par terre sur des kouças, la pointe des herbes courbée au midi.

Tandis que tous les singes étaient assis sur la montagne au sein du jeûne, voici venir dans ces lieux le roi des vautours, chargé d'années, Sampâti, fameux par son courage et sa vigueur, le plus éminent des oiseaux, le frère aîné du vautour Djatâyou. Sorti d'un antre ouvert dans les flancs du grand mont Vindhya, il vit les singes couchés là et prononça tout joyeux ces paroles : « Sans doute il y a dans l'autre monde une fortune qui dirige ici-bas les choses avec sa loi, car je trouve enfin, après un si long jeûne, ce festin servi là pour moi ! Je vais donc manger, à mesure qu'ils mourront, ce qu'il y a de plus exquis dans les plus excellents des singes ! » Quand il eut dit ces mots, Sampâti resta là, tenant ses regards attachés sur les singes.

À peine Angada eut-il entendu ces paroles épouvantables du roi des vautours, qu'il adressa, tremblant au plus haut point, ce langage au vertueux Hanoûmat : « Voici le fils de Vivasvat, Yama lui-même, que la perte de Sitâ fait venir ici devant nos yeux pour le malheur des singes. Après qu'il a perdu, et Djatâyou, et Bâli, et Daçaratha lui-même, ce rapt de Sitâ jette encore ici les singes dans un affreux péril. Heureux ce roi des vautours qui tomba sous les coups de Râvana, en déployant sa vaillance pour la cause de Râma ! »

Aussitôt qu'il eut ouï ces paroles échappées à la bouche d'Angada, l'amour qu'il portait à son frère mineur fit tout à coup palpiter le cœur de Sampâti. Debout sur le mont sublime, l'inaffrontable vautour au bec acéré tint ce discours aux singes entrés dans le jeûne afin d'y mourir : « Qui parle ici de Djatâyou, qui m'est plus cher que la vie ? Qui est ce Râma pour lequel est mort Djatâyou ? Je suis l'aîné, princes des singes ; Djatâyou était mon jeune frère. Qui donc a tué Djatâyou ? Comment ? Où ? »

Angada lui tint ce langage : « Râma, ce grand héros des kshatryas, ce monarque de l'univers entier, ce fils charmant du roi Daçaratha, est sorti de sa patrie à l'ordre de son père, et, marchant sur le chemin du devoir, il est entré dans la forêt Dandaka, suivi de Sîtâ, son épouse, et de Lakshmana, son frère. Râvana, l'éternel ennemi des brahmes, ce Démon, parvenu dans tous les crimes à une perfection débordante, lui a ravi perfidement son épouse dans le Djanasthâna.

« Le vautour appelé Djatâyou, ce vertueux oiseau qui fut l'ami du père de Râma, vit la plaintive Mithilienne dans le temps même que Râvana l'emportait. Il brisa le char de Râvana, il délivra un moment la Mithilienne ; mais enfin, accablé par la fatigue et le poids des années, il périt sous les coups du Rakshasa. Ainsi fut tué par le Démon, plus fort que lui, ce généreux oiseau, tandis qu'il déployait le plus grand courage et se consumait en efforts pour sauver l'épouse de son ami. Sans doute il fut admis dans le ciel, car le Raghouide eut soin d'accomplir en son honneur la cérémonie des funérailles. Suivant les ordres que nous a donné Râma, nous cherchons çà et là son épouse ; mais elle n'apparait pas davantage à nos yeux qu'on ne voit la clarté du soleil dans la nuit. Le monarque des singes nous avait envoyés dans la plage du midi pour la fouiller de tous les côtés. Mais, comme nous avons transgressé la condition qui nous fut imposée, la crainte du châtiment nous fait embrasser ici la résolution d'un jeûne poussé jusqu'à la mort ! Ainsi, fais de nos corps un festin, suivant ton désir. »

A ces lamentables paroles des singes, qui renonçaient à la vie, le souverain des vautours, Sampâti à la grande splendeur tint ce langage digne de lui-même et qui répandit la joie parmi les singes : « Mes ailes sont brûlées, je suis vieux, ma vigueur s'est évanouie ; néanmoins, je vais rendre, singes, un service éminent à Râma de ma voix seulement.

« J'ai vu une femme jeune, douée admirablement de beauté et parée de tous les atours, que Râvana, le Démon à l'âme cruelle emportait dans les airs. « Râma ! Râma ! » criait-elle d'une voix lamentable : « A moi Lakshmana ! » disait-elle aussi, agitant ses beaux membres et jetant de tous les côtés ses parures. Sa magnifique robe de soie imitait l'éclat du soleil sur la cime de la montagne et brillait à l'entour du noir Démon, comme l'éclair sur un grand nuage. C'était Sitâ, je le crois, à ce nom de Râma, qu'elle semait dans les airs : écoutez encore ! je vous dirai en quels lieux est l'habitation de ce Rakshasa.

« Le fils de Viçravas, le frère du célèbre Kouvéra, le monarque des Rakshasas, Râvana enfin habite dans la ville de Lankâ. Loin d'ici, à cent yodjanas entiers dans la mer, il est une île, au sein de laquelle s'élève la charmante cité de Lankâ, bâtie par Viçvakarma. C'est là qu'habite, enfermée dans le gynœcée de Râvana et surveillée d'un œil attentif par des femmes Rakshasîs, l'infortunée Vidêhaine aux vêtements de soie. Arrivés au bord, où finit la mer, à cent yodjanas bien comptés au delà, singes, vous apercevrez au sud le rivage de cette île. »

En ce moment, le vautour, auquel était revenu la sérénité, Sampâti, voyant assis à ses pieds Angada, qu'environnaient les singes, reprit avec joie la parole en ces termes : « Gardez le silence, nobles singes; écoutez avec attention, je vais dire en toute vérité comment je connais la Mithilienne.

« Jadis, brûlé par les rayons du soleil, et les membres enveloppés de souffrances causées par le feu, je tombai du ciel sur la cime du mont Vindhya. Là est un ermitage pur, que les Dieux honorent eux-mêmes, et c'est là que vécut dans la patience de la plus effrayante pénitence, un saint, nommé Niçâkara. Je fis de nombreux et pénibles efforts, soutenu par le désir de voir l'anachorète. Enfin, parvenu à la porte de son ermitage, je m'appuyai contre le pied des arbres.

« Le saint anachorète, m'ayant vu garder le silence : « Ta couleur effacée, me dit-il, et tes ailes détruites ont empêché d'abord que je ne te reconnusse. Quelle maladie est tombée sur toi ? Comment est venue la chute de tes ailes ? Qui t'a donc infligé ce châtiment ? Je veux savoir cela dans la vérité. »

« A ce langage, que m'avait tenu cette âme juste, mon visage se remplit un peu de larmes au souvenir de mon frère. Mais, arrêtant bientôt le torrent de ces pleurs, j'instruisis le grand anachorète de ce qu'il désirait connaître : Vénérable saint, sache, bienheureux, que tu vois en moi Sampâti et que j'ai commis une faute : oui ! je suis le frère aîné du vautour Djatâyou, ce héros que j'aime ! Djatâyou et moi, jadis tombés sous le pouvoir de la mort, nous fîmes une gageure, en face des anachorètes, sur la cime du Vindhya, et nous mîmes pour enjeu le royaume des vautours. L'objet du pari, nous sommes-nous dit, c'est de suivre le soleil depuis l'orient jusqu'à l'occident ! A ces mots, de nous lancer dans les routes du vent, et voici que les différentes surfaces de la terre se déroulent sous nos yeux.

« Suivant le chemin du soleil, nous allions une extrême vitesse, regardant le spectacle qui s'étalait en bas. Enfin, une violente fatigue, une chaleur dévorante, la plus extrême langueur une fièvre délirante pèsent à la fois sur nous et la crainte agite nos cœurs. En effet, on ne distinguait plus aucun des points cardinaux : tout n'était qu'un foyer rempli par les flammes du soleil, comme si le feu consumait l'univers dans l'époque fatale où se termine un youga. Le soleil tout rouge, n'est plus qu'une masse de feu au milieu du ciel, et l'on discerne avec peine son vaste corps dans l'incendie général. L'astre du jour, que j'observais dans le ciel avec de grands efforts, me parut d'une ampleur égale à celle de la terre.

« Mais soudain voici que Djatâyou, ne s'inquiétant plus de me disputer la victoire, se laisse tomber, la face tournée vers la terre; et moi, à la vue de sa chute, je me précipitai en bas du ciel rapidement. J'étendis sur lui mes ailes comme un abri, et Djatâyou ne fut pas brûlé; mais le soleil fit sur moi un hideux ravage et je tombai, précipité des routes du vent. Je tombai sur le Vindhya, mes ailes brûlées, mon âme frappée de stupeur, et Djatâyou, comme je l'ai ouï dire, tomba dans la Djanasthâna. Privé de mon royaume, séparé de mon frère, dépouillé de mes ailes, désarmé de ma vigueur, j'ai tous les motifs pour désirer la mort. Je veux me précipiter du faîte de la montagne! A quoi bon maintenant la vie pour un oiseau qui n'a plus d'ailes, qui ne peut marcher sans un aide, qui est devenu semblable au morceau de bois ou tel que la motte de terre?

« Après que j'eus parlé ainsi, en pleurant et dans une vive douleur, au plus vertueux des anachorètes, je versai des larmes, qui ruisselèrent de mes yeux, comme une rivière descend de la montagne. A la vue de ces pleurs, qui baignaient mon visage, le grand saint, touché de compassion, réfléchit un moment et sa révérence me tint ce langage : « D'autres ailes, souverain des oiseaux, te reviendront un jour, et tu dois recouvrer avec elles ta puissance de vision, ta plénitude de vie, ton intelligence, ton courage et ta force. Au temps passé, j'ai ouï dire que tu aurais à faire une grande œuvre ; je l'ai même déjà vue par les yeux de ma pénitence : apprends donc ceci, qui est la vérité.

« Il est un monarque, issu d'Iskshwâkou et nommé Daçaratha : il aura un fils d'une splendeur éclatante, appelé Râma. Ce prince d'un héroïsme infaillible, obéissant à l'ordre de son père dans une chose inutile à raconter, s'en ira dans les forêts, accompagné de son épouse et de son frère. Un roi de tous les Rakshasas, qui a nom Râvana, invulnérable aux Démons et même aux Dieux, lui ravira son épouse dans le Djanasthâna. Des singes, messagers de Râma viendront ici dans la recherche de sa royale épouse : je te confie le soin de leur indiquer en quel pays ils doivent trouver la fille du roi Djanaka. Tu ne dois pas quitter ces lieux sous aucun prétexte : où d'ailleurs irais-tu en l'état où tu es ? Un jour on te rendra tes ailes ; attends ainsi le moment ! »

« Depuis lors, consumé par la douleur, mais

docile aux paroles du solitaire, je n'ai pas voulu déserter mon corps, soutenu que j'étais par l'espérance de voir le plus noble des Raghouides. »

Il dit ; et les chefs des quadrumanes sentent leur joie doublée à ces paroles, que le roi des vautours avait distillées de sa bouche avec une saveur d'ambroisie.

Alors que Sampâti causait de cette manière avec eux, il repoussa des ailes au magnanime volatile en présence de ces hôtes des bois. Le monarque des oiseaux, voulant connaître jusqu'où ses ailes pouvaient s'élever, déploya son essor du sommet de la montagne ; et tous les singes de suivre, les regards tournés vers la cime du mont, Sampâti dans son vol sublime. Puis, l'oiseau vint se reposer sur le faîte et reprit de nouveau la parole en ces termes, d'une voix que sa joie avait épanouie dans les plus suaves modulations :

« Singes, vous voyez tous quel est ce miracle du rishi Niçâkara, en qui la pénitence avait consumé entièrement la matière ! N'épargnez aucun effort ! vous arriverez bientôt à découvrir Sitâ ; le saint n'a fait renaître mes ailes sous vos yeux que pour vous en donner l'assurance ! Il vous faut diriger vos pas, singes, vers la haute montagne au vaste sommet, qui est située au nord pour la mer du Midi : une faible distance la sépare du mont Malaya. Là, confiez tous la charge de sauter par-dessus la mer à ce héros, qui parmi vous est capable de franchir cent yodjanas sans trouver ni rocher, ni terre où il puisse mettre un instant son pied ! » A ces mots, il dit adieu aux quadrumanes et, s'étant plongé au milieu des airs, il partit d'un essor rapide comme les ailes de Garouda.

Alors, d'un pas égal à celui du vent, les singes dans une résolution bien arrêtée, s'avancent, l'âme contente, vers la plage désirée, sur laquelle préside le noir souverain des morts.

A la vue de cette mer sans rivage ultérieur comme le ciel, ceux-ci parmi les singes tombèrent dans l'abattement, ceux-là tressaillirent de joie. Dans le but de ranimer leur courage, Angada leur tint ce langage : « Quadrumanes à l'héroïque vigueur, il ne faut pas vous abandonner au découragement. Qui pourrait aller d'ici à Lankâ et revenir en deux bonds vigoureux ? Qu'il réfléchisse mûrement et qu'il parle, celui qui possède en lui-même ce don merveilleux de franchir une distance ! celui grâce auquel revenus un jour d'ici, heureux et couronnés du succès, nous reverrons nos fortunes, nos épouses et nos fils ! » A ces paroles d'Angada, qui que ce fût parmi les singes ne répondit un seul mot, et les chefs du peuple restèrent là tous immobiles.

Djâmbavat aux longs bras passe les quadrumanes en revue dans sa pensée et répond, au fils de Bâli : « Prince des singes, je connais le héros quadrumane qui peut franchir cent yodjanas et revenir couronné du succès. »

Quand il eut parcouru de ses regards cette armée abattue des singes, qui formait plusieurs centaines de milliers, Djâmbavat s'avança vers Hanoûmat, couché à part, sans mot dire, lui, habile dans toutes les matières des Çastras et l'un des principaux de l'armée quadrumane : « Pourquoi, lui dit-il, pourquoi ne parles-tu pas, Hanoûmat ? Je suis vieux aujourd'hui, ma vigueur s'est évanouie ; la saison où me voici maintenant est celle de la mort ; tous les dons au contraire accompagnent l'âge dont jouit ta grandeur. Déploie donc, héros, déploie donc tes moyens ! N'es-tu pas en effet le plus excellent des singes ? »

Excité par le plus vénérable des singes, le fils du Vent, ce guerrier d'une vitesse renommée, se fit soudain une forme allongée propre à naviguer dans les airs, spectacle qui ravit alors toute l'armée des simiens.

Tandis que l'intelligent quadrumane se gonflait, son visage enflammé brillait, semblable au soleil, roi du ciel, ou tel qu'un feu sans fumée. Il se leva du milieu des singes, et, le poil hérissé, il s'inclina devant les grands et leur tint ce langage : « Qu'il en soit ainsi ! Je passerai la mer, en déployant ma vigueur, et je reviendrai, ma mission accomplie : ayez, singes, ayez foi tous en moi ! Tel que Garouda, les ailes déployées, enlève un long serpent ; tel je vais d'un vol rapide m'emparer du ciel, séjour des oiseaux. Vous nobles singes, attendez-moi tous dans ces lieux ; je vais franchir en courant les cent yodjanas. Réjouissez-vous donc, singes ! je verrai la Vidéhaine : mes pressentiments me le disent et je la vois déjà même avec les yeux de ma pensée. »

L'habile Angada répondit en ces paroles : « Héros, singe rempli de vigueur, nous resterons ici tant que va durer ton voyage, notre pied comme enraciné dans le même vestige : en effet, c'est de toi, noble singe, que dépendent les existences de nous tous. » A peine eut-il recueilli ce langage, que lui tenaient Angada et l'Assemblée des quadrumanes, le grand singe ayant salué ceux à qui cet hommage était dû, se mit à dilater ses proportions naturelles.

Ce fortuné prince, de qui la main terrassa toujour ses ennemis, Hanoûmat, environné des singes, monta sur le Mahéndra. Quand le singe pressa de ses deux pieds la noble montagne, elle rendit un mugissement : tel, dans sa colère, un grand éléphant qu'un lion a blessé. Les hauteurs brisées du sommet vomirent des ruisseaux pleins d'écume, les éléphants et les singes tremblèrent, la tige des grands arbres fut ébranlée. Le noble singe, debout sur le sommet de la montagne, brillait alors, tel que Vishnou sur le point de franchir le monde en trois pas.

Pour obtenir une bonne traversée de la grande mer, le singe aux longs bras de s'incliner avec recueillement, ses mains réunies aux tempes, en l'honneur des Immortels. Puis il embrassa les siens, et, les ayant salués d'un pradakshina, il s'élança dans la route pure et sans écueil, habitée par le vent. « Au retour! » s'écrièrent tous les singes. A cet adieu, il étendit ses longs bras et se tint la face tournée vers Lankâ. Ses deux bras, allongés dans les champs du ciel, resplendissaient pareils à deux cimeterres sans tache ou semblables à deux serpents vêtus d'une peau nouvelle.

En quelque lieu de la mer que passe le grand singe, on voit les ondes entrer comme en furie, soulevées par l'air que déplace son corps. A la vue de ce tigre-simien, qui nage en plein ciel, les reptiles, qui ont leurs habitations dans la mer, pensent que c'est Garouda lui-même. Les poissons de tomber dans la stupeur, en voyant l'ombre de ce roi des singes, couvrir dix yodjanas de sa largeur, et trois fois plus avec sa longueur. Les grands nuages, labourés par les bras du singe, éclataient de couleur pourpre, blanche, rouge et noire dans l'espace illuminé de foudres, enflammé d'éclairs et que la chute des tonnerres festonnait avec des guirlandes de feu.

Parvenu tout à fait sur le rivage ultérieur, le singe, toujours maître de son âme, fit cette réflexion : « J'exciterais à coup sûr, je pense, la curiosité des Rakshasas, s'ils me voyaient entrer dans leur ville avec ces membres démesurés. » Le singe alors diminua extrêmement son corps, et, pour se mettre à couvert de la curiosité, il revint à son état naturel, comme Vishnou, quand il eut opéré ses trois pas. Il s'avança vers Lankà, ceinte de tous les côtés, en haut, par des remparts semblables à des masses blanches; en bas, par des fossés remplis d'eaux intarrissables et bien profondes ; cette ville, qu'environnait un grand retranchement fait d'or ; cette ville pavoisée d'étendards et de drapeaux, ornée de balcons, les uns de cristal, les autres d'or, se couronnait avec des centaines de belvédères surétageant le faîte de ses maisons.

Hanoûmat, le fils du Vent, roula ces nouvelles pensées en lui-même : « Par quel moyen verrai-je la Mithilienne, auguste fille du roi Djanaka, sans être vu de Râvana, ce cruel monarque des Rakshasas ? »

Aussitôt faites ces réflexions, Hanoûmat de

gagner un bois vers le coucher du soleil et de s'y tenir caché dans l'attente du moment où il puisse tromper l'œil des Rakshasas. Ensuite, quand le jour a disparu, le vigoureux fils du Vent, qui doit pénétrer la nuit dans Lankâ, se réduit à la grosseur d'un chat, et, sautant sur le boulevard, il se met à contempler cette ville entière, fondée sur la cime d'un mont. Tel que le ciel brille de ses constellations, elle étincelait de magnifiques palais, hauts comme la cime du Kêlâsa, blancs comme les nuages d'automne. L'intelligent et sage fils du Vent s'élança d'un bond rapide à l'heure où le soir étend ses voiles, et pénétra dans la ville de Lankâ aux grandes rues biens distribuées.

Alors, dans les demeures des Rakshasas, les rires, les cris et les causeries, sur lesquels dominait le son des instruments de musique ; alors, dis-je, tous ces bruits se mêlaient ensemble pour former en quelque sorte la seule voix de Lankâ. Arrivé dans la grande rue, il vint cette pensée à l'esprit du singe intelligent, qui promenait ses regards de tous les côtés :
« Je vais inspecter l'une après l'autre toutes les entrées de ces maisons princières qui ont l'éclat des constellations ou des planètes, et qui montent, pour ainsi dire, jusqu'au ciel. »

La lune, comme si elle eût prêté son ministère au singe, s'était levée environnée par les bataillons des étoiles. Le singe intelligent voit dans ses courses les maisons pleines de gens ivres ou somnolents, de trônes, de chars, de chevaux, et remplies même des dépouilles conquises par la main des héros.

Tandis que le prince des singes promenait ainsi tour à tour ses yeux dans chaque maison, il y remarqua des femmes jolies, gracieuses, enivrantes de gaieté, suavement parées de fleurs. Mais il ne vit point Sitâ, issue d'une origine miraculeuse, née dans la famille des rois; elle, de qui l'image habitait dans le cœur de son époux et qui, pleine de son amour, appelait Râma de tous ses vœux. Voyant qu'il n'avait aperçu nulle part l'épouse de Râma, le grand singe, aimé de la fortune, s'approcha de la demeure habitée par le monarque des Rakshasas. Un haut rempart couleur de soleil environnait son château, décoré, non moins que défendu, par des fossés, auxquels des masses de nélumbos formaient comme des pendeloques. Le singe en fit le tour, examinant ce palais aux arcades faites d'or, toutes semées de perles et de pierreries, aux enceintes d'argent, aux colonnes massives d'or. Il contempla ce palais sublime, hérissé par les hampes des étendards, troublé par le cri des paons et semblable au mont appelé Mandara.

Tandis qu'il parcourait tout des yeux, Hanoûmat vit un siége éminent de cristal, orné de pierreries et semblable au trône des Immortels. Il vit, tel que l'astre des nuits, monarque des étoiles, un parasol blanc, orné de tous les côtés par les plus belles guirlandes suspendues à des rubans. Là, semblable à un nuage et revêtu d'une longue robe en argent, avec des bracelets d'or bruni, ses yeux rouges, ses vastes bras, tous ses membres oints d'un sandal rouge à l'exquise odeur ; là, éventé par de nobles dames, le chasse-mouches et l'éventail en main, orné des plus belles parures, embaumé de parfums divers et dans les vapeurs du plus suave encens, apparut aux yeux du grand singe ce héros, l'amour des filles nées des Naïrritas et la joie des jeunes Rakshasis, ce monarque souverain des Rakshasas, endormi sur un lit éblouissant de lumière.

Le singe vit couchée dans un lit éclatant, disposé auprès du monarque, une femme charmante, douée admirablement de beauté. Reine du gynæcée, cette blonde favorite, semblable à la nuance de l'or, était là étendue sur un divan superbe : Mandaudari était son nom. Quand le Màroutide aux longs bras l'eut considérée un moment, sa jeunesse et sa beauté si parfaites lui firent naître cette pensée : « Ce ne peut être que Sîtà ! » Il en fut d'abord saisi d'une grande joie et s'applaudit, émerveillé. Ensuite, le fils du Vent écarte cette conjecture et son esprit sage, embrassant une autre opinion, s'arrête à cette idée sur la princesse du Vidéha : « Cette dame, pensa-t-il, ne doit, séparée qu'elle est de Râma, ni dormir, ni manger, ni se parer, ni goûter à quelque breuvage. Elle ne doit pas se tenir à côté d'un autre homme, fût-ce Indra, le roi des Immortels ! »

Il dit ; et le prudent fils de Mâroute, promenant sur elle un nouveau regard, observa tels et tels gestes, d'où il conclut que ce n'était point Sitâ. Ensuite, brûlant de voir Sitâ, le Mâroutide Hanoûmat de continuer ses recherches au milieu du palais, dans les maisons ou berceaux de lianes, dans les salles de tableaux, dans les chambres de nuit ; mais il ne vit pas encore là cette femme au charmant visage.

Le singe remarqua un grand çinçapâ d'or, qui étendait au large ses branches couvertes de nombreuses feuilles et de jeunes rameaux. Le grand singe courut en bondissant vers le çinçapâ au faîte élevé, arbre majestueux né au milieu de ces arbres d'or. Arrivé au pied, le brave Hanoûmat se mit à rouler ces pensées en lui-même : « D'ici je verrai la Mithilienne, qui soupire après la vue de son époux, marcher à son gré çà et là, ses yeux baignés de larmes, son cœur dans la tristesse, captive et toute pantelante, comme une daine séparée de son daim et tombée sous la griffe d'un lion. » Après cette réflexion du magnanime Hanoûmat, soit qu'il cherchât dans le cercle de l'horizon l'épouse du monarque des hommes, soit qu'il jetât ses regards au pied de l'arbre couvert de fleurs, Hanoûmat voyait tout, caché lui-même dans l'épaisseur de son feuillage.

L'optimate singe aux longs bras vit des Rakshasîs difformes. Elles avaient la face rébarbative et le teint noir ou tanné : irascibles, amies des rixes, elles tenaient à la main des marteaux, des maillets d'armes et de grandes piques en fer. Elles se repaissent de chair; elles ont les mains et la face ointes de graisse, elles ont tous leurs membres souillés de chair et de sang.

Le singe joyeux et le poil hérissé de plaisir vit enfin dans le cercle des Rakshasîs, telle que Rohinî dans la gueule de Râhoû, cette reine infortunée qui étreignait dans ses bras, comme une liane en fleurs, cet arbre sur les branches duquel Hanoûmat se tenait accroupi. Le singe vit cette charmante femme s'asseoir, pleine de sa tristesse, à la racine de l'arbre sisô, le visage troublé comme le croissant de la lune, voilé par un nuage au commencement de sa quinzaine blanche. Désolée, amaigrie par l'abstinence, baignant sa face de larmes, très délicate, l'âme épuisée de chagrins et le corps de souffrances, elle jetait épouvantée de nombreux et longs soupirs. A l'aspect de cette femme souillée de taches et de poussière, triste et non parée, elle si digne des parures, l'incertitude assiégea l'esprit du singe dans ses investigations. Le fils du Vent, Hanoûmat, la reconnut avec peine : « C'est là, se dit-il, c'est là cette femme inébranlable dans sa fidélité à son époux, Sitâ, la fille du magnanime Djanaka, ce roi de Mithila, si dévoué à son devoir ! Je veux interroger cette vertueuse Mithilienne, troublée par l'odieux Râvana, comme une fontaine par un homme altéré. »

S'étant réveillé au temps opportun, le puissant monarque des Rakshasas, sa robe et ses guirlandes tombées, la tête encore échauffée par l'ivresse, tourna sa pensée vers la Vidéhaine. Car, enchaîné fortement à Sitâ, enivré d'amour jusqu'à la fureur, il ne pouvait cacher la passion effrénée dont son âme était consumée pour elle. Brûlant de voir la Mithilienne, il sortit de son palais : il était paré de tous ses joyaux et portait une magnificence incomparable. Une centaine de femmes seulement suivaient Râvana dans sa marche. Le fils du Vent alors entendit le son des noûpouras et des ceintures, qui gazouillaient aux pieds et sur les flancs de ces femmes du plus haut parage. A la vue de la splendeur infinie qu'il semait de tous les côtés : « C'est le monarque aux longs bras ! » pensa le singe vigoureux à la grande énergie. L'intelligent quadrumane s'élance à terre et, gagnant une autre branche cachée au milieu des feuilles et des arbrisseaux, il s'y tient, désireux de voir ce que va faire le monstre aux dix têtes.

A l'aspect de Râvana, l'auguste femme trembla, comme un bananier battu par le vent. Le Démon aux dix têtes vit l'infortunée Vidéhaine gardée par les troupes des Rakshasis, en proie à sa douleur et submergée dans le chagrin comme un vaisseau dans la grande mer. Il vit, inébranlable dans la foi jurée à son époux, il vit la triste captive assise alors sur la terre nue : telle une liane coupée de l'arbre conjugal et tombée sur le sol. Il la vit saisie de mouvements convulsifs à son approche.

Râvana tint ce langage avec amour à l'infortunée Sitâ : « A mon aspect, te cachant çà et là dans la crainte, tu voudrais te plonger au sein de l'invisibilité. Il n'est ici, noble dame, ni hommes quelconques, ni Rakshasas mêmes : bannis donc la terreur, Sitâ, que t'inspire ma présence. Prendre les femmes de force et les ravir avec violence, ce fut de toutes manières et dans tous les temps notre métier, dame craintive, à nous autres Démons Rakshasas. Je t'aime, femme aux grands yeux ! Sache enfin m'apprécier, ma bien-aimée, ô toi en qui sont réunies toutes les perfections du corps. Accorde-moi ton amour, chère Vidéhaine, et ne reste point ainsi plongée dans le chagrin. Mithilienne, sois mon épouse, sois mon épouse favorite, à la tête de mes nombreuses femmes les plus distinguées. Les joyaux que j'ai ravis aux mondes avec violence, ils sont tous à toi, dame craintive, et ce royaume et moi-même. A cause de toi, je veux conquérir toute la terre, femme coquette, et la donner à Djanaka, ton père, avec les villes nombreuses qui en couvrent l'étendue. »

Après qu'elle eut écouté ce langage du Rakshasa terrible, Sîtâ oppressée, abattue, d'une voix triste, lui répondit ces mots prononcés avec lenteur : « C'est une chose honteuse, que je ne dois pas faire, moi, vertueuse épouse, entrée dans une famille pure et née dans une illustre famille. Je suis l'épouse d'un autre, je ne puis donc être une épouse convenable pour toi. Ni ton empire, ni tes richesses ne peuvent me séduire : je n'appartiens qu'à Râma, comme la lumière n'appartient qu'à l'astre du jour ! Avant peu le Raghouide, mon époux, fondant sur toi, son odieux rival, m'arrachera de tes mains. »

A ces paroles de la Mithilienne, le monarque irrité des Rakshasas lui répondit ces mots dans une colère montée jusqu'à la fureur : « Tu crois sans doute que ta condition de femme te met à l'abri du supplice, et c'est là ce qui t'excite à me tenir sans crainte ce langage outrageant. Au point où ma colère est montée, amassée comme elle est sur ta tête, il faudra bien que je t'envoie à la mort ! Si tu vis maintenant, c'est grâce à ce que tu es une femme !

Pour chacune des paroles outrageantes que tu m'as dites, Mithilienne, une horrible mort ne serait qu'un juste châtiment. Mais il me faut patienter encore deux mois : je t'accorde ce temps ; puis, monte dans ma couche, femme aux yeux enivrants. Passé le terme de ces deux mois, si tu refuses de m'accepter pour ton époux, mes cuisiniers te couperont en morceaux pour mon déjeuner ! »

A la vue de cette belle Djanakide ainsi menacée par le monstre aux dix têtes, les jeunes filles aux grands yeux des Gandharvas et des Dieux furent saisies par la douleur. Résolues à la défendre, elles se mirent, avec les mouvements de leurs yeux obliques et les signes de leurs visages à rassurer Sîtâ contre les menaces du hideux Rakshasa.

Râvana, qui fait répandre tant de larmes au monde, impose un ordre à toutes les Rakshasis épouvantables à la vue. « Rakshasis, leur dit-il, faites ce qu'il faut, sans balancer, à l'ordre que je vous donne ici, pour que Sîtâ la Djanakide sache bientôt obéir à ma volonté ! Employez pour la rompre tous les moyens, les présents et les caresses, les flatteries et les menaces : faites-la s'incliner vers moi à force de travaux mêmes et par de nombreux châtiments ! » Quand il eut donné ce commandement aux furies, le monarque des Rakshasas, l'âme pleine de colère et d'amour, sortit abandonnant la Djanakide.

Le monarque des Rakshasas était à peine sorti et retourné dans son gynœcée, que les Rakshasis aux formes épouvantables s'élancèrent toutes vers Sîtâ. Ces furies aux visages difformes commencent par se moquer de leur captive; ensuite elles couvrent à l'envi de paroles choquantes et d'injures cette infortunée, à qui des louanges seules étaient si bien dues. « Quoi! Sîtâ, tu n'es pas heureuse d'habiter ce gynœcée, meublé de couches somptueuses ? Pourquoi donc es-tu fière d'avoir un époux de condition humaine ? Détourne ta pensée de Râma; tu ne dois plus jamais retourner vers lui ! »

A ces mots des Rakshasis, la Djanakide au visage de lotus répondit en ces termes, les yeux remplis de larmes : « Mon âme repousse comme un péché ce langage sorti de votre bouche, ces affreuses paroles, exécrées du monde. Qu'il soit malheureux ou banni de son royaume, l'homme qui est mon époux est l'homme que je dois vénérer. Il est donc impossible que je renie mon époux : n'est-il pas une divinité pour moi ? »

Les Rakshasis irritées se penchent de tous les côtés sur la tremblante Vidéhaine, lèchent avidement Sîtâ avec ces hideuses langues, dont leur grande bouche est couverte; et, saisissant leurs épées, empoignant leurs bipennes, lui disent, enflammées de courroux : « Si tu ne veux pas de Râvana pour ton époux, tu vas périr : n'en doute pas ! » A ces menaces, elle de s'enfuir et de se réfugier, baignée de larmes, au tronc du çinçapâ. Mais, de tous les côtés, les Rakshasîs n'en continuent pas moins d'effrayer la Vidéhaine maigre, le visage abattu, le corps vêtu d'une robe souillée.

Ensuite une Rakshasî à l'aspect épouvantable, les dents longues, le ventre saillant, les formes encolérées, Vinatâ ou la Courbée, c'est ainsi qu'elle était nommée, lui dit : « Il suffit de cette preuve, Sîtâ, que tu aimes ton époux. En tous lieux, ce qui passe la mesure est un malheur. Je suis contente de toi, noble dame : ce qu'on peut faire humainement, tu l'as fait ! Mais écoute la parole de vérité que je vais dire, Mithilienne. Accepte comme époux Râvana, le souverain de tous les Rakshasas. Si tu ne suis pas ce conseil, que, moi ! je te donne ici, nous allons toutes, à cette heure même, te manger ! »

Une autre furie, horrible à la vue et nommée la Déhanchée, dit en vociférant, les formes toutes courroucées et levant son poing : « C'est trop de paroles inconvenantes, que notre douceur et notre bienveillance pour toi nous ont fait écouter patiemment ! A cause de toi, ma jeune enfant, nous sommes accablées de peines et de soins : à quoi bon tarder, Sîtâ ? Aime Râvana, ou meurs ! Si tu ne fais pas ce que je dis là, toutes les Rakshasîs vont te manger à cette heure même, n'en doute pas ! »

Ensuite, Tête-de-Cheval, rôdeuse épouvantable des nuits, la bouche en feu et les yeux enflammés, dit : « Longtemps nous avons mêlé nos caresses aux avis que nous t'avons donnés, Mithilienne, et cependant tu n'as pas encore suivi nos paroles salutaires. Tu fus amenée sur le rivage ultérieur de la mer inabordable pour d'autres, et tu es entrée, Mithilienne, dans le gynœcée terrible de Râvana. C'est assez verser de larmes ! abandonne cet inutile chagrin ! Accepte pour ton époux Râvana, le souverain de tous les Rakshasas : ou bien, si tu n'obéis pas comme il faut à la parole que j'ai dite, nous allons t'arracher le cœur et nous le mangerons ! »

Après elle, une Rakshasî d'un horrible aspect et nommée Ventre-de-Tonnerre jeta ces mots, brandissant une grande pique : « Alors que je vis cette femme, devenue la proie de Râvana ; elle de qui les yeux se jouaient comme une onde et le sein palpitait de crainte, il me vint une grande envie de la manger. Quel régal, pensais-je, de savourer son foie, sa croupe, sa poitrine, ses entrailles, sa tête et son cœur tout dégouttant de sang liquide ! »

La Rakshasî, nommée la Déhanchée, prit de nouveau la parole : « Étranglons Sîtâ, fit-elle, et nous irons annoncer qu'elle est morte de soi-même. En effet, quand il aura vu cette femme sans respiration et passée dans l'empire d'Yama : « Eh bien ! mangez-la, » nous dira le maître ; je n'en doute pas. »

« — Partageons-la donc entre nous toutes, car je n'aime pas les disputes, » lui répondit une Rakshasî, qui avait nom Tête-de-Chèvre. — J'approuve ce que vient de nous dire ici Tête-de-Chèvre. Si elle ne veut pas faire comme il fut dit par nous, eh bien ! mettons un genou sur elle et mangeons-la de compagnie ! »

Aux paroles des Rakshasîs, la sage Vidéhaine s'appuya sur une longue branche fleurie d'açoka, et là, brisée par le chagrin, l'âme en quelque sorte exhalée, elle reporta une pensée vers son époux : « Hélas ! Râma ! » s'écria-t-elle, assaillie par la douleur ; « Hà ! Lakshmana ! » fit-elle encore : « Hélas ! Kaûuçalyà, ma belle-mère ! Hélas ! noble Soumitrà ! »

Tandis que la fille du roi Djanaka parlait ainsi, des larmes ruisselaient à son visage ; et, malade, vivement affligée, la tête baissée à terre, la jeune femme se lamentait comme une égarée ou telle qu'une insensée, tantôt, comme engourdie au fond d'une tristesse inerte ; tantôt, se débattant sur le sol comme une pouliche qui se roule dans la poussière. « Si Râma savait que je suis captive ici dans le palais de Râvana, sa main irritée enverrait aujourd'hui ses flèches dépeupler tout Lankâ de Rakshasas ; il tarirait sa grande mer et renverserait la ville même ! »

A ce langage de Sîtâ, ses gardiennes sont remplies de colère : les unes s'en vont rapporter ses discours au cruel Râvana ; les autres, furieuses à l'aspect épouvantable, s'approchent d'elle et recommencent à l'accabler de paroles outrageantes et même de paroles sinistres : « O bonheur ! c'est maintenant, ignoble Sîtâ, puisque tu choisis un parti funeste ; c'est maintenant que les Rakshasîs vont manger les chairs arrachées de tous les côtés sur tes membres ! » Or, en ce moment, parlait un oiseau perché sur une branche, adressant à l'affligée mainte et mainte consolation puissante ; corneille fortunée, elle envoyait à la captive sa douce parole de « bonjour, » et semblait annoncer à Sîtâ la prochaine arrivée de son époux.

Le vaillant Hanoûmat entendit, sans que rien lui échappât, toutes ces paroles ; le fils du Vent regarda cette reine malheureuse comme il eût regardé une Déesse elle-même au sein de Nandana. « Si je m'en retourne sans avoir consolé dans son abandon cette infortunée, de qui l'âme est plongée dans la tristesse, cet oubli sera blâmé fortement comme une faute. Il m'est impossible de m'entretenir avec elle en présence de ces rôdeuses impures des nuits. Comment donc faire ? » se disait Hanoûmat. Il dit ; et, s'étant recueilli dans ses réflexions, le singe intelligent adopte enfin cette idée : « Je vais lui nommer

Râma aux travaux infatigables, et lui parler dans un langage sanscrit, mais comme on le trouve sur les lèvres d'un homme qui n'est pas un brahme. De cette manière, je ne puis effrayer cette infortunée, de qui l'âme est allée dans sa pensée rejoindre son époux. »

Le grand singe fit tomber ces mots avec lenteur dans l'oreille de Sîtâ : « Reine, que vit naître le Vidéha, ton époux Râma te dit par ma bouche ce qu'il y a de plus heureux ; et le jeune frère de ton mari, Lakshmana, le héros, te souhaite la félicité ! » Tremblante alors et l'âme tout émue, la modeste Sîtâ vit, assis au milieu des branches, un singe d'un aspect aimable. A la vue du noble quadrumane posé dans une attitude respectueuse : « Ce que j'ai cru entendre n'était qu'un songe ; pensa la dame de Mithila. S'il y a quelque chose de réel dans ce que dit là cet habitant des bois, daignent ces Dieux faire que toutes les paroles en soient véritables ! »

Ensuite, Hanoûmat adressa une seconde fois la parole à Sîtâ : « Si tu es Sîtâ la Vidéhaine, que Râvana put un jour enlever de force dans le Djanasthâna, dis-moi, noble dame, la vérité. »

Quand elle eut ouï ces paroles d'Hanoûmat, la Vidéhaine, que le nom de son époux avait remplie de joie, répondit en ces termes au grand singe, qui était venu se placer dans le milieu du çinçapâ : « Je suis la fille du magnanime Djanaka, le roi du Vidéha : on m'appelle Sîtâ, et je suis l'épouse du sage Râma. »

A ces paroles de Sîtâ, le noble singe Hanoûmat lui répondit en ces termes, l'âme partagée entre la douleur et le plaisir : « C'est l'ordre même de Râma qui m'envoie ici vers toi en qualité de messager ; Râma est bien portant, belle Vidéhaine ; il te souhaite ce qu'il y a de plus heureux. » A ces mots, le singe de s'incliner devant elle et Sîtâ de pousser à cette vue un long et brûlant soupir.

Ensuite, la fille du roi Djanaka eut le désir de connaître mieux le singe, et, cette pensée conçue, la Mithilienne de lui parler en ces termes : « Puisque tu es le messager de Râma, veuille bien encore, ô le meilleur des singes, me dire quel est ce Râma, allié des singes, habitants des bois ? »

A ces paroles de Sîtâ, l'auguste fils du Vent lui répondit : « Sous peu de temps, accompagné de Lakshmana et de Sougrîva, tu verras venir ici ton Râma au milieu des singes par dix millions comme Indra au milieu des Maroutes. Je suis le singe appelé Hanoûmat, le conseiller de Sougrîva et le messager de Râma, ce héros infatigable et ce lion des rois. J'ai franchi la grande mer et je suis entré dans la cité de Lankâ. Je ne suis pas ce que tu penses, reine : abandonne ce doute, crois-en ma parole, Mithilienne, car jamais un mensonge n'a souillé ma bouche. Comme tu ne vois en moi qu'un singe, c'est évident! et non pas autre chose, reçois donc cet anneau, sur lequel est écrit le nom de Râma; car il me fut donné par ce magnanime comme un signe qui devait m'accréditer. »

Les membres palpitants de joie et la face baignée de larmes, la royale captive reçut alors cet anneau et le mit sur sa tête. A peine entendues les paroles que Râma lui envoyait, à peine vu l'anneau, elle versa de ses yeux noirs et charmants l'eau dont la source est dans la joie. Elle dit ensuite au fils du Vent : « Je suis contente de toi, singe, puisses-tu jouir d'une longue vie ! Sois heureux ! toi, par qui me fut annoncé que mon époux est en bonne santé avec son frère puîné. »

A ces paroles de Sitâ, le fils du Vent lui répondit en ces termes d'une voix douce et les mains réunies en coupe à ses tempes : « Reine, ton Raghouide ne sait pas encore que tu es ici : à mon retour, ses flèches consumeront bientôt cette ville. Là, si la Mort, si les habitants du ciel avec Indra osent tenir pied devant lui, ce noble fils de Kakoutstha leur fait mordre à tous la poussière du champ de bataille ! Plongé dans une grande affliction par ton absence de ses yeux, Râma ne trouve de calme nulle part, comme un taureau assailli par un lion. »

Quand elle eut écouté ce discours, Sîtâ, répondit au singe : « Quand donc Râma, ce héros, ce soleil qui sème en guise de rayons un réseau de flèches, dissipera-t-il avec colère ces ténèbres que Râvana fit naître sur notre ciel ? »

Le noble singe répondit en ces termes : « Je vais aujourd'hui même te porter sur le sein de Râma, Mithilienne aux beaux cheveux annelés, comme le feu porte aux Dieux l'offrande sacrifiée sur les autels. Viens ! monte sur mon dos, reine ; assure tes mains dans ma crinière ! Je te ferai voir ton Râma aujourd'hui même. »

A ces paroles agréables du terrible singe Hanoûmat, la Mithilienne en ces termes lui dit avec modestie : « Comment pourrais-tu, noble singe, toi de qui le corps est si petit, me porter de ces lieux jusqu'en présence de mon époux, le monarque des enfants de Manou ? » Hânoûmat répondit à ces mots de Sîtâ : « Eh bien ! Vidéhaine, vois seulement la forme que je vais prendre maintenant ! » Alors, ce tigre des singes à la grande énergie, lui, auquel était donné de changer sa forme à volonté, il s'augmenta dans ses membres. Devenu semblable à un sombre nuage, le prince des quadrumanes se mit en face de Sîtâ et lui tint ce langage : « J'ai la force de porter Lankâ même avec ses chevaux et ses éléphants, ses arcades, ses palais et ses remparts, ses parcs, ses bois et ses montagnes ! »

Quand la fille du roi Djanaka vit semblable à une montagne le propre fils du Vent, cette princesse aux yeux grands comme les pétales des nymphées lui dit : « Je sais que tu as la force, singe, de me porter dans cette course ; mais il ne sied pas que l'épouse de ce Râma, aux yeux de qui le devoir siège avant tout, monte sur le dos même d'un être que l'on appelle d'un nom affecté au sexe mâle. »

A ce langage, le singe Maroutide, aux louables qualités, répondit à Sitâ : « Ce que tu dis, reine à l'aspect charmant, est d'une forme convenable ; ce discours est assorti au caractère d'une femme qui siège au rang des plus vertueuses ; il est digne enfin de tes vœux. Si tu ne peux venir avec moi par la voie des airs, donne-moi un signe que Râma sache reconnaître. »

A ces paroles d'Hanoûmat, la jeune Sitâ, semblable à une fille des Dieux, lui répondit ces mots d'une voix que ses larmes rendaient balbutiante : « Dis au roi des hommes : Sitâ la Djanakide, vouée au soin de conserver ta faveur, est couchée, en proie à la douleur, au pied d'un açoka et dort sur la terre nue. Les membres pantelants de chagrin, aspirant de tout son cœur à ta vue, Sitâ est plongée dans un océan de tristesse ; daigne l'en retirer. Maître de la terre, tu es plein de vigueur, tu as des flèches, tu as des armes ; et Râvana qui mérite le trépas vit encore ! Que ne te réveilles-tu ? »

A ces paroles de Sitâ, Hanoûmat répondit en ces termes : « Ton époux accomplira tout ce qui fut dit par toi, Mithilienne. Veuille me confier, noble dame, un signe, que Râma connaisse et qui mette la joie dans son cœur. »

A ces mots, Sitâ, regardant tout le gracieux tissu de ses cheveux entrelacés dans une tresse, délia sa longue natte et donna au singe Hanoûmat le joyau qui retenait la chevelure attachée : « Donne-le à Râma, » dit cette femme, semblable à une fille des Immortels. Le noble singe reçut le bijou : « Adieu ! lui dit-il, femme aux grands yeux; ne veuille pas t'abandonner au chagrin ! » Quand le singe eut incliné sa tête devant Sitâ et se fut éloigné d'elle, il fit ces réflexions : « Il reste peu de chose dans cette affaire; j'ai vu la princesse aux yeux noirs. Je ne vois que l'énergie maintenant pour dénouer ce nœud. Je détruirai donc, comme le feu dévore une forêt sèche, tout le magnifique bocage de ce roi féroce; bocage, riche de lianes et d'arbres variés; bocage, le charme de l'âme et des yeux, semblable au Nandana lui-même ! Et ce parc dévasté allumera contre moi la colère du monarque. » A ces mots, la vaillant Hanoûmat de saccager ce bosquet royal, peuplé de maintes gazelles et rempli d'éléphants ivres d'amour. Bientôt ce bocage n'offrit plus aux regards que des formes hideuses par ses arbres cassés, ses bassins d'eau rompus, et ses montagnes réduites en poussière. Quand le grand singe, émissaire de l'auguste et sage monarque des hommes eut achevé cet immense dégât, il s'avança vers la porte en arcade, ambitieux de combattre seul contre les nombreuses et puissantes armées des Rakshasas.

Cependant le cri du singe et le brisement de la forêt avaient jeté le trouble et l'épouvante chez tous les habitants de Lankâ. Aussitôt que le sommeil eut abandonné leurs paupières, les Rakshasis aux hideuses figures virent ce bocage dévasté et le géant héros des quadrumanes. Les Rakshasis de s'en aller raconter cet événement à Râvana. Courbant leurs têtes jusqu'à terre, pleines d'effroi et les yeux égarés : « Roi, lui dirent-elles, un singe au corps épouvantable et d'une vigueur outre mesure se tient au milieu du bocage d'açokas, où il s'est entretenu avec Sitâ. En peu de temps, sire, il a brisé tout le bocage; mais il n'a point saccagé la partie du bois où Sitâ la Djanakide est assise. Veuille bien ordonner, sire, le châtiment de cet audacieux aux actes criminels, qui osa converser avec Sitâ et dévaster le bocage »

A ces mots des furies, le souverain des Rakshasas, les yeux rouges de colère, flamboya comme le feu, qui dévore une oblation; et le monarque à la grande splendeur commanda sur-le-champ de saisir Hanoûmat. Aussitôt un héros au cœur généreux, l'invincible Indradjit monta dans son char. Quatre lions aux dents aiguës et tranchantes le traînaient d'une vitesse épouvantable. A la vue du héros Indradjit, qui s'avançait dans son véhicule, le singe poussa un effroyable cri, et rapide il grossit la masse de son corps. Indradjit, monté sur le céleste char, tenant son arc admirable dans sa main, le brandit avec un son égal au fracas du tonnerre. Le singe démesuré, ne songeant pas combien étaient rapides les flèches du guerrier au grand char, excellent archer et le plus habile de ceux qui manient les armes, s'élança tout à coup dans les routes de son père. Là, Hanoûmat, qui avait la vitesse et la force du vent, se tint devant les flèches du héros et s'en moqua.

Il vint cette pensée au fils du roi des Rakshasas touchant le plus grand héros des singes : « J'ai vu que cet animal est immortel ; ainsi de quels moyens n'userai-je pas, comme inutiles, pour me saisir de lui ? » Indradjit, à ces mots, de lier son rival avec la flèche de Brahma. Le singe devint au même instant incapable de tout mouvement et tomba sur la face de la terre. Maltraité par les Rakshasas, accablé par une nuée de projectiles, Hanoûmat ne savait comment se dégager du lien dont ce trait puissant le tenait garrotté.

Quand ils virent le Mâroutide enchaîné par ce trait merveilleux, aussitôt les Rakshasas de l'attacher avec des cordes multipliées de chanvre

et des liens faits du liber enroulé des grands
végétaux. Indradjit lui ôta son dard, lien formidable, dont la délivrance n'était pas connue au
noble singe. Battu à coups de poings et de bâtons
par ces cruels Démons, le Mâroutide fut introduit en la présence du monarque des nocturnes
Génies.

Le fils du Vent aperçut le monstre aux dix
visages, les yeux rouges et tout pleins de colère,
assis dans un siège moelleux et dictant ses ordres
aux principaux de ses ministres, distingués par
l'âge, les bonnes mœurs et la famille. Saisi d'un
grand courroux à la vue du singe aux longs bras,
aux yeux jaunes nuancés de noir, qui se tenait
en face de lui, Râvana dit à Prahasta, le plus
éminent des Rakshasas : « Interroge ce méchant !
Qui est-il ? Quelle raison nous l'amène ? Pour
quel motif a-t-il brisé mon bocage ? Pourquoi
ses menaces contre les Rakshasas ? »

A ces paroles du monarque : « Rassure-toi !
dit Prahasta : salut à toi, singe ! Tu n'as rien à
craindre ici ? Conte-nous la vérité maintenant,
et tu seras mis en liberté ; mais si tu nous dis un
mensonge, il te sera difficile de sauver ici ta vie ! »

A ces mots, le singe doué de la parole, le
quadrumane à la grande vitesse, Hanoûmat, fils
du Vent, tourna les yeux vers le monarque des
Rakshasas et, lui parlant d'une âme ferme, il se
fit connaître au Démon : « Cette forme est la
mienne, et c'est comme singe que je viens ici.

Il ne m'était pas facile d'obtenir cette vue du monarque des Rakshasas; et, si j'ai détruit son bocage, c'est afin d'être amené en sa présence. Je suis venu dans ton palais suivant les ordres de Sougriva. L'Indra des singes, ton frère, Indra des Rakshasas, te souhaite une bonne santé. Écoute les instructions que m'a données le magnanime Sougriva, ton frère.

« Il fut un potentat, nommé Daçaratha; son fils aîné, prince charmant, sortit de la ville aux ordres de son père et s'exila dans la forêt Dandaka. Accompagné de Lakshmana, son frère, et de Sîtâ, son épouse, il entra dans le sentier du devoir que suivent les grands saints. Il perdit au milieu de la forêt sa femme, la chaste Sîtâ, fille du magnanime Djanaka, roi du Vidéha. Tandis qu'il cherchait la reine, ce fils du roi Daçaratha vint avec son frère puîné au mont Rishyamoûka, et là il eut une conférence avec Sougriva. Celui-ci promit à celui-là de chercher Sîtâ. Le roi des quadrumanes a donc envoyé des singes par tous les points de l'espace à la recherche de Sîtâ. Moi, j'ai pour nom Hanoûmat, je suis le propre fils du Vent, et j'ai franchi légèrement à cause de Sîtâ votre mer de cent yodjanas.

« Écoute entièrement le message que je t'apporte ici, grand roi. Quand tu enlevas cette femme pour ta concubine royale, comment n'as-tu pas senti que tu prenais une lionne pour te dévorer? Râma, il en a fait la promesse en face du roi des singes, tranchera la vie du rival odieux par qui sa Mithilienne lui fut ravie. Rejette donc ce lacet de la mort que tu as lié toi-même à ton cou; rejette ce lacet dissimulé sous les formes charmantes de Sîtâ, et pense au moyen qui peut seul te sauver! »

Enflammé de colère à ces mots du singe, le monarque des Rakshasas ordonne qu'il soit conduit à la mort.

Quand Râvana eut commandé le supplice d'Hanoûmat, Vibhîshana lui tint ce langage afin de l'en détourner : « Il n'est pas digne de toi, héros, d'envoyer ce singe à la mort : en effet, le devoir s'y oppose; c'est un acte blâmé dans cette vie et dans l'autre monde. Ce quadrumane est un grand ennemi, nul doute en cela; son crime est odieux, il est infini; mais, disent les sages, on doit respecter la vie des ambassadeurs. Il est plusieurs autres peines desquelles on peut user envers eux. Il est permis de les mutiler dans les membres, de faire tomber le fouet sur leurs épaules, de raser leurs cheveux, d'arracher même leurs insignes : le héraut de qui les paroles sont blessantes mérite de telles punitions; mais on ne voit pas que la mort de l'envoyé soit portée au nombre des châtiments. »

Quand il eut ouï ce discours, le monarque puissant répondit à son frère en ces mots conformes aux circonstances du temps et du lieu :

« Ta grandeur vient de parler avec justesse : on est blâmé pour donner la mort à des ambassadeurs ; nécessairement, il faut infliger à celui-ci une peine autre que la mort. Les singes tiennent leur queue en grande estime ; ils disent qu'elle est une parure : eh bien ! qu'on mette sans tarder le feu à la queue de celui-ci, et qu'il s'en retourne avec sa queue brûlée ! Que ses conjoints, ses parents, ses alliés, ses amis et le monarque des singes le voient tous vexé par la difformité de ce membre ! »

A ces mots les Rakshasas, de qui la colère avait accru la méchanceté, enveloppent sa queue avec de vieilles étoffes en coton. À mesure que l'on entourait sa queue de ces matières combustibles, le grand singe d'augmenter ses proportions, comme un incendie allumé dans les forêts quand la flamme s'attache au bois sec. Ensuite, pleins de fureur et l'ayant arrosée d'huile, ces Démons à l'âme féroce attachent solidement la flamme à sa queue. Ils empoignent Hanoûmat, l'entraînent hors du palais et se font un jeu cruel de promener le grand singe, sa queue enflammée, dans toute la ville, qu'ils remplissent çà et là de bruit avec le son des conques et des tambourins.

Les Rakshasis de s'en aller vite porter cette nouvelle à Sitâ : « Ce singe à la face rouge qui eut un entretien avec toi, Sitâ, lui disent-elles, voici que nos Rakshasas ont mis le feu à sa queue et le traînent ainsi partout! » A ces paroles cruelles et qui, pour ainsi dire, lui donnaient la mort, Sitâ la Djanakide tourna son visage vers le grand singe et conjura le feu par ses incantations puissantes. Cette femme aux grands yeux adora le feu d'une âme recueillie : « Si j'ai signalé mon obéissance à l'égard de mon vénérable, dit-elle; si j'ai cultivé la pénitence ou si même je n'ai violé jamais la fidélité à mon époux, Feu, sois bon pour Hanoûmat! S'il est dans ce quadrumane intelligent quelque sensibilité pour moi, ou s'il me reste quelque bonheur, Feu, sois bon pour Hanoûmat! S'il a vu, ce quadrumane à l'âme juste, que ma conduite est sage et que mon cœur suit le chemin de la vertu, Feu, sois bon pour Hanoûmat! » A ces mots, un feu pur de toute fumée et d'une lumière suave flamboya dans un pradakshinâ autour de cette femme aux yeux doux comme ceux du faon de la gazelle, et sa flamme semblait ainsi lui dire : « Je suis bon pour Hanoûmat! »

Ces pensées vinrent à l'esprit du singe dans cet embrasement de sa queue : « Voici le feu allumé; pourquoi son ardeur ne me brûle-t-elle pas? C'est une faveur, que je dois sans doute à la bonté de Sitâ, à la splendeur de Râma, à l'amitié, qui unit le feu au Vent, mon père! »

Le grand singe, marchant vers la porte de la ville, s'approche alors de cette magnifique entrée, qui s'élevait comme l'Himâlaya. Là, toujours maître de lui-même, le simien se rend aussi grand qu'une montagne; puis, il se ramasse tout à coup dans une extrême petitesse, fait tomber ses liens et, sitôt qu'il en est sorti, le fortuné singe redevient au même instant pareil à une montagne. Ses yeux, observant tout, virent une massue arborée dessus l'arcade : aussitôt le singe aux longs bras saisit l'arme solide toute en fer, et broya de ses coups les gardes mêmes de la porte.

Le grand singe avec sa queue toute en flammes se promena dans Lanka sur les toits des palais, tel qu'un nuage d'où jaillissent les éclairs. Hanoûmat semait le feu, et le Vent, qui aimait son fils, de souffler en même temps l'incendie allumé sur tous les palais. Effrayés par le bruit et vaincus par le feu, ces grands, ces terribles Démons à la force épouvantable, armés de traits divers, se précipitent sur le singe, jettent à l'envi contre Hanoûmat des lances étincelantes, des traits barbelés, une grêle de haches; mais soudain le fils irrité du Vent se donne une forme épouvantable, arrache d'un palais une colonne incrustée d'or, la fait pirouetter cent fois, proclame autant de fois son nom, et, tel qu'Indra sous les coups de sa foudre abat les Asouras, il assomme les horribles Rakshasas.

Après qu'il eut ruiné la ville, porté le trouble au cœur de Râvana, signalé sa force épouvantable et salué Sitâ. ce vaillant meurtrier des ennemis, brûlant de revoir enfin son maitre, escalada le grand mont Arishta. De la cime où il était monté, le héros, fils du Vent, contempla cette mer épouvantable, séjour des reptiles et des poissons. Tel que Mâroute au milieu des airs, le tigre des simiens, ce propre fils du Vent, s'élança dans la route la plus haute de son pére.

Le grand et fortuné quadrumane, voyageur aérien, s'avançait ainsi dans le ciel même, séjour accoutumé du vent, et sa fougue arrachait, pour ainsi dire, les bornes aux dix points de l'espace. Remuant les masses de nuages et les traversant mainte et mainte fois, on le voit comme la lune ; tantôt il apparait à découvert, et tantôt il disparait caché. Descendu sur la haute montagne avec une rapidité extrême, le Mâroutide prit enfin pied sur la cime, hérissée de grands arbres. Alors tous les chefs des singes environnent le magnanime Hanoûmat et se tiennent auprès de lui, tous d'une âme joyeuse.

Hanoûmat à la puissante vigueur salua, inclinant son corps, le grand singe Djàmbavat à la vieillesse reculée et le prince de la jeunesse Angada. Quand il eut reçu d'eux les révérences et les honneurs, qu'il méritait justement, le vaillant quadrumane leur annonça brièvement sa nouvelle : « J'ai vu la reine ! » A ces mots du fils de Mâroute : « J'ai vu la reine ; » ces mots si heureux et semblables en douceur à l'ambroisie même, le cœur des singes fut tout rempli de joie. Les yeux brillants de joie, ils demeurent tous en silence, attentifs recueillis, et le visage dressé vers les paroles qu'allait dire Hanoûmat.

Après qu'il eut raconté toutes ses aventures, Hanoûmat, le fils du Vent, prit de nouveau la parole. « Décidons maintenant tout ce qui est à faire dans la conjoncture. »

Djâmbavat répondit en ces termes : « Fouillez, nous a-t-on dit, l'immense plage méridionale ; » mais ni le roi des singes ni le sage Râma n'ont parlé de conquérir. Rendons-nous donc aux lieux où Râma nous attend avec Lakshmana et Sougriva aux longs bras : portons cet événement à leurs oreilles. » « Bien ! » lui répondent tous les singes ; et, ce mot dit, ils aspirent au départ ; ils s'élancent de la cime du Mahéndra et nagent de tous les côtés au sein des airs. Tous les chefs des singes avaient mis le Mâroutide à leur tête et ne pouvaient rassasier leurs yeux de contempler cet illustre Hanoûmat à l'éminente force ; Hanoûmat, le plus excellent des simiens, que saluaient à son passage toutes les créatures. Quand Sougriva, le monarque des simiens, eut appris l'arrivée des singes, il dit à son allié Râma aux yeux de lotus, au cœur battu par le chagrin : « Console-toi, s'il te plait ! on a vu Sîtâ ! autrement, il serait impossible que les singes revinssent ici, après qu'ils sont restés absents au delà du temps prescrit. »

Dans ce moment, l'on entendit au sein des cieux retentir de joyeuses clameurs : c'étaient les singes, qui, fiers des exploits d'Hanoûmat et criant, s'avançaient vers Kishkindhyà et semblaient ainsi lui envoyer la nouvelle de leur succès. Arrivés au mont Prasravana, les nobles singes courbent la tête devant Râma et devant le héros Lakshmana ; ils se prosternent, le prince héréditaire à leur tête, aux pieds de Sougriva, et commencent à raconter les nouvelles qu'ils apportent de Sitâ.

Le Mâroutide éloquent, Hanoûmat, exposa de quelle manière il était parvenu à voir l'auguste princesse : « Captive dans le gynœcée de Râvana et sous la garde vigilante des Rakshasis, la reine Sitâ, digne de tout plaisir, est toujours ensevelie dans une profonde douleur. Telle Sitâ parut à mes yeux mêmes, rejeton de Kakoutstha, quand j'eus trouvé un moyen pour m'approcher d'elle. Saisissant une occasion que lui offraient ses Rakshasis, la charmante Sitâ me dit, les yeux noyés dans les pleurs du chagrin : « Ne manque pas de conter entièrement à Râma, le plus élevé des hommes, ce que tes yeux ont vu et ce que tes oreilles ont entendu ici. Je n'ai plus que deux mois à vivre ; c'est le terme, dans lequel m'a renfermée ce monarque des Rakshasas. »

À ces mots, que lui adressait Hanoûmat, Râma le Daçarathide, se mit à pleurer avec Lakshmana. « Que t'a dit ma Vidéhaine, beau singe ! Ne te lasse pas de me le dire : verse l'eau de tes paroles sur mon cœur incendié par le feu du chagrin. »

À ces mots de Râma, le noble singe Hanoûmat répondit en racontant de nouveau les événements passés, qu'il avait reçus de Sîtâ comme un signe pour l'accréditer. « Belle reine, dis-je à cette femme d'une taille ravissante, monte sur mon dos, sans balancer. Je ferai voir à tes yeux aujourd'hui même l'auguste Râma, ce maître de la terre, entre Lakshmana et Sougrîva : c'est là mon dessein bien arrêté ! — Noble singe, me répondit ensuite la reine, m'asseoir de mon plein gré sur ton dos, ce n'est pas une chose que permette le devoir. Héros, mon corps, il est vrai, a touché le corps du Rakshasa ; mais je n'étais pas maîtresse de l'empêcher : dois-je faire volontairement une chose toute semblable à cette heure, que la nécessité ne m'y contraint pas ? Va donc, tigre des singes, va seul où sont les deux fils du plus noble des hommes ! »

Quand il eut ouï ce discours, Râma répondit :

« Voici une chose qui désole encore mon âme contristée : je ne puis récompenser le plaisir que m'a fait ce récit, par un don qui fasse un plaisir égal ! » Il fixa bien longtemps des yeux amis sur Hanoûmat et lui tint affectueusement ce langage : « Cet embrassement est toute ma richesse, fils du Vent : reçois donc ce présent assorti au temps et à ma condition. » A ces mots, embrassant Hanoûmat avec des yeux noyés de larmes, il se plongea au milieu de ses pensées.

Râma, l'immolateur de ses ennemis, tint ce langage à Sougrîva, le singe au long cou : « Sougrîva, je suis d'avis que nous partions à l'instant même ; car c'est une heure convenable pour la victoire : l'astre qui donne le jour est arrivé au milieu de sa carrière. Mets-toi donc en route, Sougrîva, entouré de ton armée entière. »

Ensuite Râma, au milieu des hommages que lui rendent et le monarque des quadrumanes et son frère Lakshmana, s'avance avec l'armée vers la plage méridionale. Commandés par Sougrîva, les singes, ayant franchi et les sommets du Vindhya et ceux du Malaya, cette alpe sourcilleuse, arrivèrent, suivant l'ordre des bataillons, sur les bords de la mer au bruit épouvantable. Sougrîva et Lakshmana firent camper l'armée sur les bords de cette mer aux rives plantées d'arbres.

Hanoûmat, à la grande sagesse, était parti de Lankâ, incendiée par lui, quand la mère du monarque des noctivagues Démons, ayant appris, déchirée par la plus vive douleur, ce carnage des Rakshasas tint à Vibhishana, son fils, ce langage : « Hanoûmat fut envoyé ici par le fils de Raghou, versé dans la science de la politique et livré aux soins de chercher son épouse bien-aimée : le messager a vu la captive. C'est là, mon fils, un grand écueil pour le monarque des Rakshasas. Ce qu'a fait ton frère, Démon sans péché, est une action justement blâmée. Râma, qui sait tous les chemins des flèches, va consommer un exploit digne de lui. Quand je songe à ces grandes qualités dont fut doué ce rejeton du roi Daçaratha, la crainte agite mes sens et mon âme ne trouve point où se reposer dans la tranquillité ! Fais aujourd'hui même écouter, si tu peux, à Râvana un langage utile. Fais entendre, au plus vite ces mots de ta bouche au petit-fils de Poulastya : « Renvoie libre Sîtâ ! » car c'est dans cette parole qu'est notre salut. »

Quand le monarque des Rakshasas vit le désastre épouvantable et glaçant de terreur dont le magnanime Hanoûmat, avait frappé sa ville de Lankâ, il dit, ses yeux rouges de fureur et sa tête légèrement inclinée par la colère, à tous les Démons, ses ministres, comme à Vibhishana lui-même : « Hanoûmat est venu, il est entré dans cette ville, il a pénétré jusque dans mon gynœcée, où ses yeux ont vu la Vidéhaine,

Hanoûmat a brisé le faîte de mon palais, il a tué les principaux des Rakshasas, il a bouleversé toute la cité de Lankâ ! Que ferons-nous dans la circonstance ? »

A ce langage du monarque des Rakshasas, tous les Démons à la grande force, répondent à Râvana : « Le malheur qui est tombé sur ta ville, puissant roi, est le fait d'un être vulgaire; il ne faut pas que tu le prennes à cœur; nous tuerons le Raghouide ! Reste ici tranquille, puissant monarque ! A quoi bon te fatiguer, mon seigneur ! Ce guerrier aux longs bras, Indradjit ton fils, va broyer ton ennemi ! »

Mais soudain, Vibhîshana, joignant ses mains, adresse au monarque ce langage : « On ne peut évaluer, noctivagues Démons, ni les armées, ni les forces de ces quadrumanes : d'ailleurs, il ne faut jamais se hâter de mépriser un ennemi. Râma avait-il commencé lui-même par offenser le roi des Rakshasas, pour que celui-ci vînt enlever dans le Djanasthâna la noble épouse de ce magnanime ? Un affreux danger nous menace à cause de cette fille des rois : que Sîtâ soit donc renvoyée à son époux ! le salut de ta famille l'exige, il n'y a là nul doute. »

A ce langage de Vibhîshana, discours salutaire et dont le devoir même avait inspiré la substance, l'intelligent Râvana se mit à délibérer avec ses ministres. Habile à manier la parole, ce monarque éloquent, superbe, entouré de superbes compagnons, parla en ces termes pleins de justesse : « On appelle sage l'homme qui, d'abord, ayant bien examiné sa force, celle des ennemis, les circonstances des temps et des lieux, ne commence une affaire qu'après cet examen. Vous n'avez point à délibérer ni à raisonner ici sur le Destin, qui est une chose éternelle. Je tiens ici la Vidéhaine à ma discrétion, et je n'en ressens pas d'ivresse : n'est-ce pas vous donner ici une preuve assez grande que je suis maître de moi-même. Que des sages austères puissent me blâmer ici pour une offense que j'aurai faite à quelque saint anachorète : c'est une opinion que j'ai déjà conçue moi-même. Mais comment un homme, qui porte les insignes des anachorètes, peut-il, un arc, des flèches, une épée dans ses mains, poursuivre les timides hôtes des forêts ? Où voit-on une seconde femme anachorète, qui demeure comme Sîtâ dans un ermitage et qui porte comme elle des pendeloques en or fin avec une robe de pourpre au tissu délié ? »

Râvana dit, et Prahasta, expert en fait d'héroïsme et de guerre, ses propres sciences, Prashasta d'abord se mit à lui tenir ce langage : « Le voilà donc enfin arrivé ce temps fortuné des batailles, qu'attendent depuis si longtemps nos guerriers, toujours affamés de combats ! Certes ! les massues, les arcs, les haches, les piques de fer ne manquent point ici ! Les guerriers, de qui la plus belle parure est le courage, désirent les porter au milieu des combats! La terre aspire à se joncher de cadavres et, tout arrosée de leur sang, comme d'un parfum liquide, à rire en quelque sorte elle-même avec la bouche, entr'ouverte à son dernier soupir, de ces guerriers aux belles dents! Que tes ordres soient donc envoyés aujourd'hui même à tous nos combattants! »

Doué de constance, Vibhîshana, sur un ton doux, prit de nouveau la parole en ces termes : « L'homme qui, désertant le devoir, ne voit dans la richesse que la richesse et dans l'amour que le plaisir de l'amour, n'est pas un homme sage dans ses pensées. Quel homme judicieux, s'il prend sa conviction dans la raison, oserait dans les conseils d'un roi donner une fausse couleur à l'attentat commis sur l'épouse d'autrui, et dire : C'est le devoir. Suis donc mon avis ! et que le vertueux Râma, s'il vient auprès de ta grandeur toute-puissante, reçoive de toi son épouse ! »

A peine le vigoureux monarque eut-il ouï le discours de son frère, que soudain la fureur colora son visage, comme le soleil parvenu à son couchant. Tous les ministres, à qui le caractère du monarque était bien connu, sentirent naître la crainte au fond du cœur, en voyant cette fureur violente de l'irascible souverain. Râvana jette à Vibhîshana ces paroles dictées par un amer dépit : « Ce que ta grandeur a dit porte entièrement le sceau d'une pensée funeste pour moi ; c'est un langage paré de qualités favorables à mes ennemis et qui n'est coupé nullement sur ma taille. En venant ici devant le maître de la terre, tu fais bien voir que tout ce qu'il y a de sottise, de pauvreté, d'idiotisme, d'aveuglement et d'inintelligence au monde est ramassé tout entier dans toi-même. Si Râma, dépouillant son orgueil, venait me demander grâce !... Est-il une chose faisable aux yeux des gens de bien, qu'ils ne soient disposés à faire si on vient les supplier ? Moi, fussé-je même seul dans ce combat, je suis capable de consumer par ma vigueur sur le champ de bataille Râma avec Lakshmana, comme un feu allumé dévore l'herbe sèche. Ainsi, que la résolution de la guerre soit prise à l'instant par vos grandeurs, si bien douées pour la guerre, à l'exception toujours du vil et du lâche Vibhîshana lui-même. »

Ensuite le sage, le généreux Vibhîshana, répondit ces nouvelles paroles au monarque des Rakshasas : « Rejeter les discours les plus vertueux pour s'engager dans une mauvaise route, c'est, disent les sages, un signe avantcoureur de la ruine. J'abandonne un roi, esclave de l'amour et qui oublie son devoir dans ses conseils : je me retire à l'instant vers ce Râma, qui est sans cesse, lui, dévoué invariablement au devoir. Je laisse avec une vive douleur ici tous mes parents divers, et je m'en vais, conseillé par le devoir, demander un asile à ce noble enfant de Manou. Toi, sur la tête de qui la ruine est suspendue et qui pousses ta famille à sa ruine, je te quitte et je m'en vais de ce pas avec colère, tel que les eaux d'un fleuve coulent vers l'Océan. A cette heure, où j'ai reconnu que ton esprit est faux, cruel, infracteur de la justice, puis-je faire autrement que de t'abandonner comme un éléphant qui est enfoncé dans la boue? »

Après qu'il eut dit ces mots si amers, Vibhishana, de qui la juste raison inspirait toujours les paroles, prit son vol tout à coup, le cimeterre à la main, suivi par quatre des ministres. Il revit sa mère, lui donna connaissance de tout, et, se replongeant au sein des airs, il s'en alla chercher la présence du héros à la grande force.

Dès que le vigoureux monarque des singes, l'invincible Sougriva, l'eut aperçu, il dit à tous ses quadrumanes, Hanoûmat à leur tête, ces mots que lui dictait sa prudence : « Ce Rakshasa couvert d'armes et d'une cuirasse, qui vient ici, voyez ! suivi par quatre Démons, accourt sans doute pour nous tuer. » A ces mots, arrachant des rochers et des arbres, tous les chefs des tribus quadrumanes de lui répondre en ces termes : « Donne-nous promptement tes ordres, sire, pour la mort de ces méchants;

qu'ils tombent maintenant immolés sur la terre et baignés dans leur sang ! »

Tandis qu'ils se parlaient mutuellement, Vibhishana, étant arrivé sur le bord septentrional de la mer, s'y tint, planant au milieu des airs. Le Démon à la grande sagesse, abaissant de là ses regards sur le monarque et sur les singes, leur dit en criant d'une voix forte : « Je suis venu, sachez-le, singes, pour voir le noble Râma. Il est un Rakshasa puissant, nommé Râvana ; c'est le souverain des Rakshasas. C'est par lui que Sitâ fut emportée du Djanasthâna, après qu'il eut tué Djatâyou. Je suis le frère puîné de ce monarque, et Vibhishana est mon nom. Je tentai d'ouvrir ses yeux par différents et sages discours : « Allons ! que Sitâ, lui ai-je « dit mainte et mainte fois, que Sitâ soit rendue « à Râma ! » Mais Râvana, que la mort pousse en avant, ne voulut point agréer les bonnes paroles que je lui fis entendre. Annoncez promptement au magnanime Râma, le protecteur de toutes les créatures, que je suis venu solliciter sa protection. »

Sougrîva s'en fut aussitôt trouver les deux Ikshwâkides : « Le frère puîné de Râvana, dit le monarque des singes, le héros Vibhishana, comme on l'appelle, vient, accompagné de quatre ministres se mettre sous ta protection. » A ces mots, Angada, rempli de prudence, leur dit : « Il convient d'examiner à fond cet étranger, qui vient de chez l'ennemi ; il ne faut point ajouter foi précipitamment au langage de Vibhishana. Ces Démons aux pensées trompeuses circulent, dissimulant ce qu'ils sont ; cachés dans les trous, ils épient l'instant de vous attaquer : un malheur ici serait pour eux un bonheur ! »

Ensuite Hanoûmat, doué de sagesse, Hanoûmat le plus grand des conseillers, tint ce langage rempli de sens : « Tes conseillers ont parlé d'envoyer, soit un espion, soit un émissaire : il n'existe pas de motif à cette mesure, puisqu'il n'en peut résulter aucun avantage. En effet, un espion ne peut connaître Vibhishana tout d'un coup, et c'est une faute de traîner ici le temps en longueur : donc, il n'y a pas lieu d'envoyer un espion. Ce Vibhishana a vu tes grands exploits et Râvana engagé dans une fausse route : il a su que tu avais immolé Bâli et mis Sougriva sur le trône ; il aspire à posséder aussi le trône de son frère et voit déjà, son âme le présageant, que les choses auront ici la même fin : voilà sans doute les considérations placées en première ligne devant ses yeux, et les motifs qui amènent Vibhishana vers toi. »

Après qu'il eut écouté le fils du Vent, l'invincible Râma lui répondit en ces termes : « A Dieu ne plaise que je repousse jamais l'homme qui vient à moi sous les couleurs de l'amitié ! Ne voyant donc en lui qu'un magnanime, entré dans une noble voie et qui vient à moi sans détour, veuillez bien retirer de lui vos soupçons. Conduis vers moi Vibhîshana, ô le meilleur des singes ; je lui donne toute assurance. »

Quand Râma eut accordé le sauf-conduit, ce frère puîné de Râvana fut invité par le roi des singes et descendit aussitôt du ciel avec ses compagnons. Le monarque intelligent des quadrumanes s'approcha de Vibhîshana, l'étreignit dans ses bras, lui fit ses compliments et lui montra le héros né de Raghou. Descendu à peine du ciel à terre avec ses fidèles suivants, le Rakshasa joyeux attache toutes ses armes aux premiers des arbres qui se trouvent devant lui. Imité par ses compagnons eux-mêmes, le vertueux Démon changea sa forme en une autre plus avenante et se prosterna aux genoux de Râma.

Celui-ci, dont il cherchait à toucher les pieds, le fit relever, l'embrassa et lui dit cette douce parole : « Ta grandeur est mon amie. » A ce langage poli, Vibhîshana répondit en ces termes : « Je suis le frère puîné de Râvana et je fus outragé par lui. J'ai quitté Lankâ, mes richesses, mes amis, et je viens me réfugier vers ta majesté, secourable pour toutes les créatures. C'est à toi que je devrai tout, ma vie, mes richesses et l'empire même. Je ferai une alliance avec toi, héros à la grande sagesse, et, je conduirai tes armées à la mort des Rakshasas et à la conquête de Lankâ. »

A ces mots, Râma le héros d'embrasser Vibhîshana : « Mon ami, va chercher, dit-il à son frère, un peu d'eau à la mer et sacre au milieu des principaux singes à l'instant même ce Vibhîshana, par ma grâce, monarque des Rakshasas et roi de Lankâ ; car, fils de Soumitrâ, il a gagné ma faveur. »

Ensuite, Hanoûmat et Sougrîva dirent à Vibhîshana : « Comment traverserons-nous cette mer, inébranlable asile des monstres marins ? Indique-nous un moyen, mon ami, de franchir sains et saufs avec une armée cet empire de Varouna, souverain des rivières et des fleuves. » A ces paroles, Vibhîshana, de répondre : « Un monarque, issu de Sagara, n'a-t-il pas droit à réclamer le secours de la mer, car la main qui a creusé ce grand bassin des eaux, fut celle de Sagara ? C'est donc un devoir pour la mer de rendre au petit neveu de cet ancien roi les bons offices d'une parente : voilà quelle est mon opinion ! » A ces mots, les deux héros, Lakshmana et Sougrîva, lui répondirent, en ces termes, d'une résolution bien arrêtée : « Les Dieux puissants, Indra même à leur tête, ne pourraient conquérir Lankâ, s'ils n'avaient d'abord jeté un pont sur cette mer, séjour épouvantable de Varouna ! Ne perdons pas de temps et que la mer soit liée d'un pont ! »

Trois nuits alors s'écoulèrent ainsi dans la

compression des sens pour ce héros d'une grandeur infinie, couché sur le sol de la terre. Mais Râma eut beau réprimer ses sens et lui rendre tout l'honneur qu'elle méritait, la mer ne se montra point à ses yeux. Alors, s'irritant contre elle, Râma de saisir dans les mains de Lakshmana ses flèches et son arc céleste, auquel soudain il attacha la corde. Il courba son grand arc, et ce mouvement ébranla, pour ainsi dire, la terre; puis il décocha ses dards acérés, tel qu'Indra lance ses tonnerres!

Au même instant s'élevèrent par milliers, semblables au mont Vindhya, les flots du souverain des fleuves, portant jusqu'aux nues les requins et les crocodiles. Hérissé par des multitudes de vagues monstrueuses et jonché par des masses de coquillages, le grand bassin des eaux s'agitait avec des ondes enveloppées de fumée.

Ouvrant donc près du noble Râma ses vastes flots, la mer se montre alors entourée de ses monstres aux gueules enflammées. Semblable au suave lapis-lazuli, portant une robe de pourpre et des guirlandes de fleurs rouges avec des parures faites d'or, la mer, accompagnée de ses ministres, s'approche de Râma, sans tarder. Le saluant d'abord avec son nom, elle dit : « Râma ! » ensuite, la mer vigoureuse lui tint ce langage : « Je ne veux pas qu'on élève un pont sur moi; mais jette un môle dans mes eaux, Râma, et je t'y donnerai un chemin facile, par où passeront tes singes. »

La mer, aussitôt, prit congé de Râma et rentra dans son domaine.

A l'ordre de Sougriva les singes de s'élancer pleins d'empressement. Les singes par centaines de mille construisent une chaussée dans les eaux de la mer. Les uns, d'une force immense, arrachaient à l'envi des crêtes de montagnes ou des roches luisantes d'or, et venaient déposer leur faix dans la main de Nala. Des singes pareils à des éléphants élevaient ce môle de la mer avec des monts aussi gros qu'une ville et des arbres encore tout parés de fleurs.

Commencée à la rive septentrionale, la jetée se prolongeait jusqu'au rivage de Lankâ; et, d'une admirable beauté, on la voyait diviser la mer en deux parties. Large, bien exécutée, propice, faite pour tous les êtres, elle brilla désormais au front de l'Océan comme une raie de chair, qui partage les cheveux sur le milieu de la tête. La jetée construite, le passage des singes magnanimes par milliers de kotis exigea un mois entier.

Quand Râma, le Daçarathide, eut traversé la mer avec son armée, Râvana, plein d'une bouillante colère, se leva du siège royal et, poussé par le désir de voir, il monta, rapide, sur le faîte de son palais. Il abaissa les yeux sur la terre, et, il contempla cette grande armée. Il vit, et la mer, et les montagnes couvertes de héros simiens, et les contrées de la terre bien remplies de singes.

Il manda le Rakshasa Vidyoudjihva, magicien au grand corps, à l'immense vigueur; puis il entra dans le bocage où était la Mithilienne. Quand le puissant magicien fut venu, le monarque des Rakshasas lui dit : « Je veux au moyen de ta magie fasciner l'âme de Sitâ, cette fille du roi Djanaka. Fais-moi donc à l'instant une tête enchantée, avec un grand arc et sa flèche : puis, reviens à moi, noctivague, une fois ton œuvre finie. »

« Oui ! » répondit à ces mots le coureur de nuit Vidyoudjihva, qui bientôt mit sous les yeux de Râvana ce travail de magie parfaitement exécuté. Le roi, d'un pas empressé, entra dans le joli bosquet d'açokas.

Là, il vit la triste Djanakide, venue elle-même dans ce bocage, plongée dans une affliction qu'elle ne méritait pas, rêvant à son époux et surveillée de loin par ses épouvantables Rakshasis. Le monarque à l'âme vicieuse dit ces mots à l'adolescente fille du roi Djanaka, qui, tristement assise, détournait de lui sa face et tenait son visage baissé vers la terre : « Ton époux, noble Dame, vers lequel ton âme se reporte sans cesse est mort dans un combat. Ainsi, de toutes les manières, j'ai coupé ta racine et j'ai terrassé ton orgueil : grâce à ton malheur, tu seras donc mon épouse, Sitâ! Écoute quelle fut la mort de ton époux, aussi épouvantable que la mort de Vritra lui-même! Une grande armée de moi, que Prahasta commandait, a surpris dans cette nuit même le camp, où reposaient Râma et Lakshmana. Le terrible Prahasta d'une main ferme coupa de plusieurs coups avec une grande épée la tête de Râma, plongé dans le sommeil. Blessé dans le dos à l'instant qu'il se levait en sursaut, Lakshmana, mettant de lui-même un frein à sa valeur, s'enfuit avec les singes vers la plage orientale. C'est ainsi que mon armée immola ton époux avec son armée. Sa tête me fut apportée ici couverte de poussière avec les yeux remplis de sang. »

En ce moment, le monarque des Rakshasas dit aux oreilles même de Sitâ à l'une des Rakshasis : « Fais entrer Vidyoudjihva aux actions féroces, qui m'apporta lui-même du champ de bataille la tête du Raghouide. » A ces mots, la Rakshasis d'aller en courant vers le Rakshasa et d'introduire avec empressement le rôdeur impur des nuits. Vidyoudjihva, portant la tête et l'arc, se prosterna, le front jusqu'à terre, et se tint devant le monarque. Ensuite le puissant Râvana dit à l'épouvantable Démon, placé debout et près de lui : « Mets, sans différer, la tête de ce Daçarathide sous les yeux de Sitâ !

Allons ! qu'elle voie, cette malheureuse, la dernière condition de son époux. »

A ces paroles, l'esprit impur, ayant fait rouler aux pieds de Sitâ une tête si chère à sa vue, disparut au même instant, et Râvana, jetant lui-même devant elle un grand arc tout resplendissant : « Voilà, dit-il, ce qu'on appelle dans les trois mondes l'arc de Râma ! Cette arme, à laquelle tient sa corde, c'est Prahasta qui me l'apporta ici lui-même, après qu'il en eut tué le maître dans cette nuit de combat. »

A peine Sitâ eut-elle vu cet arc gigantesque et la tête ravissante ; à peine eut-elle vu, et les cheveux, et cette place de la tête, où leur extrémité se rattachait en gerbe, et le joyau étincelant de l'aigrette, que, tombée dans une profonde douleur et convaincue par tous ces traits exposés devant ses yeux, elle se mit à maudire Kêkéyî et à pousser des cris comme un aigle de mer. « Jouis, au comble de tes vœux, Kêkéyî ! ce héros qui répandait la joie dans sa famille est tué, et toute sa race est détruite avec lui par une ambitieuse, amie de la discorde ! »

La chaste Vidéhaine eut à peine articulé ces mots, que, tremblante et déchirée par sa douleur, elle tomba sur la terre, comme un bananier tranché dans un bois. Dès que la respiration lui fut rendue et qu'elle eut recouvré sa connaissance, elle baisa cette pâle tête et gémit cette plainte avec des yeux troublés : « Je meurs avec toi, héros aux longs bras! Pourquoi ne tournes-tu pas tes yeux sur moi, Râma? Pourquoi ne m'adresses-tu pas une parole, à moi qu'enfant tu pris enfant pour ton épouse et qui toujours accompagnai tes pas? Allons, Râvana! fais-moi tuer promptement sur le corps de Râma! Joins l'épouse à son époux, et procure-moi ce bonheur, le plus grand que je puisse goûter maintenant. »

Ainsi la fille du roi Djanaka gémissait, consumée par sa douleur, et contemplait avec ses yeux troubles ce qu'elle croyait l'arc et la tête de son époux. Mais, tandis qu'elle se lamente de cette manière, voici venir le général des armées, désirant parler au puissant monarque. Le puissant monarque sortit avec empressement, et vit Prahasta, qui attendait non loin, accompagné des ministres. Mais à peine fut-il sorti, vivement ému, que la tête feinte s'évanouit et que l'arc gigantesque disparut avec elle.

Ayant su que Sitâ était comme aliénée par sa douleur, une Rakshasi, nommé Saramâ, s'approcha de la Vidéhaine pour la consoler. Car, pleine de compassion, elle s'était prise d'affection pour Sitâ et lui adressait toujours des paroles aimables. Elle vit donc alors Sitâ, l'âme pénétrée de chagrin, assise et souillée de poussière, comme une cavale qui s'est roulée dans la poudre.

Quand elle vit sa chère amie dans une telle situation, Saramâ, cherchant à la consoler, lui dit ces mots d'une voix émue par l'amitié : « Djanakide aux grands yeux, ne plonge pas ton âme dans ce trouble. Il est impossible qu'on ait surpris dans le sommeil ce Râma, qui a la science de son âme. Tu es fascinée par une illusion, ouvrage d'un terrible enchanteur. Bannis ton chagrin, Sitâ ! la félicité va renaître pour toi ! »

Tandis que la bonne Rakshasî parlait de cette manière avec Sitâ, elle entendit un bruit épouvantable d'armées qui en venaient aux mains ; et, quand elle eut distingué le bruit des tymbales frappées à grands coups de baguette, Saramâ dit ces mots à Sitâ d'une voix douce : « Ecoute ! la tymbale effrayante, qui fait courir le brave à ses armes et qui fend le cœur du lâche, envoie dans les airs un son profond comme le bruit des nuées orageuses. Voici qu'on met le harnais aux éléphants déjà enivrés pour les combats ; voici qu'on attelle aux chars les coursiers ; on entend çà et là courir les fantassins, qui ont vite endossé la cuirasse, de toutes parts toute la rue royale est encombrée d'armées, comme la mer de grands flots impétueux à la fougue indomptable. »

De même que le ciel, en versant la pluie, redonne la joie à la terre ; de même la bienveillante

Yâtoudhâni remit dans la joie avec un tel discours cette âme égarée, où il était né un cuisant chagrin. Ensuite, cette bonne amie, qui désirait procurer le bien de son amie, lui tint ce langage : « Je puis m'en aller vers ton Râma, dit-elle, et revenir sans qu'on le sache, belle aux yeux noirs. »

A Saramâ qui parlait ainsi la Vidéhaine répondit : « Voici la grâce que .. voudrais obtenir de toi, femme, de qui les promesses sont une vérité : c'est que je sache toutes les actions du monarque aux dix visages, ses discours touchant Râma et ce qu'il aura décidé même en conseil. »

A ces mots d'elle, Saramâ, troublée par ses larmes, répondit à Sitâ d'une voix douce ces nobles paroles : « Si c'est là ton désir, belle Djanakide, je pars à l'instant pour l'accomplir. » Elle dit et s'en alla près du puissant Démon, où elle entendit tout ce que Râvana délibérait avec ses ministres. Quand elle eut découvert les résolutions du cruel monarque, elle revint avec la même vitesse au charmant bocage d'açokas. Là, elle vit Sitâ qui l'attendait. « Ecoute, Mithilienne, ce qu'a résolu ton ravisseur. Aujourd'hui sa mère elle-même a supplié le monarque des Rakshasas pour ta délivrance ; et le plus vieux de ses ministres lui fit entendre bien longtemps ses représentations. Mais en vain ces avertissements lui sont-ils donnés longuement par sa mère et le plus vieux de ses conseillers, il n'a point la force de te rendre la liberté, comme l'avare ne peut se résoudre à lâcher son or. Ton ravisseur, Djanakide, ne pourra jamais prendre sur lui de te renvoyer sans combat. Mais le Raghouide saura bien, Sitâ, reconquérir son épouse, et, Râvana une fois immolé par ses flèches, ton époux te remmènera dans sa ville, Mithilienne aux yeux noirs. »

Au même instant, il s'éleva dans le camp de Râma un bruit de tambour mêlé au son des conques, et les montagnes en furent tout ébranlées. Au bruit épouvantable qui s'élevait, envoyé au loin par un vent impétueux, la grande ville s'affaissa tout entière dans la peur, tant elle ne put supporter le tumulte des singes.

Parvenus enfin sur le territoire des ennemis, les deux rois des hommes et des quadrumanes, le singe fils du Vent, Djâmbavat, le roi des ours, et le Rakshasa Vibhîshana, Angada, Lakshmana, Nala et le singe Nila se réunirent tous en conseil pour délibérer. « La voilà donc qui se montre à nos yeux, dirent-ils, cette Lankâ inexpugnable aux Démons, aux Gandharvas, aux Dieux mêmes et par conséquent aux hommes ! »

Le sage Râma appela vers lui Angada, fils

de Bâli, et lui dit ces mots avec le consentement de Vibhîshana : « Va, mon ami, vers le monarque aux dix têtes ; ose traverser, exempt de crainte et libre d'inquiétude, la ville de Lankâ, et répète ces mots, recueillis de ma bouche, à ce Râvana, de qui la fortune est brisée, la puissance abattue, la raison égarée et qui cherche la mort : « Abusant des grâces que t'a données Brahma, l'orgueil est né dans ton cœur, vaniteux noctivague ; et ta folie est montée jusqu'à outrager les rois, les Yakshas, les Nâgas, les Apsaras, les Gandharvas, les Rishis et même les Dieux ! Je t'apporte ici le châtiment dû à ces forfaits, moi, de qui tu as suscité la colère par le rapt de mon épouse. Je ne laisserai pas un Rakshasa dans ce monde avec mes flèches acérées, si tu ne me rends la Mithilienne et ne viens implorer ma clémence. Renonce à la souveraineté de Lankâ, abdique l'empire, quitte le trône, et, pour sauver ta vie, insensé, fais sortir ma Vidéhaine. »

Un instant après, le gracieux messager abattit son vol sur le palais du monarque, où il vit Râvana paisible et calme assis dans son trône au milieu de ses conseillers. Descendu près de lui, le jeune prince des singes, Angada aux bracelets d'or, se tint vis-à-vis, resplendissant comme un brasier flamboyant. Puis, s'étant fait connaître lui-même, il rendit, sans rien omettre, au despote, environné de ses ministres, les grandes, les suprêmes, les irréprochables paroles du Raghouide.

À ces paroles mordantes, que lui jetait le roi des singes, Râvana fut saisi d'une violente colère, et, les yeux tout enflammés d'une fureur débordante, il dit alors plus d'une fois aux ministres : « Qu'on saisisse et qu'on châtie cet insensé ! » À peine Râvana, de qui la splendeur égale celle du feu, a-t-il articulé ces mots, quatre épouvantables noctivagues s'emparent aussitôt d'Angada. Le héros se laissa prendre volontairement lui-même pour donner sa force en spectacle dans l'armée des Yâtoudhanas. Mais Angada étreignit aussitôt dans ses deux bras les quatre noctivagues, et, les emportant comme des serpents, il s'envola sur le comble du palais, semblable à une montagne. Rejetés par lui du haut des airs avec impétuosité, tous ces Rakshasas alors de tomber sur la terre sans connaissance et la vie brisée. Le fortuné Angada frappe alors de son pied la cime du palais, et ce comble superbe tomba du choc aux yeux mêmes du monstre aux dix têtes. Quand il eut brisé le sommet du palais et proclamé son nom : « Victoire, s'écria-t-il, au roi Sougriva, le puissant monarque des singes ! Et à Râma, le Daçarathide, et au vigoureux Lakshmana, et au vertueux roi Vibhîshana, le souverain des Rakshasas ! car il obtiendra ce vaste empire de Lankâ, après qu'il t'aura couché mort dans la bataille. »

Alors, joyeux, Angada se battit les bras avec ses mains, s'élança dans les cieux, revint en la présence du magnanime Râma.

L'outrage fait à son palais avait allumé dans Râvana la plus vive colère, et, prévoyant sa ruine à lui-même, il poussait de profonds soupirs. Alors et sous les regards mêmes du monarque des Rakshasas, les armées, dévouées au bien de Râma, escaladaient par sections la ville de Lankâ.

L'âme enveloppée de colère, Râvana aussitôt de commander à toutes les armées de sortir au pas de course. A son ordre, les héros joyeux de s'élancer par toutes les portes en masses compactes, tels que les courants de la mer. Au même instant une bataille épouvantable s'engage entre les Rakshasas et les singes, comme si les Danavas en venaient aux mains avec les Dieux.

Tandis que les Rakshasas et les singes combattaient ainsi, le soleil parvint à son couchant et fut remplacé dans les cieux par la nuit destructive des existences. Alors un combat de nuit infiniment épouvantable s'éleva entre ces guerriers qu'une haine mutuelle armait l'un contre l'autre et qui tous désiraient également la victoire : « Es-tu Rakshasa ? » disaient les singes ; « Es-tu un singe ? » criaient les Rakshasas ; et tous, à ces mots, ils se frappaient dans le combat de coups réciproques au milieu de cette affreuse obscurité. « Fends !... déchire !... amène ! » disaient les uns ; « Traîne-le !... mets-les en fuite ! » criaient les autres. On ne distinguait que ces mots dans un bruit confus au milieu de cette affreuse obscurité.

Râma et Lakshmana, visant avec justesse aux plus excellents des noctivagues, les frappaient de leurs flèches pareilles à la flamme du feu. Le champ du combat, affreux à voir, affreux à marcher dans un bourbier de chair et de sang, n'offrait là que des bouquets d'armes au lieu de ses présents de fleurs.

Alors, enflammé de colère, Indradjit, furieux, se mit à ravager de toutes parts l'armée d'Angada par une averse de flèches. Angada, ce roi vigoureux de la jeunesse, arrache, l'âme tout enveloppée de colère, un vaste rocher à la force de ses bras et pousse trois et quatre fois un cri. Submergé sous un torrent de flèches, le prince simien lance rapidement son roc et brise le char de son ennemi sous la chute impétueuse de cette masse. Indradjit, à qui le terrible singe avait tué ses chevaux et son cocher, abandonne son char à l'instant, et, puissant magicien, il se rend alors même invisible.

Indradjit, humilié, ce héros méchant, courut sacrifier au feu suivant les rites sur la place destinée à consumer les victimes. Le guerrier, avide de combats, égorgea vivant un bouc noir et versa dans le feu, suivant les rites, le sang recueilli du cou. Une grande flamme, pure de fumée s'allume soudain, et des signes, présage de victoire, se manifestent avec elle. Le feu s'enflamme de lui-même, et, tournant au midi la pointe de sa flamme, couleur d'or épuré, il accepte gracieusement l'oblation de beurre clarifié. Ensuite, du milieu des feux sacrés s'élança un char magnifique, attelé de quatre beaux coursiers avec des panaches d'or sur la tête. Resplendissant comme le feu enflammé, le fortuné Démon, monta dans ce char éblouissant. Attelé de quatre chevaux sans frein, il marchait invisible, couvert de riches vêtements, approvisionné de traits divers, armé de grandes lances.

Monté dans le char aérien et se tenant invisible aux yeux, il blesse alors de ses dards aiguisés Râma et Lakshmana. Les deux frères, enveloppés dans une tempête de ses flèches, saisissent leurs arcs et lancent dans les cieux des traits épouvantables. Mais ce couple de héros à la grande force eut beau couvrir le ciel par des nuages de flèches, aucun trait ne vint toucher le Rakshasa, pareil à un grand Asoura. Tandis qu'il se promenait ainsi dans les airs, on n'entendait, ni le bruit du char, ni celui des roues, ni le son de la corde vibrante à son arc : on n'entrevoyait même aucune forme de son corps.

Enfin la colère fit parler Lakshmana : « Je vais, dit-il plein de courroux à son frère, décocher la la flèche de Brahma pour la mort de tous les

Rakshasas ! » Dans l'intervalle à peine d'un clin d'œil, le Râvanide lia par la vertu d'une flèche enchantée les deux frères, qui, tombés sur le champ de bataille, ne pouvaient plus même remuer les yeux. Tous les membres percés, couverts l'un et l'autre de javelots et de flèches, en vain cherchaient-ils à briser le charme, ils gisaient comme deux bannières du grand Indra qu'on plie après une fête et qu'on lie d'une corde. Héros, ils étaient couchés maintenant sur la couche des héros, ces deux frères ensevelis dans la douleur, baignés de sang et tous les membres hérissés de flèches ! Il n'était pas dans tout le corps de ces deux guerriers une largeur de doigt sans blessure ; il n'était pas si minime partie que les dards n'eussent percée ou même détruite.

Le Râvanide, habile à trouver les articulations dans tous les membres, se mit à fatiguer de ses épouvantables flèches, présent d'Agni, tous les chefs des quadrumanes, et, les enchaînant avec la magie de ses dards, il faisait tomber ces héros fascinés sur la face de la terre. Quand il eut semé les blessures et la terreur au milieu des singes par les torrents de ses flèches, il éclata d'un rire bruyant et dit ces paroles : « Ces deux frères, compagnons de fortune, je les ai garrottés à la face même de l'armée avec cet affreux lien d'une flèche : voyez, Rakshasas ! » Tous alors de crier à grand bruit, comme les nuées tonnantes ; et tous, à cette nouvelle : « Râma est tué ! » d'honorer à l'envi ce vaillant Râvanide.

Ensuite l'indomptable Indradjit, victorieux dans cette bataille, entra d'un pied hâté dans la ville de Lankâ, rapportant la joie à tous les Naîrritas. Là, il s'approcha de Râvana, il s'inclina devant son père, les mains jointes, et lui annonça l'agréable nouvelle que Râma et Lakshmana n'étaient plus. A peine eut-il ouï que ses deux ennemis gisaient morts, Râvana joyeux manda vers lui une vieille Rakshasî, personne éminente, dévouée, exécutant les choses à son moindre signe : elle était au-dessus des autres et se nommait Tridjatâ. Quand le monarque des Rakshasas vit la Démone accourue à la parole de son maître, celui-ci tint ce langage : « Dis à la Vidéhaine qu'Indradjit, mon fils, a tué Râma et Lakshmana ; fais-la monter sur le char Poushpaka et fais-lui voir les deux frères morts sur le champ de bataille.

Alors Sitâ, du char, où elle était assise, avec Tridjatâ vit la terre couverte par des armées de héros quadrumanes, les Rakashsas, l'âme remplie de joie, mais l'aspect épouvantable, et les singes consumés par la douleur à côté de Râma et de Lakshmana. A la vue de ces deux héroïques Daçarathides, étendus sur le sein de la terre, la cuirasse détruite, l'arc échappé des mains, le corps, pour ainsi dire tout revêtu de flèches, alors, noyée dans les pleurs du chagrin, tremblante, consumée par la douleur, elle se mit à gémir d'une manière lamentable.

La Rakshasî Tridjatâ dit à l'infortunée, qui soupirait ces plaintes : « Reine, ne te livre pas au désespoir, car ton époux est vivant. On voit des marques certaines accompagner toujours la défaite des héros. En effet, quand le roi est tué, les chefs des guerriers ne sont pas si bouillants de colère et si brûlants d'exercer leur courage et leur impatiente ardeur. Une armée qui a perdu son général est sans vigueur, sans énergie ; elle se débande ; elle est dans une bataille ce qu'est au milieu des eaux un navire qui a perdu son gouvernail. Au contraire, cette armée, pleine d'ardeur, sans trouble, ses légions en bon ordre, garde ici le Kakoutsthide, étendu sur le champ de bataille. Secoue, fille du roi Djanaka, secoue ce chagrin et cette douleur, qu'a jetés dans ton âme ce triste aspect de Râma et de Lakshmana : ils n'ont pas, ces deux héros, perdu la vie. »

Semblable à une fille des Dieux, Sitâ joignit les mains et répondit encore affligée à ces paroles de Tridjatâ : « Puisse-t-il en être ainsi ! »

Après beaucoup de temps écoulé, l'aîné des Raghouides, quoiqu'il fût tout criblé de flèches, reprit enfin sa connaissance, grâce à sa durabilité, grâce à l'union d'une plus grande part de l'âme divine dans sa nature humaine. Mais, quand il vit Lakshmana tombé près de lui, alors, saisi par la douleur et le chagrin, désespéré, il prononça d'un accent plaintif le nom de sa mère, et, d'une voix brisée, il dit au milieu des singes : « Qu'ai-je à faire maintenant de Sîtâ, de Lankâ ou même de la vie, moi, qui, à cette heure, vois Lakshmana aux signes heureux couché parmi les morts ? »

Dans ce même instant, le Vent s'approcha du héros gisant et lui souffla ces mots à l'oreille : « Râma ! Râma aux longs bras, souviens-toi dans ton cœur de toi-même. Tu es Nârâyana le bienheureux, incarné dans ce monde pour le sauver des Rakshasas : rappelle-toi seulement le fils de Vinatâ, le divin Garouda, à l'immense vigueur, qui dévore les serpents ! Et soudain il viendra ici vous dégager l'un et l'autre de cet affreux lien, dont vous ont enchaîné des serpents sous les apparences de flèches. »

Un instant s'était à peine écoulé, que déjà tous les singes voyaient ce Garouda à la grande force, comme un feu qui flamboyait au milieu du ciel. A la vue de l'oiseau, qui vient à tire-d'aile, tous les reptiles de s'enfuir çà et là. Et les serpents, qui se tenaient sous la forme de flèches sur le corps de ces deux robustes et nobles hommes, disparaissent au plus vite dans les creux de la terre. Aussitôt qu'il voit les princes Kakoutsthides, Garouda les salue et de ses mains il essuie leurs visages, resplendissants comme la lune. Toutes les blessures se ferment dès que l'oiseau divin les a touchées, et des couleurs égales sur tout le corps effacent dans un moment les cicatrices.

Souparna, le monarque des oiseaux, dit en souriant : « Je suis ton ami, Kakoutsthide, et, pour ainsi dire, une seconde âme que tu as hors de toi. Je suis Garouda, que l'amitié fit accourir à votre aide. » Il dit ; et, sur ces mots, Garouda à la force impétueuse, se plongeant au sein des airs, partit, semblable au vent. A la vue de ce merveilleux spectacle et des Raghouides rendus à la santé, les simiens de pousser tous à l'envi des acclamations de triomphe, qui portent la terreur dans l'âme des Rakshasas.

Les oreilles battues par le bruit vaste et profond de ces habitants des bois, les ministres de parler en ces termes : « Tels qu'on entend s'élever, comme le tonnerre des nuages, les cris immenses de ces milliers de singes joyeux, il a dû naître, c'est évident, au milieu d'eux un bien grand sujet d'allégresse. »

Ils montent avec empressement sur le rempart et promènent leurs yeux sur les armées commandées par le magnanime Sougriva. Ils virent les deux nobles princes debout et libres des liens, dont ces flèches magiques les avaient garrottés : cette vue alors consterna les Rakshasas. L'affliction peinte sur la figure, ces noctivagues, tous orateurs habiles, rapportent suivant la vérité cette fâcheuse nouvelle à Râvana.

À ces mots, l'Indra puissant des Rakshasas, le visage consterné : « Sors, accompagné d'une nombreuse armée de guerriers aux formidables exploits, dit-il au Rakshasa nommé Dhoûmrâksha, et va combattre à l'instant Râma avec le peuple des bois ! »

Aussitôt qu'ils voient sortir le Démon aux yeux couleur de sang, tous les singes joyeux, avides de combats poussent des cris. Et, du même temps, s'éleva un combat tumultueux entre les simiens et les Rakshasas.

Son arc à la main et sur le front de la bataille, Doûmrâksha éparpillait en riant à tous les points de l'espace les singes fuyant sous les averses de ses flèches. Mais à peine eut-il vu le Rakshasa maltraiter son armée, soudain le Mâroutide empoigna un énorme rocher et furieux il fondit sur lui. Celui-ci, portant haut sa massue, de s'élancer rapidement contre Hanoûmat. Alors Dhoûmrâksha fit tomber avec impétuosité sa massue toute hérissée de pointes sur la poitrine d'Hanoûmat, enflammé de colère.

Le singe sans même penser à ce terrible coup, déchargea au milieu de la tête du Rakshasa, la cime de montagne. Broyé sous la chute du lourd sommet, Dhoûmrâksha, tous ses membres vacillants, tomba soudain sur la terre, comme une montagne qui s'écroule.

A la vue de leur chef renversé, les noctivagues échappés au carnage de rentrer dans Lankà, tremblants et battus par les singes.

A peine eut-il appris la mort du héros, Ràvana, plein de colère, dit ces mots à l'intendant de ses armées : « Que des Rakshasas difficiles à vaincre et tous habiles au métier des armes, sortent à l'instant sous le commandement d'Akampana ! »

Monté sur un char et paré de pendeloques d'un or épuré, le fortuné Akampana sortit, environné de formidables Rakshasas. De nouveau, il s'alluma donc entre les singes et les Rakshasas une bataille infiniment épouvantable, où, de l'une et de l'autre part, on sacrifiait sa vie pour la cause de Ràma et celle de Ràvana.

Les singes ne pouvaient tenir pied, et tous s'enfuirent, brisés par les flèches du général ennemi. Quand Hanoûmat vit ses proches tombés dans les mains de la mort ou réduits sous le pouvoir d'Akampana, il s'avança avec son immense vigueur. Le singe à la grande force, arracha d'un mouvement rapide un shorée immense pour la mort de son ennemi. Tenant son arbre levé, il se précipita du plus vif élan et déchargea le shorée épouvantable rapidement sur la tête du noctivague Akampana. Celui-ci, à peine reçu en pleine tête le coup asséné par le singe, tombe soudain sur la terre et meurt. Tous les plus vigoureux des Rakshasas jettent leurs armes et, tournant le dos à l'ennemi, s'enfuient vers Lankâ, malmenés par les singes.

Dès que Râvana eut appris d'une âme agitée cette défaite, il donna promptement de nouveaux ordres à ses Yâtavas : « Je rendrai à Râma et à Lakshmana le prix de leur inimitié : je sortirai pour l'extermination des ennemis et le gain de la victoire avec les chars, avec les coursiers, avec les éléphants, avec tous les Rakshasas, et j'irai moi-même d'un pied hâté au front de la bataille. »

A la nouvelle que Râvana se laissait emporter au désir des combats, la noble et belle reine, qui avait nom Mandaudari, se leva et vint le trouver. Aussitôt que le monarque aux dix têtes voit s'approcher la reine, il se lève précipitamment, il embrasse Mandaudari, sa belle épouse. Prenant la parole, suivant l'étiquette, d'une voix haute et profonde: « Reine, dit-il quelle affaire t'amène ici? Empresse-toi de me l'apprendre. »

A ces paroles du monarque, la reine de lui répondre en ces termes : « Écoute, grand roi, ce que j'ai à t'apprendre; je t'en supplie à mains jointes. Il ne sied pas à toi, ô le plus éminent des princes, il ne sied pas à toi d'affronter le magnanime Râma, de qui tu as ravi l'épouse. Il est impossible que tu réussisses : c'est l'opinion de ces ministres mêmes dans leur intelligence. Que la vertueuse épouse de Râma soit donc rendue à son époux! La fortune des batailles est douteuse : ou l'on tue, ou l'on est-tué : n'embrasse donc pas le parti des combats, et traite plutôt de la paix, monarque aux dix têtes. »

A ces paroles de son épouse, le monarque des Rakshasas, poussant de longs et brûlants soupirs, regarda les membres de l'assemblée, prit ensuite la main de Mandaudarî et lui répondit en ces termes : « Ne laisse pas entrer le souci dans ton cœur ; je triompherai, femme au candide sourire ; je tuerai les singes, et Lakshmana, et Râma lui-même. La peur de Râma ne me fera pas lui envoyer sa Vidéhaine : Râma d'ailleurs ne voudrait plus de la paix maintenant. »

La reine aussitôt rentra dans son brillant palais. Râvana s'adressant aux Rakshasas : « Qu'on prépare vite mon char, dit-il, et qu'on l'amène ici promptement ! »

A l'aspect de Râvana, qui accourt d'un rapide essor avec son arc et son dard enflammé, le monarque des simiens se porte à sa rencontre, impatient de se mesurer avec lui dans un combat. Le souverain des singes arrache de ses bras vigoureux la cime d'une montagne, fond sur le roi des Rakshasas, et, levant cette masse, lance à Râvana le sommet que surmonte un plateau ombragé d'une forêt. Mais à la vue de ce mont qui vient sur lui, soudain le héros décacéphale de le couper avec des flèches pareilles au sceptre de la mort. Quand il eut fendu par morceaux cette montagne, le formidable monarque prit une flèche terrible, semblable à un grand serpent, puis il envoya au souverain des troupes simiennes ce trait aussi rapide que le tonnerre du grand Indra. Le dard atteint Sougriva et le perce avec impétuosité. Le roi blessé par la flèche pousse un cri et tombe sur la terre, l'âme égarée, en proie à l'émotion de la douleur.

Le fils du Vent, Hanoûmat à la grande splendeur, voyant Râvana lancer partout ses projectiles, s'était avancé contre lui. Il s'approcha du char et, levant son bras droit, il fit trembler ce héros. « Ce bras de moi à cinq rameaux, ce bras droit que je tiens levé, arrachera de ton corps l'âme qui l'habite et dont il fut trop longtemps le séjour ! » A ces mots d'Hanoûmat, Râvana au terrifiant courage lui répondit en ces termes, les yeux rouges de colère : « Sus donc ! attaque-moi sans crainte ! couvre-toi d'une solide gloire ! je n'éteindrai ta vie qu'après avoir expérimenté ce que tu as de vigueur ! »

Les yeux affreusement rouges, le vigoureux Démon lève son poing épouvantable, qu'il fait tomber rapidement sur la poitrine du simien. Frappé de ce poing terrible dans sa large poitrine, le grand singe en fut tout ému, perdit connaissance et chancela.

Le vaillant Râma, voyant le courage du puissant noctivague et tant de fameux héros des armées simiennes étendus sans vie, courut sus à Râvana. Faisant résonner le nerf de son arc, Râma d'une voix profonde : « Arrête ! arrête ! dit-il au monarque des Yâtavas. Allasses-tu chercher un asile chez Indra, tu ne pourrais aujourd'hui échapper à ma colère ! » Il s'approche et brise de ses dards à la pointe aiguë le char de Râvana, avec ses roues, avec ses chevaux, avec son cocher, avec son ample étendard, avec sa blanche ombrelle au manche d'or. Puis, soudain, il darde au Démon lui-même dans sa poitrine large une flèche pareille à l'éclair et au tonnerre. Atteint par la flèche de Râma, cet orgueilleux roi, que n'avaient pu ébranler dans leurs chutes ni les traits de la foudre, ni les lances du tonnerre, chancela sous le coup, et, tout ébranlé, déchiré par la douleur, consterné, laissa tomber son arc de sa main. A l'aspect de son vacillement, le magnanime Râma saisit un dard flamboyant en forme de lune demi-pleine et coupa rapidement sur la tête du souverain des Yâtavas sa radieuse aigrette couleur du soleil.

Râvana, de qui l'orgueil était renversé, la jactance abattue, l'arc brisé, l'aurige et les chevaux tués, la grande tiare mutilée, se hâta de rentrer dans Lankâ, consumé de chagrins et toute sa gloire éclipsée.

Il s'approcha du siège royal, il s'assit, et, regardant ses conseillers, il parla en ces termes : « Toutes ces pénitences rigoureuses que j'ai pratiquées, elles ont donc été vaines, puisque moi, l'égal du roi des Dieux, je suis vaincu par un homme ! Que Koumbhakarna d'un courage incomparable et qui a brisé l'orgueil des Dânavas et des Dieux soit réveillé du sommeil où il est plongé par la malédiction de Brahma ! Ce géant aux longs bras dépasse dans le combat tous les Rakshasas comme une cime de montagne : il aura tué bientôt les singes et les deux princes Daçarathides. »

A ces paroles du monarque, les Rakshasas de courir avec la plus grande hâte au palais de Koumbhakarna. Là, ils virent alors couché, dormant, tout son aspect glaçant d'effroi et le poil dressé en l'air, cet horrible chef des Nairritas, ce mangeur de chair, effrayant par ses ronflements, soufflant comme un boa, avec une tempête de respiration épouvantable, sortant d'une bouche aussi grande que la bouche même de l'enfer.

Alors, se plaçant à l'entour et se tenant l'un à l'autre fortement, ils s'approchent du géant. Ils entonnent des hymnes en l'honneur de Koumbhakarna, ils se mettent à réveiller de son lourd sommeil ce héros, immolateur des ennemis. Tels que des nuages orageux, les Yâtoudhânas font du bruit çà et là, ils secouent ses membres, et poussent des cris en même temps qu'ils frappent sur lui. Ils se fatiguent, mais ils ne peuvent le réveiller. Enfin ils tentent, pour le tirer du sommeil, un plus grand effort. Ils remplirent de leur souffle des trompettes reluisantes comme la lune, et, dans leur vive impatience, ils jetèrent tous à la fois des cris éclatants. Ils battaient des chameaux, des ânes, des chevaux et des éléphants à grands coups de bâtons, de fouets et d'aiguillons : ils faisaient résonner de toutes leurs forces des tymbales, des conques et des tambours. Ils frappaient les membres du géant avec de grands marteaux, avec des maillets d'armes, avec des patticas, avec des pilons même, levés autant qu'ils pouvaient.

Mais en vain; tant de tumulte ne réveillait pas encore ce magnanime Démon.

Las de tous ces vains efforts, les noctivagues essayent d'un nouveau moyen : ils font venir de charmantes femmes aux colliers de pierreries éblouissants. Et voici que, dans leurs folâtres ébats, ces dames célestes aux célestes parures, ces nymphes, embaumées d'un céleste encens et parfumées de senteurs célestes, remplissent des odeurs les plus suaves cette splendide habitation.

Réveillé par le gazouillement de leurs noûpouras, le ramage de leurs ceintures, le concert de leurs chants mariés au son de leurs instruments, leurs voix douces, leurs senteurs exquises et leurs divers attouchements, le géant crut n'avoir jamais goûté de plus délicieuses sensations. Le prince des noctivagues jette en l'air ses grands bras aussi hauts que des cimes de montagnes ; il ouvre sa bouche semblable à un volcan sous-marin, et bâille hideusement. Ensuite le Démon réveillé, ayant fait rougir ses yeux, en les frottant, promena ses regards de tous les côtés et dit aux noctivagues : « Pour quelle raison vos excellences m'ont-elles réveillé dans mon sommeil ? On ne trouble pas dans le sommeil une personne de mon rang pour une faible cause. »

« Le roi souverain de tous les Rakshasas a bien envie de te voir. Veuille donc aller vers lui, répondent-ils; fais ce plaisir à ton frère. »

Aussitôt qu'il eut ouï la parole envoyée par son maître l'invincible Koumbhakarna se leva de sa couche, et, joyeux, se lava le visage, prit un bain et revêtit ses plus riches parures. Ensuite il eut envie de boire et demanda au plus vite un breuvage, qui répand la force dans les veines. Soudain les noctivagues s'empressent d'apporter au géant, comme Râvana leur avait prescrit, des liqueurs spiritueuses et différentes sortes d'aliments pour la joie de son cœur.

A l'aspect de cet éminent Rakshasa, tel qu'à le voir on eût dit une montagne, Râma dit avec étonnement ces mots à Vibhishana : « Dis-moi qui est ce colosse ? Est-il un Rakshasa ? Est-ce un Asoura ? Je ne vis jamais avant ce jour un être de cette espèce ? » A cette demande que lui adressait le prince, Vibhishana répondit en ces termes : « C'est le fils de Viçravas, le noctivague Koumbhakarna, qui a pu vaincre dans la guerre Yama et le roi des Immortels. Aussitôt sa naissance, ce magnanime, pressé déjà par la faim, mangea dix Apsaras, suivantes du puissant Indra. Indra se rendit au séjour de l'Etre-existant-par-lui-même, et fit connaître au vénérable aïeul de tous les êtres la méchanceté de Koumbhakarna : « La terre sera bientôt vide, s'il continue à dévorer sans relâche, comme il fait, tous les êtres animés ! » L'auguste père de tous les mondes manda vers lui Koumbhakarna et vit cet affreux géant. A l'aspect du colosse, le souverain maitre des créatures fut saisi d'étonnement, tint ce langage au vigoureux Koumbhakarna : « Puisque tu n'emploies tes soins et cette force, dont tu es doué, qu'à ravager le monde, désormais, tu vas dormir, semblable à un mort ! » Aussitôt, vaincu par la malédiction de Brahma, le Rakshasa tombe, et s'endort. »

Le prince des Rakshasas à la grande vigueur, mais encore plein de l'ivresse du sommeil, était arrivé dans la rue royale, environné de splendeur. Il s'approche du palais, il entre dans l'enceinte, il voit son auguste frère assis, le cœur troublé, dans le char Poushpaka.

Alors il adressa, les yeux rouges, avec colère, ces mots à Râvana : « Pourquoi, sire, m'as-tu fait réveiller sans aucun égard ? Dis-moi d'où te vient cette crainte ? A qui dois-je maintenant donner la mort ? »

« Noctivague, mon frère, il y avait bien longtemps, répondit l'autre, que durait le sommeil, dont nous t'avons retiré aujourd'hui. Tu n'as donc pu connaître, plongé dans ce doux repos, en quelle infortune m'a jeté Râma. Vois, hélas ! aux portes mêmes de Lankâ nos bosquets d'agrément, que les singes, arrivés par une chaussée inouïe, revêtent d'une couleur tannée. Ils ont tué dans la guerre mes Rakshasas les plus éminents. Guerrier à la vigueur infinie, qu'aujourd'hui, rendu au bonheur, tout mon peuple, défendu par la vitesse et la force de ton bras, soit affranchi de ce péril extrême : immole, ennemi des Dieux, Râma et toute son armée ! »

Dès qu'il eut ouï ce discours, Koumbhakarna lui répondit en ces termes : « C'est assez t'abandonner aux soucis, tigre des Rakshasas ! dépose ton chagrin et ta colère. J'immolerai celui qui est la cause de tes chagrins. »

Le colosse saisit rapidement sa lance aiguë, exterminatrice des ennemis. Quand il eut pris cette lance, Koumbhakarna à la grande splendeur tint ce langage à Râvana : « J'irai seul, moi-même ! Que ton armée reste ici ! »

Son cocher à l'instant de lui amener son char céleste, attelé de cent ânes et sur lequel flottaient des drapeaux de guerre.

Aussitôt que le vigoureux colosse eut passé le seuil de la cité, il poussa une clameur immense, qui fit résonner tout l'Océan. Koumbhakarna de broyer dans un souverain effort les armées de singes vigoureux, comme un feu allumé dévore les forêts. Enfin, battus par le terrible Démon, les singes tremblants se sauvent dans la route même par laquelle tous ils avaient traversé la mer.

Voyant les simiens rompus. « Arrêtez, singes ! leur crie Angada ; combattons ! Que vous sert-il de fuir ? » Aussitôt neuf généraux des armées quadrumanes, tenant levées de pesantes roches, courent sur le géant à la grande vigueur. Mais, rompus par le corps du géant, les rochers, pareils à des montagnes ne broyent sous leur chute que son drapeau, son char, ses ânes et son cocher. Le héros en toute hâte se jette à bas du char, tenant levée sa lance, et s'envole rapidement au milieu des airs, tel qu'une montagne ailée.

Il se promenait dans les armées des singes, foulant aux pieds les guerriers. Le vigoureux Démon, entraînant tous les simiens entre ses bras, se mit à les dévorer dans sa fureur, comme Garouda mange les serpents. Ceux-ci, fuyant la mort, courent s'abriter sous la protection de Râma, qui s'élance et prend son arc, cette perle des arcs.

Râma lui décocha des flèches bien empennées ; mais, atteint dans le combat par ces traits d'une vitesse égale à celle du tonnerre, le colosse n'en fut aucunement ému. Brandissant son maillet d'armes, il en opposa la terrible fougue à l'impétuosité des projectiles du vaillant Raghouide.

Mais Râma dans ce combat déploie soudain un arc céleste et plonge des flèches invincibles dans le cœur de Koumbhakarna. De la bouche du colosse en fureur, blessé par le Daçarathide et fondant sur lui rapidement, il sortit un mélange de flammes et de charbons. Dans son trouble, l'arme effroyable tomba de sa main sur la terre ; et, quand il vit son bras désarmé, le géant à la grande vigueur se mit à faire un immense carnage à coups de pieds, à coups de poings, dévorant tout sans distinction, quadrumanes ou Rakshasas.

Râma, défiant son ennemi, décocha au noctivague la grande flèche-du-vent et lui enleva du coup le bras, qui tomba au milieu des armées quadrumanes et frappa dans ses convulsions les bataillons des singes. Koumbhakarna déracine un shorée de l'autre main et fond avec cet arbre sur l'Indra même des hommes. Mais soudain, celui-ci, associant à la flèche d'Indra un dard pareil à l'éclair et au tonnerre, de lui trancher ce bras, que le géant élevait, armé de son énorme shorée.

Néanmoins le Rakshasa, poussant des cris, accourait avec la même furie, quoiqu'il fût sans bras : à cette vue, Râma saisit deux flèches émoulues en demi-lunes et lui trancha les deux pieds. Alors, ouvrant sa bouche semblable au volcan sous-marin, le Démon vociférant, les bras coupés et les jambes mutilées, s'avançait encore impétueusement vers le Raghouide : Râma aussitôt de lui remplir la gueule de flèches à la pointe aiguë, à l'empennure vêtue d'or ; et le monstre, sa bouche pleine de traits, ne pouvant parler, râlait à grand'peine des sons inarticulés ; il perdit même la connaissance.

Râma choisit un autre dard céleste, d'une éternelle durée, que les Dieux et même Indra vénéraient comme le second sceptre de la Mort. Soudain le trait coupe au roi des Yâtavas sa tête pareille au sommet d'une montagne, ce chef à la bouche armée de ses longues dents arrondies, au cou paré de son beau et resplendissant collier : tel Indra jadis abattit la tête de Virta. Le Démon poussa un effroyable cri et tomba mort : son grand corps écrasa deux milliers de singes. La chute du géant sur la terre fit trembler tous les remparts et les portiques de Lankâ ; la grande mer elle-même en fut agitée.

A la nouvelle que le rejeton magnanime de

Raghou avait tué Koumbhakarna; les Yâtavas se hâtent d'en porter la connaissance aux oreilles du monarque des Rakshasas.

Voyant le souverain plongé dans ses pénibles soucis, personne n'osait parler. Enfin le fils du monarque des Rakshasas, Indradjit, le plus grand des héros, voyant son père consterné lui adressa la parole en ces termes : « Mon père, il n'est pas temps de s'abandonner au découragement, puisque Indradjit vit encore : oui! puissant roi des Naîrritas, qui que ce soit dans un combat, s'il est touché d'une flèche lancée par mon bras n'est capable de remporter sa vie sauve! Vois bientôt Râma couché sans vie avec Lakshmana sur le sol de la terre, le corps fendu, tout hérissé de mes flèches et les membres couverts de mes dards aigus. » A ces mots il monta dans son char, il hâta sa marche vers le champ de bataille.

Il congédia son armée, et seul, une flèche et son arc à la main, invisible sur le champ de bataille, il répandit sur les armées des singes la pluie d'une tempête de flèches. L'invisible ennemi de frapper Sougrîva, Angada, Nîla, le vigoureux Hanoûmat, Soushéna, Dhoûmra, Çatabali, Dwivida et d'autres ennemis.

Quand il eut déchiré avec ses dards empennés d'or les héros et le monarque des singes, il enveloppa Râma lui-même et Lakshmana dans les réseaux de ses pluies de flèches, aussi rapides que la foudre. Ces multitudes de flèches, lancées par Indradjit, couvrirent de blessures les deux nobles frères ; et, quand il eut abattu ces deux puissants Raghouides, le prince des Rakshasas mit fin au combat en poussant un cri de victoire.

Après un long regard jeté sur cette épouvantable armée, répandue telle que les flots de la mer, Hanoûmat et Vibhîshana virent le vieux Djâmbavat couvert par des centaines de flèches.

A sa vue, le rejeton de Poulastya, s'étant approché de lui : « Ces flèches acérées, noble vieillard, dit-il, n'auraient-elles pas entièrement brisé ta vie ? Vis-tu encore, roi des ours ! Te reste-t-il encore un peu de force ? » Quand il eut ouï la voix de Vibhîshana, Djâmbavat, le monarque des ours, lui répondit ces mots : « Puissant roi des Nairritas, je te vois de l'oreille, mais, je ne puis, te voir de mes yeux. Écoute, si l'invincible Hanoûmat respire, cette armée, fût-elle morte, peut vivre encore ! Si le souffle de la vie est resté au Mâroutide, nous sommes pleins de vie nous-mêmes, eussions-nous rendu le dernier soupir. »

A peine ouïes ces belles paroles, Vibhîshana reprit : « Il vit, mon père : le prince, fils de Mâroute conserve une splendeur pareille à celle du feu. Il est venu ici ; et c'est toi, seigneur, qu'il cherchait maintenant de concert avec moi. »

Hanoûmat, le fils du Vent, s'approche alors du vieillard, le salue avec modestie et lui dit son nom. Quand ce vieux roi des ours entendit, les sens tout émus, cette parole d'Hanoûmat, il lui tint ce langage : « Va, prince des simiens, et veuille sauver les quadrumanes ; il n'y en a pas d'autre ici que toi, ô le plus vertueux des singes, qui soit assez doué de vigueur. Après une route merveilleuse parcourue au-dessus de la mer, veuille bien diriger ta course, Hanoûmat, vers l'Himâlaya, roi des monts. Ensuite tu verras, une montagne d'or appelée Rishabha, au front sourcilleux, et la crête elle-même du Kêlâsa. Entre deux cimes, tu verras une admirable montagne d'un éclat incomparable : c'est la Montagne-des-simples, riche de toutes les herbes médicinales. Là, végétant sur le faîte, s'offriront à tes yeux, noble singe, quatre plantes à la splendeur enflammée, dont elles illuminent les dix points de l'espace. Une d'elles, herbe précieuse, ressuscite de la mort, une autre fait sortir les flèches des blessures, la troisième cicatrise les plaies, une autre enfin ramène sur les membres guéris une couleur égale et naturelle. Prends-les toutes, Hanoûmat, et veuille bien revenir ici promptement. Fais à tous les singes, fils du Vent, fais-nous présent de la vie ! »

A ces mots, des torrents de force remplirent Hanoûmat. Ses deux bras, tels que des serpents étendus par-devant lui, Hanoûmat, dirigea son vol, déchirant, pour ainsi dire, les plages du ciel, vers le Mérou, ce mont, le roi des monts ; et le grand singe aperçut bientôt l'Himâlaya, doué richement de fleuves et de ruisseaux, orné de cataractes et de forêts, avec des cimes du plus magnifique aspect et semblables à des masses de nuages blancs.

Il se mit à chercher les quatre inestimables panacées. Mais ces divines plantes qui pouvaient changer de forme, ayant su qu'Hanoûmat n'était venu dans ce lieu que pour s'emparer d'elles, se cachèrent à l'instant même dans l'invisibilité. Le noble singe, ne les voyant pas, s'irrite ; il pousse un cri de colère. Soudain ce magnanime, embrassant la cime, rompit violemment, d'un seul coup, dans sa fougue, le sommet flamboyant et le sépara de la montagne avec ses éléphants, son or et sa richesse de mille métaux.

Quand il eut déraciné ce plateau, il s'élança dans les cieux avec lui et, déployant sa vitesse impétueuse, effrayant les mondes, il s'en alla rapidement.

Aussitôt qu'ils ont aperçu Hanoûmat, les singes de pousser leurs acclamations de joie. Le héros, tenant la cime de montagne, descendit au milieu de cette armée quadrumane. A peine les deux fils du monarque issu de Raghou ont-ils respiré l'odeur exhalée des célestes panacées, soudain les flèches sortent des plaies et leur corps est guéri même de toutes ses blessures. Alors tous les singes privés de la vie sortirent de la mort, comme on sort du sommeil à la fin de la nuit ; et, poussant des cris de joie, ils se relevaient tout à coup, célébrant à l'envi ce glorieux fils du Vent !

Quand Indradjit, victorieux dans la guerre, eut mis l'armée des singes en déroute, il revint du combat et rentra dans la ville. Mais bientôt, saisi d'une grande colère au souvenir mainte et mainte fois renouvelé des Rakshasas, tombés morts sous les coups des singes, le héros prit de nouveau le chemin de la sortie. Dès qu'il eut franchi d'un pied rapide le seuil de la porte occidentale, le puissant noctivague résolut de mettre en œuvre la magie pour fasciner les quadrumanes hôtes des bois.

Le cruel fit donc par la vertu de sa magie un fantôme de Sîtâ, montée dans son char : puis il s'avança dans le champ de bataille, la face tournée vers les singes. Ceux-ci, brûlants de combattre, s'élancent, enflammés de colère et les mains pleines de rochers. Devant eux marchait le noble Hanoûmat. Il vit, montée sur le char d'Indradjit, la Sîtâ, plongée au fond de la tristesse, les cheveux renoués dans une seule tresse et le corps exténué de jeûnes. A cette vue il fondit avec les plus vaillants des quadrumanes sur le fils de Râvana. Rempli de colère en voyant l'armée des singes, le Râvanide tire son glaive du fourreau et pousse un bruyant éclat de rire. Il saisit par son épaisse chevelure ce fantôme de Sitâ, qui appelait à grands cris : « Râma ! Râma ! »

Alors qu'il vit appréhender la Sitâ, Hanoûmat dit au Râvanide avec menace : « Ame ignoble, méchante et vile, il n'est pas séant à toi de faire une chose telle, basse, ignominieuse ! Comment veux-tu ôter la vie à cette Mithilienne, innocente de toute injure et sans défense ? »

A peine eut-il articulé ces mots, Hanoûmat, plein de colère, fondit, environné des singes, sur le fils du monarque des Rakshasas. Mais Indradjit, avec mille dards, sema le trouble dans l'armée des simiens ; puis, adressant la parole au Mâroutide, le plus vaillant des singes : « Moi, qui te parle, dit-il, je tuerai sous tes yeux, à l'instant même, cette Mithilienne pour laquelle Sougriva, toi et Râma, vous êtes venus ici. Une fois la vie arrachée à Sitâ, je donnerai la mort à Sougriva, à Râma, à Lakshmana, à toi, singe, et au lâche Vibhishana. » Indradjit, à ces mots, frappa de son glaive au taillant acéré ce fantôme de Sitâ, versant des larmes. Tranchée par lui comme un fil, tombe alors sur la terre cette belle anachorète à la ravissante personne.

Arrivé en la présence du magnanime Râma, Hanoûmat, lui tint avec douleur ce langage:

« Fils de Raghou, tandis que nous combattions de tous nos efforts, le Râvanide a frappé de son épée, sous nos yeux, Sitâ versant des pleurs. Consterné, l'âme troublée, je l'ai vue de mes yeux, et, l'esprit enveloppé d'épaisses ténèbres, je suis venu t'en apporter la nouvelle. » A peine le Raghouide eut-il ouï ces paroles du singe, que, suffoqué par la douleur, il tomba sur la terre, son âme troublée et sa connaissance évanouie.

Tandis que Lakshmana, frère dévoué, s'occupait à rendre le sentiment à Râma, Vibhîshana revint d'inspecter les troupes et de leur assigner des postes. Vibhîshana, adresse à l'évanoui, revenu à la connaissance, ces paroles éminemment consolantes : « Dans ce qu'est venu te raconter Hanoûmat d'un air consterné, il n'y a pas moins de fausseté, je pense, qu'il n'y en aurait dans cette nouvelle : « Toute la mer est à sec ! » Je sais, guerrier aux longs bras, quelles sont à l'égard de Sitâ les résolutions de l'impie Râvana : il ne lui fera pas ôter la vie. Secoue ce désespoir qui est tombé sur toi sans raison ; car toute l'armée va perdre courage en te voyant la proie du chagrin. »

Revêtu de son armure, le Soumitride, tenant alors ses flèches, portant son épée, couvert de sa cuirasse et rayonnant d'une quantité d'or, toucha les pieds de Râma et lui dit, plein de joie : « Dans un instant ces dards, lancés par mon arc, vont dévorer le corps de ce terrible Démon, comme le feu consume un tas d'herbes sèches. »

Il dit, et, sur ces mots prononcés en face de son frère, Lakshmana joyeux sortit, brûlant de tuer le Râvanide dans un combat. Aussitôt Hanoûmat, environné par de nombreux milliers de singes, et Vibhishana, escorté de ses ministres, suivent le frère de Râma.

Le Râvanide, plein de fureur, semblable au noir Trépas, s'avance impétueux, monté dans son char. Le puissant héros, Indradjit, habitué à vaincre dans les combats, saisit un arc épouvantable et se mit à lancer des flèches acérées.

Lakshmana d'une grande vitesse plongea dans le fils de Râvana une flèche à cinq nœuds. Atteint par ce trait, le Râvanide en colère de blesser à son tour Lakshmana avec trois dards bien décochés. Tous les membres hérissés de flèches, ces deux héros à la grande vigueur combattirent, inondés par leur sang de tous les côtés et respirant d'un souffle haletant. Le ciel était labouré de leurs flèches entremêlées ; leurs dards à milliers brisaient et fendaient les airs.

Le frère puîné du Raghouide encocha une flèche excellente, au toucher pareil à celui du feu ou mortel comme celui des serpents et qui portait au corps une incurable destruction. Ce trait encoché au meilleur des arcs, Lakshmana, le protégé de Lakshmî, prononça en tirant la corde, ces mots utiles pour le succès de lui-même : « Aussi sûr que Râma le Daçarathide est une âme vertueuse, un cœur attaché à la vérité, un guerrier qui n'a point son égal pour le courage dans un combat singulier, tue ce Rakshasa ! Aussi sûr qu'il fut dévoué à son père, qu'il est une grâce accordée aux Dieux, que c'est un jeu pour lui de lutter contre une multitude de héros, qu'il aime tous les êtres et compâtit à leurs peines, tue ce Rakshasa ! »

Ces mots dits, l'héroïque Lakshmana tire jusqu'à son oreille et décoche au vaillant Démon sa flèche, qui va toujours droit au but. Elle fait tomber violemment du corps d'Indradjit sur le sol de la terre sa tête épouvantable, armée de son casque et parée de ses pendeloques flamboyantes.

A peine eut-elle appris sa mort, la grande armée des Rakshasas, maltraitée par les singes victorieux, se dispersa dans tous les points de l'espace. Les uns entrent dans Lankâ tout tremblants, ceux-là se jettent dans la mer, ceux-ci gravissent les montagnes.

Tous les singes s'étaient approchés et formaient un cercle autour du rejeton vaillant de Raghou, qui avait si bien touché le but. Battant des mains, ils criaient à l'envi ces mots : « Victoire à Lakshmana ! » Les membres arrosés de sang, le guerrier puissant avait eu le corps sillonné de blessures dans ce combat par le terrible Rakshasa. Le vigoureux Lakshmana s'en revint, l'âme dans la joie, au lieu où l'attendaient Râma et Sougriva.

À cette nouvelle que son héroïque frère avait terrassé Indradjit, le Raghouide à la grande vigueur en conçut une joie sans égale. Puis, voyant avec douleur que des flèches avaient blessé cruellement son frère, le Raghouide alors fut près de s'évanouir, partagé qu'il était entre la joie et le chagrin. Ensuite, Râma, s'adressant à Soushêna, debout à son côté, lui parla en ces termes : « Tu vois percé de flèches ce fils de Soumitrâ, la joie de ses amis : veuille donc bien procurer, singe à la grande science, un remède qui le rende à la santé. »

À ces mots, Soushêna, le roi des singes, mit sous les narines de Lakshmana le simple fortuné, sublime, né sur l'Himâlaya et nommé l'Extracteur-des-flèches. À peine celui-ci en eut-il respiré le parfum, que tous ses dards glissèrent du corps au même instant. Ses douleurs s'éteignirent et ses plaies furent cicatrisées.

Entrés dans la ville de Lankâ, les noctivagues, reste échappé de l'armée détruite, s'en vont, éperdus, consternés, la cuirasse déchirée, le corps accablé de fatigue, au palais de Râvana et lui annoncent que le Râvanide a succombé dans la bataille sous le fer de Lakshmana. Le monarque suprême des Rakshasas, gémit, consterné et dans le trouble des sens :

« Hélas, mon fils ! Indradjit aux vastes forces,

comment aujourd'hui as-tu subi le joug de Lakshmana ? N'était-ce pas à toi, héros, de célébrer mes funérailles, alors que je serais descendu au séjour d'Yama ? Et les rôles sont ici renversés ! »

Ensuite, monté dans son char, attelé de chevaux rapides, l'éminent héros sortit de la ville par cette porte même que tenaient investie Râma et Lakshmana. Cependant, au roulement des chars de ces Rakshasas, impatients de combattre, l'armée des singes eux-mêmes s'était avancée pour accepter la bataille. Enflammé de colère, le monarque aux vastes forces, déchire les corps des simiens, les dévaste dans une grande bataille avec ses flèches rayonnantes comme le soleil et qui tranchent les articulations.

Alors, voyant Râvana, qui, semblable à une montagne et rugissant comme un nuage destructeur, s'avançait, monté dans son char et brandissant un arc épouvantable ; Râma saisit le plus excellent des arcs et dit ces paroles : « Oh ! bonheur ! le desposte insensé des Nairritas vient s'offrir à mes yeux ! je vais donc engager un combat avec lui et goûter enfin le plaisir de lui ôter la vie ! » Il dit, bande son arc, et décoche un trait, que le monarque irrité des Rakshasas lui coupe avec trois bhallas.

Alors un de ces combats épouvantables, acharnés, qui mettent fin à la vie, s'éleva entre ces deux héros, animés par un désir mutuel de la victoire. Le Rakshasa ne s'en émut pas, car il vit quelle était sa propre légèreté à décocher le trait, briser le dard, à repousser la flèche ennemie. Cependant Râma, de qui ce combat excitait la colère, Râma à la force immense perce le noctivague avec des centaines de traits aigus, qui vibrent dans la blessure. Les deux guerriers firent crever l'un sur l'autre des nuages de flèches dans ce combat, le Raghouïde sur Râvana et Râvana même sur le Raghouïde. Attentifs à s'observer mutuellement et décrivant mainte évolution l'un autour de l'autre, tantôt de droite à gauche, tantôt de gauche à droite, ces deux héros, jusqu'alors invaincus, dirigeaient d'une manière habile et variée la fougue de leurs projectiles.

Enfin Râvana, d'une main vigoureuse, planta un bouquet de flèches de fer dans le front du vaillant Daçarathide. Mais celui-ci, portant sur sa tête comme une guirlande faite de lotus azurés, cette hideuse couronne, n'en ressentit aucune émotion. Ensuite, récitant à voix basse la mystique formule qui a la vertu d'envoyer le trait de Çiva, Râma à la grande vigueur envoya un trait, celui des Gandharvas mêmes, frapper le tyran, debout sur son beau char. Mais le démon arrête ces dards, qui soudain, quittant leurs formes de flèches, entrent dans la terre en sifflant, comme des serpents à cinq têtes.

Quand Râvana, plein de colère, eut vaincu

le trait du Raghouide, il en choisit lui-même un autre, bien fait pour inspirer une insurmontable épouvante, celui des Asouras. Irrité et soufflant comme un serpent, le monarque lance à Râvana des flèches terminées en mufles de tigres et de lions, en becs de hérons et de corbeaux. Assailli dans le combat par les traits des Asouras, le Raghouide riposte avec le trait du feu, arme céleste et souveraine. Le trait du Raghouide ayant rompu le charme, les dards formidables de Râvana s'évanouissent alors par milliers au sein des airs : et les singes, habiles à revêtir les formes qu'ils veulent, de pousser à l'envi un cri de joie, en voyant s'évaporer ces armes dont Râma aux travaux infatigables a brisé la vertu.

A peine eut-il vu surmonter la puissance de son trait, le monarque des Yatavas blessa le Raghouide avec dix flèches dans tous les membres. Cruellement percé de ces dards aigus en tout le corps, ce guerrier n'en fut pas même ébranlé. Sa colère en fut excitée au plus haut point, et ce héros ficha des traits aigus dans tous les membres du terrible Démon.

Dans cette conjoncture, le puissant Lakshmana prit avec colère sept flèches, et, d'une main vigoureuse, il envoya ces dards à la grande fougue trancher le drapeau du resplendissant monarque, dans le champ duquel une tête d'homme se détachait pour insigne. Puis, avec un seul trait, ce héros fortuné fit tomber à bas du char de ce roi magnanime la tête de son cocher, parée de pendeloques flamboyantes ; et, dans le moment que le souverain des Rakshasas courbait son arc, Lakshmana le rompit dans ses mains avec cinq et cinq flèches.

Râvana s'arme d'une lance de fer, rayonnante d'une lumière innée et plus redoutable que la mort elle-même. Balancée dans la main du vigoureux et magnanime Démon, cette pique, flamboya au milieu du ciel comme un éclair. Râvana, bouillant de colère, vise Lakshmana lui darde sa pique, ouvrage enchanté de Maga le magicien, et pousse un cri.

Enveloppée d'une lumière égale à celle de la foudre même de Çakra, cette pique, envoyée d'une effroyable vitesse, fondit sur le Soumitride au front de la bataille. Tandis que volait cette arme de fer, soudain Râma de lui adresser ces paroles à elle-même : « Que la fortune sauve Lakshmana ! Sois vaine ! N'arrive pas à ton but ! » Il dit ; mais pendant cette pensée le trait s'abattit avec une grande fougue sur la grande poitrine de Lakskmana. Celui-ci tomba sur la terre, le cœur fendu sous le coup. A peine Râma, qui se trouvait à ses côtés, l'eût-il vu dans ce déplorable état, que son cœur en fut tout rempli de tristesse il demeura un instant absorbé en lui-même, les yeux troublés de larmes ; mais bientôt, flamboyant comme le feu à la fin d'un youga : « Ce n'est pas le moment de se laisser abattre ! » L'héroïque Daçarathide, impatient d'arracher la vie au Démon, recommença contre lui un combat des plus tumultueux avec des flèches bien aiguisées.

Après que le noctivague eut livré cette terrible bataille au Raghouide, il s'écarta un peu du combat, fatigué de cette lutte, et se reposa. Alors, mettant à profit ce moment de répit que lui donnait la retraite de son ennemi, Râma, ayant relevé dans son sein la tête de son frère, se mit, plein de tristesse, à pleurer d'une manière touchante son Lakshmana aux signes heureux. Le monarque des simiens, Sougriva à la grande science, dit ces mots à Râma, noyé dans sa douleur : « Ne conçois pas d'inquiétude à l'égard du Soumitride ; abandonne ce chagrin et ne te laisse pas abattre. En effet, il est un médecin nommé Soushéna; qu'il vienne examiner le fils de Soumitrâ, ton frère bien-aimé... » Celui-ci venu se mit à examiner Lakshmana de tous les côtés.

Puis, quand il eut promené son examen sur tous les membres et sur les sens intimes du malade, Soushéna tint ce langage à l'aîné des Raghouides : « Ce Lakshmana, de qui l'existence accroît ta prospérité, n'a point quitté la vie; en effet, sa couleur n'a pas changé et son teint n'est pas devenu livide. Que l'ordre soit donné d'apporter ici le simple du Gandhamadana ! Qu'un homme blessé voie cette plante, c'est assez pour qu'il soit guéri de ses blessures. » Les paroles de Soushéna entendues, Râma tint ce langage : « Sougriva, confie cette mission au vigoureux Hanoûmat car je ne vois pas un autre homme aussi capable de nous apporter cette panacée. »

Sougriva lui adressa la parole en ces termes : « Elève ton vol au-dessus de la mer, et dirige-toi, héros à la grande vigueur, vers le mont Gandhamadana ? Explore ces lieux où croît la plante fortunée, qui fait tomber les flèches des blessures. Là, sont deux rois Gandharvas, nommés Hâhâ et Hoûhoû. Trente millions de guerriers Gandharvas à la force immense habitent cette montagne délicieuse. Il te faudra soutenir contre eux, on ne peut en douter, un combat épouvantable. Va ! que ta route soit heureuse ! »

Hanoûmat parvint avec la rapidité du vent au mont Gandhamâdana, monta sur la céleste montagne, enrichie de métaux divers. Quand ils virent grimper Hanoûmat, les Gandharvas lui dirent : « Qui es-tu, toi, qui es venu, sous la forme d'un singe, au mont Gandhamâdana ? »

A ces mots, il répondit : « L'homicide Râvana a blessé dans la poitrine avec une lance de fer un grand héros, nommé Lakshmana, qui est le frère de Râma. C'est à cause de lui que je viens au mont Gandhamâdana chercher une plante salutaire, née dans ces lieux et nommée l'Extracteur-des-flèches. Mon désir est que vous l'indiquiez, héros; veuillez m'accorder votre bienveillance. Dans la terre de Râma, le souverain des hommes, il sied à vos excellences de montrer un esprit tout à fait bienveillant et docile aux volontés de ce puissant monarque. »

— « Dans la terre de qui ? répondent à ces paroles entendues les Gandharvas à la grande force. Et de quel autre que de Hâhâ et de Hoûhoû, ces deux magnanimes Gandharvas, sommes-nous les serviteurs ? Qu'on mette donc à mort, sans délai, ce singe lui-même, le plus vil de sa race! » A ces mots les vigoureux Gandharvas l'environnent, et, remplis de fureur, le chargent de coups avec les poings et les pieds, avec des massues et des épées. Battu par ces Génies, orgueilleux de leurs forces, Hanoûmat, sans penser à leurs coups, s'enflamma de colère et les mit en désordre aussi vite que le feu dévore une meule d'herbes sèches. Il tua dans un clin d'œil tous ces trente millions de robustes guerriers.

Ensuite le singe, fils du Vent, parcourut à la recherche du simple cette montagne céleste. Il eut beau chercher, tout rempli d'impatience, il ne put trouver cette plante salutaire. Enfin le noble singe entoura de ses bras et déracina, comme en se jouant, l'inébranlable plateau de cette montagne. Déracinée avec tant de vigueur par l'auguste fils du Vent, la montagne pleura et des larmes de métaux coulèrent de ses yeux. Hanoûmat, qui possédait la force du vent, saisit à la hâte cette montagne, dont les échos répondaient aux cris des plus magnifiques animaux, ses habitants, de chaque espèce ; il s'élança lestement avec elle au milieu des airs et partit avec rapidité.

Hanoûmat, chargé de sa grande alpe, descendit près de Lankâ. Il rendit compte de sa mission à Sougriva, Râma et Vibhîshana.

Le noble Raghouide s'empresse alors de louer Hanoûmat à la grande force : « L'œuvre que tu as faite, héros des singes, est égale aux actions des Dieux mêmes. Mais il faut reporter cette montagne aux lieux où tu l'as prise ; car c'est le théâtre où les Dieux viennent toujours s'ébattre à chaque nouvelle ou pleine lune. » Soushéna d'un regard étonné contempla cette montagne, riche de racines et de fruits, ombragée par des lianes et des arbres divers, couverte par ses différents arbustes ; il monta sur la céleste montagne, parée avec toutes les espèces de métaux. Arrivé sur la cime, il aperçut l'herbe salutaire. Aussitôt vu, il arracha le simple fortuné, le recueillit avec empressement et descendit au pied de la montagne. Soushéna, le plus habile des médecins, macéra ce végétal dans une pierre et le fit respirer avec le plus grand soin au guerrier blessé. L'héroïque Lakshmana, en eut à peine senti l'odeur, qu'il fut délivré de ses flèches et guéri de ses blessures. A l'instant même il se releva de la terre où il était couché.

A la vue de Lakshmana debout, libre de ses flèches et sans blessures, les singes poussèrent de tous les côtés un cri de victoire. L'aspect de cette montagne, qu'ils n'avaient pas encore vue là jusqu'à cette heure, excite leur curiosité; et tous, joignant les mains, ils s'approchent de Sougriva. Ils ont un grand désir, lui disent-ils, de visiter cette montagne; et le magnanime roi d'en accorder à tous la permission.

Quand Râma les vit descendus : « Héros, dit-il à Sougriva, donne tes ordres au fils du Vent. Qu'il remporte cette montagne et qu'elle soit remise à la même place, d'où elle fut arrachée. »

Le fils du Vent, à cet ordre de son magnanime souverain, s'incline devant les chefs quadrumanes, enlève dans ses bras la montagne sublime et s'élance avec elle rapidement au milieu des airs. Il arrive au Gandhamâdana et remet sa montagne à la même place d'où elle fut arrachée.

Cependant le monarque aux dix têtes s'était retiré à l'écart, et, par la vertu de sa magie, il avait créé un char éblouissant, pareil au feu, muni complétement de projectiles et d'armes, aussi épouvantable à voir qu'Yama, le trépas et la mort. Des coursiers à face humaine s'attelaient à ce char fortuné, solidement cuirassé, enrichi d'or partout. Monté dans ce char, le roi décacéphale assaillit Râma sur le champ de bataille avec les plus terribles dards. « Il est inégal, dirent les Gandharvas, les Dânavas et les Dieux, ce combat où Râma est à pied sur la terre et Râvana monté dans un char ! »

A ces paroles des Immortels, Çatakratou [1] d'envoyer sur-le-champ à Râma son char, conduit par son cocher Mâtali. On vit descendre aussitôt du ciel et s'approcher du Kakoutsthide le char fortuné du monarque des Dieux avec son drapeau à la hampe d'or, avec ses parois admirablement incrustées d'or, avec son timon fait de lapis-lazuli, avec les cent zones de ses clochettes. Alors Mâtali, cocher de l'Immortel aux mille yeux, tenant son aiguillon et monté dans le char, s'approche du Kakoutsthide à la vue même du monarque aux dix têtes, et il adresse à Râma ces paroles : « Mahéndra, ce Dieu aux mille regards, t'envoie pour la victoire, Kakoutsthide, ce char fortuné, exterminateur des ennemis, et ce grand arc, fait à la main d'Indra, et cette cuirasse pareille au feu, et ces flèches semblables au soleil, et ces lances de fer, luisantes, acérées. Monte donc, héros, dans

[1] Indra.

ce char céleste, et, conduit par moi, tue le Démon Râvana, comme jadis, avec moi pour cocher, Mahéndra fit mordre la poussière aux Dânavas ! »

Râma, saisi d'une religieuse horreur, monta pour la victoire dans ce char céleste ; et, quand il eut attaché autour de sa poitrine la cuirasse du grand Indra, il rayonna de splendeur à l'égal du monarque même qui règne sur les gardiens du monde. Mâtali, le plus habile des cochers, contint d'abord ses coursiers ; puis, les foucita de sa pensée au gré du héros qui savait dompter les ennemis. Alors s'éleva, char contre char, un terrible un prodigieux combat. Le Daçarathide, versé dans l'art de lancer un trait surnaturel, paralysa tous ceux du roi ennemi, le gandharvique avec le gandharvique, le divin avec le divin.

Le monarque aux dix têtes, bouillant de colère, fit alors tomber sur Râma d'épouvantables averses de flèches. Quand il eut rempli de mille dards ce prince aux infatigables exploits, il perça Mâtali avec une foule de traits. Après qu'il eut abattu le drapeau d'or sur le fond du char, Râvana de blesser avec la rapidité de ses flèches les coursiers mêmes d'Indra. A la vue du Raghouide accablé par son ennemi, les Dânavas et les Dieux tremblèrent. La terreur saisit tous les rois des singes et Vibhîshana avec eux. La mer, pour ainsi dire, tout en flammes, enveloppée de fumée, ses flots bouleversés, montait avec fureur dans les airs et touchait presque au flambeau du jour. Le soleil avec des rayons languissants apparaissait horrible, couleur de cuivre, collé en quelque sorte contre une comète et le sein maculé.

Le monarque aux dix têtes, aux vingt bras, se montrait alors inébranlable comme le mont Maïnaka. Et Râma lui-même, refoulé par le terrible Daçagriva, ne pouvait arrêter le torrent de ses flèches sur le champ de bataille. Enfin, les sourcils contractés sur le front et ses yeux rouges de colère, il entra dans la plus ardente fureur, consumant de sa flamme, pour ainsi dire, le puissant Démon.

Aussitôt les Asouras et les Dieux rallument entre eux leur ancienne guerre, ils entre-croisent des acclamations passionnées : « Victoire à toi, Daçagriva ! » s'écrient d'un côté les Asouras. « Victoire à toi, Râma ! » crient d'un autre les Dieux mainte et mainte fois.

Dans ce moment Râvana à l'âme vicieuse, saisit une lance épouvantable, effroi de toutes les créatures, au tranchant de diamant, inaffrontable pour Yama lui-même et semblable au trépas. A la vue de cette arme flamboyante et d'un aspect épouvantable, le Raghouide vigoureux, levant son arc, envoie contre elle ses dards aigus. Il frappa cette lance au milieu de son vol avec des torrents de flèches.

Mais, tel que le feu dévore les sauterelles, la grande pique de l'Yâtou consuma les traits que lui décochait l'arc de son rival. En voyant ses dards brisés au milieu des airs et réduits en cendres au seul toucher de cette lance, le Raghouide fut saisi de colère. Il empoigne dans une ardente fureur la pique de fer que Mâtali avait apportée et qu'Indra lui-même estimait grandement. A peine eut-il d'une main vigoureuse élevé cette arme, bruyante de ses nombreuses clochettes, que le ciel en fut tout illuminé, comme par le météore de feu qui incendie le monde à la fin d'un youga. Il envoya cette pique frapper la grande lance du monarque des Yâtavas, qui, brisée en plusieurs morceaux, tomba, ses clartés éteintes.

Ensuite Râma de lui abattre ses coursiers aussi rapides que la pensée avec des traits acérés. Cela fait, le Raghouide blesse Râvana de trois flèches aiguës dans la poitrine, et lui fiche de toutes ses forces trois autres dards au milieu du front.

L'héroïque Daçarathide, tout brûlant de courroux, se mit à rire et tint ce langage mordant à Râvana : « En châtiment de ce que tu entraînas du Djanasthâna ici mon épouse, tu vas perdre la vie, ô le plus vil des Rakshasas ! Abusant d'un moment, où j'avais quitté ma Vidéhaine, tu me l'as ravie, triste, violentée, sans égard à sa qualité d'anachorète, et tu penses : « Je suis un héros ! » Tu exerces ton courage sur des femmes sans défense, ravisseur des épouses d'autrui ; tu fais une action d'homme lâche, et tu penses : « Je suis un héros ! » Tu renverses les bornes, Démon sans pudeur, tu désertes les bonnes mœurs, tu prends la mort comme par orgueil, et tu penses : « Je suis un héros ! « Parce que des Rakshasas faibles tremblants, t'honorent comme d'un culte, tu penses en ton orgueil et ta hauteur : « Je suis un héros ! » Tu m'as ravi mon épouse au moyen de la magie, qui fit paraître à mes yeux ce fantôme de gazelle : c'était bien montrer complètement ton courage et tu fis là un exploit merveilleux ! Je ne dors, ni la nuit, ni le jour, noctivague aux actions criminelles ; non ! Râvana, je ne puis goûter de repos, tant que je ne t'aurai pas arraché de ta racine ! Qu'ici donc aujourd'hui même, de ton corps percé de mes dards et abattu sans vie, les oiseaux du ciel tirent les entrailles, comme Garouda tire les serpents ! »

À ces mots, l'héroïque meurtrier des ennemis, Râma d'inonder avec les averses de ses flèches Râvana, qui se tenait dans la foule de ses Rakshasas. La colère avait doublé en ce guerrier, son courage, sa force et son ardeur pour le combat. En butte aux averses de flèches que décochait Râma, aux pluies de pierre que jetaient les singes, le trouble envahit le cœur du monarque aux dix têtes. Toutes les flèches, tous les javelots divers lancés par lui ne suffisaient plus aux nécessités du combat : tant il marchait rapidement vers l'heure fixée pour sa mort ! Aussitôt que le cocher, par qui ses coursiers étaient gouvernés, le vit tomber dans un tel affaissement, il se mit, troublé lui-même, à tirer peu à peu le char de son maître hors du champ de bataille.

Irrité jusqu'à la démence, aveuglé par la puissance de la mort, Râvana dit à son cocher : « Fais vite retourner le char avant que mon ennemi ne soit retiré, si tu n'es pas un rebelle, ou si tu n'as point mis en oubli ce que sont mes qualités. » Stimulé par ces mots de Râvana, le cocher aussitôt de pousser rapidement ses coursiers, et, dans un instant, le grand véhicule du souverain des noctivagues fut arrivé devant le char du Raghouide.

Il fut grand le combat de ces deux guerriers, affrontés l'un contre l'autre, animés par un désir mutuel de s'arracher la vie et comme deux éléphants rivaux, ivres de colère et d'amour. Bientôt les Rishis du plus haut rang, les Siddhas, les Gandharvas et les Dieux, intéressés à la mort de Râvana, se rassemblent pour contempler ce duel en char.

Le combat de ces deux rivaux fut léger, varié, savant ; ils se portaient mutuellement des blessures, enflammés par l'ambition de triompher. Étalant toute leur vitesse de main et frappant les dards avec les dards, ils encombraient le ciel de flèches pareilles à des serpents. « Il faut vaincre ! » se disait le Kakoutsthide ; « Il faut mourir ! » se disait Râvana. Tous deux ils firent voir dans cette bataille la suprême essence du courage.

Debout sur les chars, ils s'abordèrent, le timon de l'un affronté au timon de l'autre, les étendards aux étendards et les coursiers tête contre tête. Aussitôt, encochant à son arc une flèche semblable à un serpent, Râma, abattit du corps une des têtes de Râvana. Mais, sur les épaules de Râvana, tout à coup s'éleva une autre pareille tête, que le magnanime Raghouide à la main prompte abattit également. Mais, à peine eut-il coupé cette horrible tête, que Râma en vit une nouvelle naître à sa place. On la voit tomber, comme les autres, sous les traits de Râma, semblables à la foudre ; mais autant il en coupe dans sa colère, autant il en renaît sur les épaules de Râvana. Enfin il trancha l'une après l'autre une centaine de têtes égales en splendeur ; mais on n'en vit pas davantage se briser la vie du monarque des Rakshasas. A son tour, du char où il renaît, le monarque irrité des Rakshasas fatiguait Râma dans cette bataille avec une averse de traits en fer.

La scène de ce grand, de ce tumultueux, de

cet épouvantable combat fut, tantôt le ciel, tantôt la terre, ou même encore le sommet de la montagne. Il dura sept jours entiers, ce grand duel, qui eut pour témoins les Rakshasas, les Ouragas, les Piçatchas, les Yakshas, les Danavas et les Dieux. Le repos ne suspendit alors ce combat, ni un jour, ni une nuit, ni une heure, ni une seule minute.

Enfin, Mâtali rappela au Raghouide ce qu'il paraissait avoir oublié : « Décoche-lui pour la mort, seigneur, le trait de Brahma : en effet c'est Brahma lui-même qui sera ainsi l'auteur de sa mort. Il ne te faut pas, Raghouide, lui couper les membres supérieurs ; car la mort ne peut lui être donnée par la tête : la mort, seigneur, n'a entrée chez lui que par les autres membres. »

Râma, au souvenir de qui les choses étaient rappelées par ces mots de Mâtali, prit alors un dard enflammé, soufflant comme un serpent. Brahma à la splendeur infinie l'avait fabriqué jadis pour Indra et l'avait donné au roi des Dieux qui désirait la victoire sur les trois mondes. Cette flèche avait dans sa partie empennée le vent ; à sa pointe le feu et le soleil ; dans sa pesanteur, le Mérou et le Mandara, bien que son corps fût composé d'air. Brahma fit asseoir dans ses nœuds les Divinités qui portent la terreur, Kouvéra, Varouna, le Dieu qui tient la foudre, et la Mort un lasso dans sa main. Elle avait les formes de la mort et portait la terreur avec elle.

Il imprime une forte courbure à son arc, et, bouillant de courroux, lance à Râvana cette flèche qui détruit les articulations. Le trait s'abattit sur le Démon et brisa le cœur de ce Râvana à l'âme si cruelle. Il revint, aussitôt son œuvre accomplie, et rentra de lui-même dans son carquois.

Soudain l'arc avec son trait échappe à la main du monarque et tombe avec le souffle exhalé de sa vie. Sa splendeur éteinte, sa fougue anéantie, son âme expirée, il croula de son char sur la terre, comme Vritra sous un coup de la foudre. Tremblants d'épouvante à la vue de leur maître tombé sur la terre, les noctivagues sans défenseur, faible reste des Rakshasas tués, s'enfuient çà et là de tous les côtés. Les singes victorieux poussent des cris joyeux, proclamant la victoire de Râma et la mort de Râvana. Ainsi honoré par eux de tous les côtés, ce monarque de la terre éclatait en splendeur, comme Indra le fortuné, recevant les hommages des grands Dieux.

Alors, le vaillant Râma dit ces paroles au singe Hanoûmat : « Demande, mon ami, la permission à Vibhîshana, le puissant monarque ; puis entre dans la ville de Lanka et va souhaiter le bonjour à la princesse de Mithila. Annonce à ma Vidéhaine, que je suis en bonne santé, de même que Sougriva, de même que Lakshmana, et que Râvana fut tué dans la bataille. Raconte à ma Vidéhaine ces agréables nouvelles d'ici, et veuille bien revenir aussitôt qu'elle t'aura donné ses commissions. »

Quand le singe à la grande splendeur se fut introduit dans le palais opulent de Râvana, il vit, dépouillée de tous ses honneurs, Sîtâ, la vertueuse épouse de Râma. La tête courbée, le corps incliné, l'air modeste, il salua la Mithilienne et se mit à lui répéter toutes les paroles de son époux. A ces mots, Sîtâ de se lever en sursaut ; mais, la joie fermant tout passage à sa voix, cette femme au visage brillant comme l'astre des nuits ne put articuler une seule parole.

Le singe, debout en face de Sîtâ, lui tint ce langage : « Femme vertueuse, appliquée au bonheur de ton époux, ô toi qui es pour ton mari la joie de sa victoire, donne-moi tes commandements, reine, et je retourne où m'attend le Raghouide. » A ces mots d'Hanoûmat, la fille du roi Djanaka repartit : « Chef des singes, je désire voir mon époux. »

Le singe à la grande science s'approche de Râma et dit cette noble parole au héros : « Ta Mithilienne, que j'ai trouvée absorbée dans la peine et les yeux troubles de pleurs, n'eut pas plutôt appris ta victoire, qu'elle a désiré jouir de ta vue. » A ces mots d'Hanoûmat, soudain Râma, noyé de larmes, s'abandonna à ses réflexions.

Après qu'il eut, en regardant la terre, poussé de longs et brûlants soupirs, il dit à Vibhîshana, le monarque des Rakshasas : « Fais venir ici la princesse de Mithila, Sîtâ, ma Vidéhaine, aussitôt qu'elle aura baigné sa tête, répandu sur elle un fard céleste et revêtu de célestes parures. »

A peine eut-il parlé, que Vibhîshana partit d'un pied hâté ; il entra dans le gynæcée, et, les mains réunies en coupe, il dit à Sîtâ : « Baigne-toi la tête, Vidéhaine ; revêts de célestes parures et monte dans un char, s'il te plait ; ton époux désire te voir. » Aussitôt qu'elle eut ouï ces mots, la vertueuse Mithilienne, pour qui son mari était comme une divinité, cette reine toute dévouée à l'amour et à la volonté de son époux : « Qu'il en soit donc ainsi ! » répondit-elle. Sur-le-champ, de jeunes femmes lavent sa tête et font sa toilette ; on la revêt de robes précieuses, on la pare de riches joyaux ; puis, Vibhîshana fait monter Sîtâ dans une litière magnifique, couverte de tapis somptueux, et l'emmène escortée de Rakshasas en grand nombre.

Enflammés de curiosité, les principaux des singes, désirant voir la Mithilienne, se tenaient sur le passage par centaines de mille. « De quelle beauté donc est cette Vidéhaine ? se disaient-ils. Quelle est cette perle des femmes, à cause de laquelle ce monde ces singes fut mis en si grand péril ? »

Le sage Râma dit alors des mots à Vibhîshana d'une voix forte et pareille au bruit d'une masse de grands nuages: « Ce ne sont pas les maisons, ni les vêtements, ni l'enceinte retranchée d'un sérail, ni l'étiquette d'une cour, ni tout autre cérémonial des rois, qui mettent une femme à l'abri des regards : le voile de la femme, c'est la vertu de l'épouse ! Celle que voici nous est venue de la guerre ; elle est plongée dans une grande infortune ; je ne vois donc pas de mal à ce que les regards se portent sur elle, surtout en ma présence. Fais-lui quitter sa litière, amène la Vidéhaine à pied même près de moi ! que ces hommes des bois puissent la voir ! » Il dit ; et Vibhîshana, tout en méditant ce langage, conduisit la Mithilienne auprès du magnanime Râma.

A peine ouïes les paroles du Raghouide sur la Mithilienne, les singes et tous les généraux de Vibhishana avec le peuple de se regarder les uns les autres et de s'entre-dire : « Que va-t-il faire ? On entrevoit chez lui une colère secrète ; elle perce même dans ses yeux. » Ils furent tous agités de crainte aux gestes de Râma ; la peur naquit dans leurs âmes, et, tremblants, ils changèrent de visage. Lakshmana, Sougriva et le fils de Bâli, Angada, étaient remplis tous de confusion; et, ensevelis dans leurs pensées, ils ressemblaient à des morts. A l'indifférence qu'il marquait pour son épouse, à ses manières effrayantes, Sitâ parut à leurs yeux comme un bouquet de fleurs qui n'a plus de charmes et que son maître abandonne.

Suivie par Vibhishana, et les membres fléchissants de pudeur, la Mithilienne s'avança vers son époux. On la vit s'approcher de lui, telle que Çri elle-même revêtue d'un corps, ou telle que la Déesse de Lanka, ou telle enfin que Prabha, la femme du soleil. A la vue de Sitâ, la plus noble des épouses, tous les singes furent transportés dans la plus haute admiration par la force de sa grâce et de sa beauté.

Quand, le visage inondé par des larmes de pudeur, au milieu de ces peuples assemblés, elle se fut approchée de son époux, la Djanakide se tint près de lui, comme la charmante Lakshmî à côté de Vishnou. A l'aspect de cette femme qui animait un corps d'une beauté céleste, le Raghouide versa des pleurs, mais ne lui dit point un seul mot, car le doute était né dans son âme. Ballotté au milieu des flots de la colère et de l'amour, Râma, le visage pâle, avait ses yeux empourprés d'une extrême rougeur, tant il s'efforçait d'y retenir ses larmes ! Il voyait devant lui cette reine debout, l'âme frissonnante de pudeur, ensevelie dans ses pensées, en proie à la plus vive affliction et comme une veuve qui n'a plus son protecteur. Elle, sans reproche, innocente, à l'âme pure; elle n'obtenait pas de son époux une seule

parole! Aussi, les yeux baignés par des larmes de pudeur au milieu des peuples assemblés, fondit-elle en des torrents de pleurs, quand elle se fut approchée de Râma, en lui disant :
« Mon époux ! »

A ce mot, qu'elle soupira avec un sanglot, une larme vint troubler les yeux des capitaines simiens ; et tous ils se mirent à pleurer, saisis de tristesse. Le Soumitride, qui sentit naître son émotion, se couvrit aussitôt la face de son vêtement et fit un effort pour contenir ses larmes et rester impassible dans sa fermeté. Enfin Sîtâ à la taille charmante, ayant remarqué cette grande révolution qui s'était opérée dans son époux, rejeta sa timidité et se mit en face de lui. On la vit arrêter sur le visage de son époux un regard où plus d'un sentiment se peignit : c'étaient l'étonnement, la joie, l'amour, la colère et même la douleur.

Râma contractant ses noirs sourcils sur le front, jetant des regards obliques, envoie à Sîtâ ces mordantes paroles au milieu des singes et des Rakshasas : « Ce que doit faire un homme pour laver son offense, je l'ai fait, par cela même je t'ai reconquise : j'ai donc sauvé mon honneur. Mais sache bien cette chose : les fatigues que j'ai supportées dans la guerre avec mes amis, c'est par ressentiment, noble Dame, et non pour toi, que je les ai subies! Tu fus reconquise des mains de l'ennemi par moi dans ma colère ; mais ce fut entièrement, noble Dame, pour me sauver du blâme encouru et laver la tache imprimée sur mon illustre famille. Ta vue m'est importune au plus haut degré, comme le serait une lampe mise dans l'intervalle de mes yeux ! Va donc, je te donne congé ; va, Djanakide, où il te plaira ! Voici les dix points de l'espace, choisis ! il n'y a plus rien de commun entre toi et moi. En effet, est-il un homme de cœur, né dans une noble maison, qui, d'une âme où le doute fit son trait, voulût reprendre son épouse, après qu'elle aurait habité sous le toit d'un autre homme ? »

Quand elle entendit pour la première fois ces paroles affreuses de son époux au milieu des peuples assemblés, la Mithilienne se courba sous le poids de la pudeur. Ensuite, essuyant son visage baigné de pleurs, elle dit ces mots lentement et d'une voix bégayante à son époux : « Pourquoi, héros, m'adresses-tu, comme à une épouse vulgaire, un langage tel, choquant, affreux à l'oreille et qui n'a point d'égal ? Jamais, en idée seulement, je n'ai failli envers toi : puissent les Dieux, nos maîtres, me donner la sécurité d'une manière aussi vraie que cette parole est certaine ! Si mon âme, prince, si mon naturel chaste et notre vie commune n'ont pu me révéler à toi, ce malheur me tue pour l'éternité. »

Sîtâ parlait ainsi en pleurant et d'une voix

que ces larmes rendaient balbutiante ; puis, s'étant recueillie dans ses pensées, elle dit avec tristesse à Lakshmana : « Fils de Soumitrâ, élève-moi un bûcher ; c'est le remède à mon infortune : frappée injustement par tant de coups, je n'ai plus la force de supporter la vie. » A ces mots de la Mithilienne, Laksmana fixa les yeux sur le visage de son frère ; et, comme il vit l'opinion de Râma se manifester dans l'expression de ses traits, le robuste guerrier fit un bûcher pour se conformer à sa pensée. Aussitôt la Vidéhaine s'avança vers le feu allumé et, joignant ses deux mains en coupe à ses tempes, elle adressa au Dieu Agni cette prière : « De même que je n'ai jamais violé, soit en public, soit en secret, ni en actions, ni en paroles, ni de l'esprit, ni du corps, ma foi donnée au Raghouide ; de même que mon cœur ne s'est jamais écarté du Raghouide : de même, toi, feu, témoin du monde, protège-moi de tous les côtés ! »

Alors, s'étant prosternée devant son époux, Sitâ d'une âme résolue entra dans les flammes allumées. Une multitude immense, adultes, enfants, vieillards, était rassemblée en ce lieu ; ils virent tous la Mithilienne éplorée se plonger dans le bûcher. Soudain Kouvéra, le roi des richesses, Yama avec les Mânes, le Dieu aux mille regards, monarque des Immortels, et Varouna, le souverain des eaux, le fortuné Çiva aux trois yeux, de qui le drapeau a pour emblême un taureau, l'auguste et bienheureux créateur du monde entier, Brahma, et le roi Daçaratha, porté dans un char au milieu des airs et revêtu d'une splendeur égale à celle du roi des Dieux, tous d'accourir ensemble vers ces lieux. Tous, se hâtant sur leurs chars semblables au soleil, ils arrivent sous les murs de Lankâ.

Ensuite, le plus éminent des Immortels, le saint créateur de l'univers entier, étendit un long bras, dont sa main était la digne parure, et dit au Raghouide, qui se tenait devant lui, ses deux mains réunies en coupe : « Comment peux-tu voir avec indifférence que Sitâ se jette dans le feu d'un bûcher ? Comment, ô le plus grand des plus grands Dieux, ne te reconnais-tu pas toi-même ? Quoi ! c'est toi qui es en doute sur la chaste Vidéhaine, comme un époux vulgaire ! »

A ces mots du roi des Immortels, Râma répondit : « Je suis, il me semble, un simple enfant de Manou, Râma, le fils du roi Daçaratha. » Au Kakoutsthide, qui parlait ainsi : « Écoute la vérité, Kakoutsthide, ô toi de qui la force ne s'est jamais démentie ! répondit l'Être à la splendeur infinie existant par lui-même. Ton excellence est Nârâyana, ce Dieu auguste et fortuné, de qui l'arme est le tchakra. Tu es la demeure de la vérité ; tu es vu au commencement et à la fin des mondes; mais on ne connait de toi ni le commencement ni la fin. C'est pour la mort de Râvana que tu es entré ici-bas dans un corps humain. Ce fut donc pour nous que tu as consommé cet exploit, ô la plus forte des colonnes qui soutiennent le devoir. Maintenant que l'impie Râvana est tué, retourne joyeux dans ta ville. »

Cependant le feu ardent et sans fumée avait respecté la Djanakide, placée au milieu du bûcher : tout à coup, voilà qu'il s'incarne dans un corps et soudain il s'élance, tenant Sîtâ dans ses bras. Le Feu mit de son sein dans le sein de Râma la jeune, la belle, la sage Vidéhaine aux joyaux d'or épuré, aux cheveux noirs bouclés, vêtue d'une robe écarlate, parée de fraiches guirlandes de fleurs et semblable au soleil enfant.

Alors ce témoin incorruptible du monde, le Feu, dit à Râma : « Voici ton épouse, Râma. Reçois-la pure, sans tache : il n'existe pas en elle la moindre faute : je t'en suis le garant. Le feu voit tout ce qu'il y a de manifeste et tout ce qu'il y a de caché. »

A ces mots, le héros à la grande splendeur, à l'inébranlable énergie, Râma répondit au plus excellent des Dieux : « Il fallait nécessairement que Sîtâ fût soumise dans les mondes, grand Dieu, à l'épreuve de cette purification ; car elle avait longtemps, elle femme charmante, habité dans le gynæcée de Râvana. Cependant je savais bien que la fille du roi Djanaka n'avait pas changé de cœur, qu'elle m'était devouée et que sa pensée errait sans cesse autour de moi. Non! Sitâ n'a point donné son cœur à un autre, comme la splendeur ne fait pas divorce avec le soleil! »

Après qu'il eut écouté ce discours du magnanime Râma, l'antique aïeul des créatures, l'auguste Swayambhou adressa au héros qu'il aimait ce langage : « Vois-tu là dans un char, Kakoutsthide, le roi Daçaratha, qui fut ton illustre père et ton gourou dans ce monde des enfants de Manou ? Sauvé par toi, son fils, c'est aujourd'hui un bienheureux, à qui fut ouvert le monde d'Indra : incline-toi devant lui avec Lakshmana, ton frère. »

A ces mots de l'antique aïeul des créatures, le Kakoutsthide avec Lakshmana de toucher les pieds de son père, assis au sommet d'un char. Le roi Daçaratha dit à son fils ces mots : « Tu as vu, héros, quatorze années s'écouler pendant que tu habitais pour l'amour de moi les forêts, en compagnie de ta Vidéhaine et de Lakshmana. Ton séjour dans les bois est donc aujourd'hui une dette acquittée et ta promesse est accomplie. Ta piété filiale a sauvegardé, mon fils, la vérité de ma parole, et la mort de Râvana, immolé de ta main dans la bataille, a satisfait les Dieux. Maintenant, paisible avec tes frères dans ton royaume, goûte le bonheur d'une longue vie. »

Après qu'il eut éclairé de ses conseils la Djanakide et ses deux fils, le monarque issu de Raghou, Daçaratha, flamboyant, s'éleva dans son char vers le monde d'Indra. Il suivait le chemin fréquenté par les Dieux ; et, ses regards baissés vers la surface de la terre, il s'éloignait, sans quitter des yeux le visage de son fils aussi beau que l'astre des nuits.

Tandis que le Kakoutsthide déifié s'en allait, Indra dit ces mots à Râma : « Nous sommes contents : dis-moi donc ce que ton cœur désire. » A ces mots, le Raghouide, d'une âme sereine, lui fit joyeux cette réponse : « Si je t'ai plu, Dieu, souverain du monde entier des Immortels, je vais te demander une grâce ; daigne me l'accorder. Que tous les singes, qui, vaincus dans ces combats, sont tombés à cause de moi dans l'empire d'Yama, ressuscitent, gratifiés d'une vie nouvelle. Que des ruisseaux limpides coulent dans ces lieux où sont les singes et qu'il naisse pour eux des racines, des fruits et des fleurs dans le temps même qui n'en est point la saison. »

A ces mots du magnanime, le grand Indra lui répondit : « Il en sera aujourd'hui même ainsi. Ours, golangoulas, gens du peuple et chefs, tous les singes vont se relever, comme on voit sortir de leur couche, à la fin du sommeil, ceux qui sont endormis. On verra ici, guerrier au grand arc, des arbres chargés de fleurs et de fruits dans un temps qui n'en est point la saison, et des rivières couler avec des ondes pures. »

Aussitôt que le monarque illustre des Dieux eut articulé ces paroles, Çakra de verser une pluie mêlée d'ambroisie sur le champ de bataille. A peine l'ondée vivifiante les a-t-elle touchés qu'au même instant, rendus à la vie, tous les singes magnanimes se relèvent; on eût dit qu'ils se réveillaient à la fin d'un sommeil. Eux, que l'ennemi avait renversés morts, les membres déchirés de blessures, tous, se relevant guéris et dispos, ils ouvraient de grands yeux pleins d'étonnement.

A la suite de ces choses, Râma le Kakoutsthide dit à Vibhishana : « Occupe-toi de me procurer un prompt retour dans ma ville. Car le chemin qui mène dans Ayodhya est très difficile à pratiquer. »

A ces mots de Râma : « Fils du monarque de la terre, lui répondit Vibhishana, je te ferai conduire en ta ville. Il est un char nommé Poushpaka, char nonpareil, céleste, resplendissant comme le soleil et qui va de lui-même. Monté dans ce char, tu seras conduit par lui-même sans inquiétude jusque dans Ayodhya. »

A ces mots, Vibhishana d'appeler avec empressement le char semblable au soleil. Accompagné de son frère, et quand il eut pris dans son anka l'illustre Vidéhaine, rougissante de pudeur, le Raghouide, monté dans le char, tint ce langage à Sougriva : « Hâte-toi de monter dans le char avec tes généraux, Sougriva ; monte aussi avec tes ministres, Vibhîshana, monarque des Rakshasas. »

A l'instant Sougriva avec les rois des singes et Vibhîshana avec ses conseillers de monter, pleins de joie, dans le céleste Poushpaka. Quand ils sont tous embarqués, Râma commande au véhicule de partir, et le char nonpareil de Kouvéra s'élève au milieu du ciel même.

Le char s'était envolé comme un grand nuage soulevé par le vent. De là, promenant ses yeux de tous côtés, le guerrier issu de Raghou dit à Sitâ la Mithilienne, au visage tel que l'astre des nuits : « Regarde, j'aperçois le palais de mon père... Ayodhyâ! Incline-toi devant elle, Sitâ, ma Vidéhaine, t'y voilà revenue ! »

A peine les foules pressées l'ont-elles aperçu arrivant comme un second soleil et d'une marche rapide, que le ciel est percé d'un immense cri de joie, lancé par la bouche des vieillards, des enfants et des femmes, s'écriant tous : « Voici Râma ! » Bharatha, passé de la tristesse à la joie, s'approcha, les mains jointes, de Râma et l'honora du salut : « Sois le bienvenu ! » prononcé avec le respect que méritait son frère. Mais celui-ci fit aussitôt relever son frère, le plaça contre son cœur et joyeux le serra dans ses bras.

Râma, s'étant approché de sa mère, enchaînée à l'observance d'un vœu, les yeux noyés de larmes, pâle, maigre, déchirée par le chagrin, se prosterna, lui toucha les pieds et remplit de joie à sa vue le cœur de sa mère. Cette révérence faite, il s'inclina devant Soumitra et devant l'illustre Kêkéyî. De là, il s'avança près de Vaçishta, environné des ministres, et courba son front devant lui, comme il l'eût courbé devant Brahma l'éternel.

En ce moment, ayant pris les deux sandales, Bharata, qui savait le devoir, les chaussa lui-même aux pieds du monarque des hommes; et, ses mains réunies au front, il dit à Râma : « Par bonheur, maître, tu te souviens encore de nous, qui sommes restés sans maître si longtemps. Tout cet empire est à toi ; c'est un dépôt que je te rends. Aujourd'hui le but de ma naissance est rempli et mes vœux sont comblés, puisque je te vois enfin revenu ici pour régner dans Ayodhyâ. Que sa majesté passe en revue les greniers, les trésors, le palais, les armées et la ville ; j'ai tout décuplé, grâce à la force qu'elle m'a prêtée. Que ma mère n'en soit point offensée ! cet empire qui me fut donné, je te le rends, comme ta majesté me l'avait elle-même donné. »

Ensuite, au commandement de Çatroughna,

le cocher ayant attelé ses coursiers, vint avec le char décoré en toutes ses parties. Râma, au courage infaillible, monta dessus et, voyant Lakshmana avec ses frères placés eux-mêmes sur le char, il se mit en marche, assis auprès d'eux et tout flamboyant de splendeur. Râma, environné des singes, entra dans Ayodhyâ, cité charmante, décorée en ce moment de guirlandes, pavoisée d'étendards.

Arrivé dans la ville habitée par les rejetons d'Ikshwakou, le glorieux monarque des hommes se rendit au palais de son père. Il entra, et Kaauçalya, ayant baisé Râma et Lakshmana sur la tête, prit Sitâ dans son anka et déposa le chagrin qui avait envahi son âme.

Râma fut consacré en présence de toutes les Divinités réunies là dans les airs, avec le suc de toutes les herbes médicinales, au milieu des ritouidjes, des brahmes, des jeunes vierges, des principaux officiers de l'armée et des notables commerçants, tous joyeux et rangés suivant l'ordre. Sacré, il rayonna d'une splendeur nonpareille. Çatroughna lui-même portait le magnifique parasol blanc ; Sougriva, le monarque des singes, tenait le blanc chasse-mouche et le blanc éventail.

Chaque jour, l'auguste et vertueux Râma étudiait lui-même avec ses frères toutes les affaires de son vaste empire. Pendant son règne plein de justice, toute la terre, couverte de peuples gras et joyeux, regorgea de froment et de richesses. Il n'y avait pas de voleur dans le monde, le pauvre ne touchait à rien, et jamais on n'y vit des vieillards rendre les honneurs funèbres à des enfants. Tout vivait dans la joie : la vue de Râma enchaîné au devoir maintenait le sujet dans son devoir, et les hommes ne se nuisaient pas les uns aux autres.

Tant que Râma tint les rênes de l'empire, on était sans maladie, on était sans chagrin, la vie était de cent années, chaque père avait un millier de fils. Les arbres, invulnérables aux saisons et couverts sans cesse de fleurs, donnaient sans relâche des fruits ; le Dieu du ciel versait la pluie au temps opportun et le vent soufflait d'une haleine toujours caressante.

Tant que Râma tint le sceptre de l'empire, les classes vivaient renfermées dans leurs devoirs et dans leurs occupations respectives ; les créatures s'adonnaient à la pratique de la vertu.

Doué de tous les signes heureux, dévoué à tous ses devoirs, c'est ainsi que Râma, dans lequel étaient réunies toutes les qualités, gouvernait la monarchie du monde.

Ce poëme fortuné, qui donne la gloire, qui prolonge la vie, qui rend les rois victorieux, est l'œuvre primordiale que jadis composa Valmiki.

Il sera délivré du péché, l'homme, qui pourra tenir dans le monde son oreille sans cesse occupée au récit de cette histoire admirable ou variée du Raghouide aux travaux infatigables. Il aura des fils, s'il veut des fils ; il aura des richesses, s'il a soif des richesses, l'homme qui écoutera lire dans le monde ce que fit Râma. La jeune fille qui désire un époux obtiendra cet époux, la joie de son âme : a-t-elle des parents bien-aimés qui voyagent dans les pays étrangers, elle obtiendra qu'ils soient bientôt réunis avec elle. Ceux qui dans le nombre écoutent ce poème, que Valmiki lui-même a composé, acquièrent du ciel toutes les grâces, objets de leurs désirs, telles qu'ils ont pu les souhaiter.

ÉVREUX, IMPRIMERIE DE CHARLES HÉRISSEY

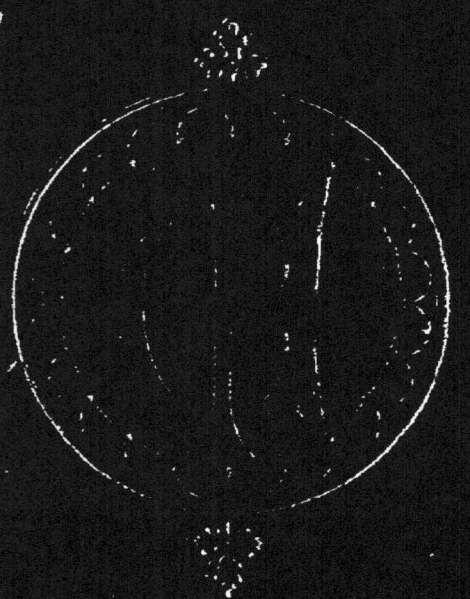

www.ingramcontent.com/pod-product-compliance
Lightning Source LLC
Chambersburg PA
CBHW060653170426
43199CB00012B/1780